S0-ARV-771

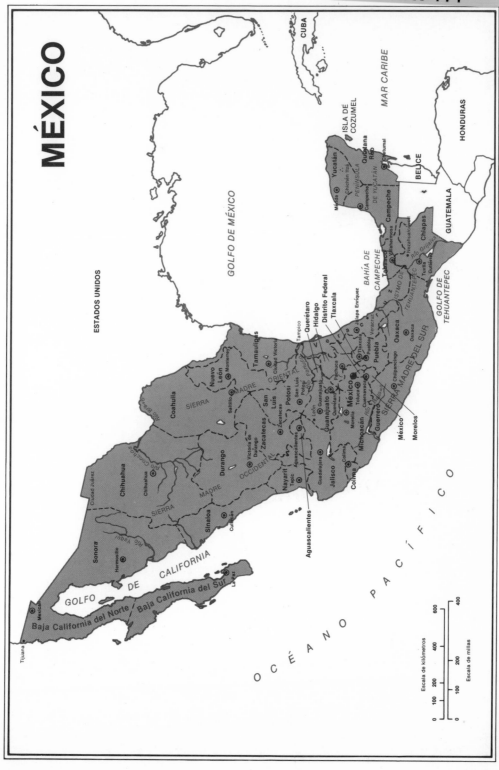

MÉXICO

ESTADOS UNIDOS

GOLFO DE MÉXICO

CUBA

MAR CARIBE

ISLA DE COZUMEL

HONDURAS

BELICE

GUATEMALA

PENÍNSULA DE YUCATÁN

Mérida
Yucatán
Chichén Itzá
Campeche
Quintana Roo
Cozumel
Campeche

BAHÍA DE CAMPECHE

Tabasco
Villahermosa
Nezahualcóyotl

Chiapas

ISTMO DE TEHUANTEPEC

Río Grijalva
Tuxtla Gutiérrez

GOLFO DE TEHUANTEPEC

Tampico

Querétaro
Hidalgo
Distrito Federal
Tlaxcala

Chiapa Enríquez
Veracruz
Puebla
Tlaxcala
Pachuca
México
Toluca
Cuernavaca
Oaxaca
Oaxaca
Chilpancingo

SIERRA MADRE DEL SUR

Tamaulipas
Ciudad Victoria

Monterrey
Nuevo León
SIERRA MADRE ORIENTAL

San Luis Potosí
San Luis Potosí

Río Pánuco

Coahuila

Saltillo

Río Bravo

Zacatecas
Zacatecas

Guanajuato
León
Guanajuato
Querétaro
Morelia
Michoacán
Guerrero

México
Morelos

Durango
Victoria de Durango

Río Conchos

SIERRA MADRE OCCIDENTAL

Chihuahua
Chihuahua
Ciudad Juárez

Nayarit
Tepic
Aguascalientes
Aguascalientes
Guadalajara
Jalisco
Colima
Colima

Aguascalientes

SIERRA
Sinaloa
Culiacán

Río Yaqui

Sonora
Hermosillo

GOLFO DE CALIFORNIA

Baja California del Norte
Baja California del Sur
La Paz

Mexicali
Tijuana

OCÉANO PACÍFICO

Escala de kilómetros
0 100 200 400 600

Escala de millas
0 100 200 400

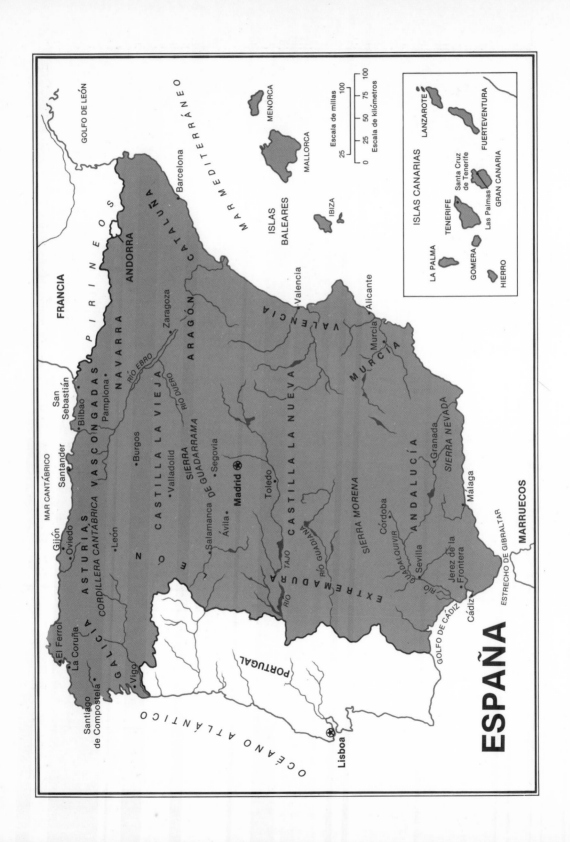

ESPAÑA

FRANCIA

GOLFO DE LEÓN

MAR MEDITERRÁNEO

MENORCA

MALLORCA

ISLAS BALEARES

IBIZA

PIRINEOS

ANDORRA

CATALUÑA

Barcelona

ARAGÓN

VALENCIA

Valencia

Alicante

NAVARRA

Zaragoza

RÍO EBRO

Pamplona

Bilbao

San Sebastián

Santander

MAR CANTÁBRICO

ASTURIAS

CORDILLERA CANTÁBRICA

VASCONGADAS

RÍO DUERO

Burgos

Valladolid

León

CASTILLA LA VIEJA

SIERRA DE GUADARRAMA

Salamanca

Segovia

Ávila

Madrid

Toledo

CASTILLA LA NUEVA

MURCIA

Murcia

SIERRA NEVADA

Granada

ANDALUCÍA

Málaga

SIERRA MORENA

Córdoba

RÍO GUADIANA

RÍO TAJO

RÍO GUADALQUIVIR

Sevilla

Jerez de la Frontera

Cádiz

GOLFO DE CÁDIZ

EXTREMADURA

Gijón

Oviedo

GALICIA

El Ferrol

La Coruña

Vigo

Santiago de Compostela

OCÉANO ATLÁNTICO

PORTUGAL

Lisboa

ESTRECHO DE GIBRALTAR

MARRUECOS

ISLAS CANARIAS

LANZAROTE

FUERTEVENTURA

GRAN CANARIA

Las Palmas

Santa Cruz de Tenerife

TENERIFE

LA PALMA

GOMERA

HIERRO

Escala de millas

Escala de kilómetros

0   25   50   75   100

25   100

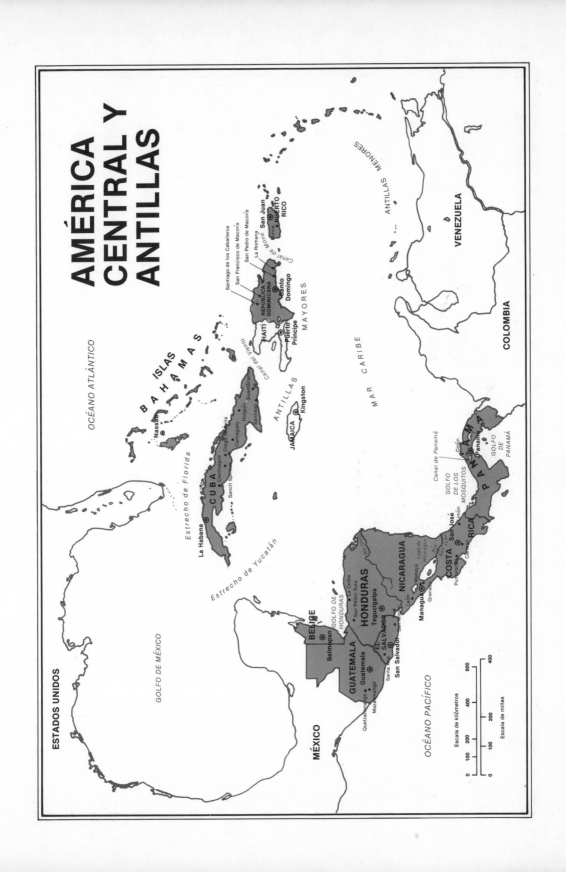

AMÉRICA CENTRAL Y ANTILLAS

ESTADOS UNIDOS

MÉXICO

OCÉANO ATLÁNTICO

GOLFO DE MÉXICO

ISLAS BAHAMAS

Nassau

Estrecho de Florida

CUBA

La Habana

Cienfuegos
Sancti Spíritus
Camagüey
Holguín
Santiago

Ciego de Ávila

Estrecho de Yucatán

Canal del Viento

HAITÍ

Puerto Príncipe

REPÚBLICA DOMINICANA

Santo Domingo

Santiago de los Caballeros
San Francisco de Macorís
San Pedro de Macorís
La Romana
San Juan
PUERTO RICO

Canal de la Mona

ANTILLAS MAYORES

ANTILLAS MENORES

JAMAICA

Kingston

Guantánamo

ANTILLAS

MAR CARIBE

VENEZUELA

COLOMBIA

OCÉANO PACÍFICO

BELICE

Belmopán

GOLFO DE HONDURAS

GUATEMALA

Quetzaltenango
Mazatenango
Guatemala

Santa Ana
EL SALVADOR
San Salvador

HONDURAS

San Pedro Sula
La Ceiba
Tegucigalpa

NICARAGUA

Managua
Masaya
Granada
Lago de Nicaragua

COSTA RICA

San José

Puntarenas
Limón

GOLFO DE LOS MOSQUITOS

PANAMÁ

Colón
Panamá
Canal de Panamá

GOLFO DE PANAMÁ

Escala de kilómetros
0   100   200   400   600

Escala de millas
0   100   200   400

SUDAMÉRICA

CUBA

REPÚBLICA DOMINICANA

HAITÍ

JAMAICA   PUERTO RICO

MAR   CARIBE

GOLFO DE VENEZUELA

PANAMÁ

TOBAGO

TRINIDAD

Barranquilla
Cartagena
Maracaibo   Barquisimeto
Cúcuta   Valencia   Caracas

GUAYANA BRITÁNICA

Bucaramanga   Río Orinoco

VENEZUELA   Georgetown

GUAYANA FRANCESA

Manizales   Medellín
Ibagué   Bogotá   Paramaribo
Cali   Cayena

COLOMBIA   SURINAM

Pasto   LLANOS

ECUADOR   ECUADOR

Quito   Río Negro   Belém
Guayaquil

GOLFO DE GUAYAQUIL   Río Amazonas   Fortaleza

Río Madeira   BRASIL

Recife
Maceió

Lima
Callao   Salvador

PERÚ   MESETA
DEL   Brasília
MATO GROSSO

Machu Picchu   Lago Titicaca
Arequipa   BOLIVIA
La Paz
Cochabamba   Belo Horizonte
Lago Poopó
Sucre   Campinas   Niterói
PARAGUAY   São Paulo   Río de Janeiro
Santos
Concepción   Curitiba
CHACO   Asunción
San Miguel   Villarrica   Cataratas
de Tucumán   del
Iguazú
Córdoba   Pôrto Alegre
Santa Fe
ARGENTINA
Valparaíso   Mendoza   PAMPA   URUGUAY
Santiago   Buenos   Montevideo
Aires
La Plata   RÍO DE LA PLATA
Mar del Plata

O C É A N O   P A C Í F I C O   CORDILLERA DE LOS ANDES   DESIERTO DE ATACAMA   CHILE   REPÚBLICA   PATAGONIA   CORDILLERA

O C É A N O   A T L Á N T I C O

MAR
ARGENTINO

BAHÍA GRANDE
Estrecho   ISLAS MALVINAS
de Magallanes
ISLA GRANDE DE TIERRA DEL FUEGO   GEORGIAS DEL SUR

Cabo de Hornos

Escala de kilómetros

0 100 300 500 700 900 1100

0 100   300   500   700

Escala de millas

INTERMEDIATE SPANISH
Fourth Edition

CIVILIZACIÓN Y CULTURA

John G. Copeland
University of Colorado

Ralph Kite
University of Colorado

Lynn Sandstedt
University of Northern Colorado

HOLT, RINEHART AND WINSTON, INC.
Fort Worth Chicago San Francisco Philadelphia Montreal Toronto London Sydney Tokyo

Publisher   Vince Duggan
Associate Publisher   Marilyn Pérez-Abreu
Developmental Editor   Sharon Alexander
Project Editor   Julia Mikulsky Price
Production Manager   Priscilla Taguer
Design Supervisor   Kathie Vaccaro
Cover and Text Design   Ritter & Ritter
Photo Research   Rona Tuccillo
Compositor   The Clarinda Company

Photo Credits appear at the end of the book.

Library of Congress Cataloging-in-Publication Data

Copeland, John G.
      Intermediate Spanish. Civilización y cultura / John G. Copeland.
Ralph Kite, Lynn Sandstedt.—4th ed.
         p.   cm.
      ISBN 0-03-014148-6
      1. Spanish language—Readers—Civilization, Hispanic.
   2. Civilization, Hispanic.   I. Kite, Ralph.   II. Sandstedt, Lynn A., [date].   III. Title.
   IV. Title: Civilización y cultura.
      PC4127,C5C63   1989
      468.6'421—dc19   88-39433CIP

ISBN 0-03-014148-6

Printed in the United States of America

9 0 1 2 3   039   9 8 7 6 5 4 3 2

Holt, Rinehart and Winston, Inc.
The Dryden Press
Saunders College Publishing

Preface

With the publication of *Intermediate Spanish,* the materials available for use at the intermediate level took a step in a new direction. We had long believed that it would be desirable to have a "package" of materials, unified in content but varied in the possibilities for use in the classroom. We wanted the materials to be flexible so that the instructor could easily adapt them to his or her own teaching style and particular interests.

With this in mind, we devised the three highly successful texts of our intermediate-level program. *Conversación y repaso* reviews and expands upon the essential points of grammar covered in the first year. It also includes dialogues for reading practice, abundant exercises, speaking strategies, and a variety of activities intended to stimulate conversation. *Civilización y cultura* presents a variety of topics related to Hispanic culture. The approach in this reader is thematic rather than purely historical, and the topics have been chosen both for the insights they offer into Hispanic culture and for their interest to students. The exercises are designed to reinforce the development of reading and writing skills, to build vocabulary, and to stimulate class discussion. *Literatura y arte* introduces the student to literary works by both Spanish and Spanish-American writers and to the rich and diverse contributions of Hispanic artists to the fine arts. The accompanying exercises also stress the development of reading and writing skills and include vocabulary-building and conversational activities.

One of the unique features of the program is the thematic unity of the texts. Each unit of each text has the same theme as the corresponding unit of the others. For example, Unit 7 of the grammar text introduces the subject of work and the problem of migration in Hispanic culture in the dialogues and conversational activities. The same theme is examined in-depth in the essay "Aspectos económicos de Hispanoamérica" of the corresponding unit of the civilization and culture reader. It is further explored in Unit 7 of the literature and art reader in the short story "Es que somos muy pobres" and in the essay on the murals of Diego Rivera.

We have found that this thematic unity offers several advantages to the instructor and student: **(1)** the instructor may combine the basic grammar and conversation text with either or both of the readers and be assured that essentially the same cultural and linguistic information will be presented to the students; **(2)** the amount of material to be covered may be adjusted through the choice of one text or more, making it possible to balance the quantity of material and the amount of classroom contact available; **(3)** if one text is used in the classroom, another may be used as a supplement by those students who wish additional contact with the language; **(4)** for individualized programs, the instructor may assign only those units that are relevant to the student's particular interests. If several texts are used, the students will absorb a considerable amount of knowledge and vocabulary related to the theme, and by the end of their study they will have overcome, at least in part, their reluctance to express their own ideas on that topic in Spanish. We have tested this "saturation" method in our own classrooms and have found it to be quite effective. We suggest that if several texts are used, the grammar and initial dialogue should be studied first, followed by one or more of the other texts. The conversation sections of the grammar and conversation text can be used for review and expansion upon the unit theme.

Like the earlier editions, this Fourth Edition of *Intermediate Spanish* contains materials that will be of interest to students of different disciplines. Throughout, our goal has been to present materials that will enable students to develop effective communicative skills in Spanish and motivate them to want to know more about the culture they are studying.

Introduction

*I*ntermediate Spanish: Civilización y cultura is a thematic approach to Hispanic culture consisting of essays written for the third or fourth semester college course. It is designed to be used with the authors' *Intermediate Spanish: Conversación y repaso* and is linked thematically with that text. It is complete in itself, however, and may be used with other intermediate materials. The essays present twelve topics, both historical and contemporary, which serve to introduce the student to various aspects of Hispanic tradition, customs, and values. Most of the points apply equally to Spain and to Spanish America, although some treat one or the other exclusively. A strong emphasis is placed on culture contrast in order for the student to more readily relate the material to his or her own experience.

Each unit consists of a reading selection with marginal glosses and supplementary footnotes, questions on the text, personal questions which encourage students to relate the topic to their own experience, culture contrast points for oral or written practice, vocabulary-building exercises, composition and debate topics, and role-playing situations. All of the exercise material is designed to require the students to reread and analyze the essay more closely, on the assumption that structure and vocabulary are best learned at this level through repeated contact.

There is some progression in difficulty and length between the first and last units. Marginal glosses, an abundant use of cognates, and footnotes in English have been used in order to maintain a mature and interesting level of content while avoiding the discouragement often experienced by students at this level when confronted with material written for native speakers of the language.

Since a variety of academic disciplines are touched upon, it should be possible to devise outside reading assignments, when desired, relating to the special academic interests of the individual student.

It is clear that any such treatment of Hispanic culture must leave many things unsaid and may at times lead to broad generalizations. It is hoped that these features will serve to stimulate class discussion and to encourage individual investigation on the part of the students using the materials. The variety of topics presented should allow the instructor to add personal material in those areas where he or she possesses special knowledge or experience.

ABOUT THE FOURTH EDITION OF *CIVILIZACIÓN Y CULTURA*

In response to the suggestions made by users of the Third Edition, the topical essays have been revised and the cultural material updated. The text now has a segmental organization with comprehension checks and personalized questions at the end of each section of the essays. The format was revised to make the text more manageable for both students and instructors and to promote class discussion. The new *Enfoque* and *Anticipación* sections at the beginning of each unit introduce the theme and prepare students for reading. At the end of each unit, a section called *El arte de escribir* has been added to help students develop important writing skills. For quick reference, detailed maps of the Hispanic world now appear on the inside covers of the text.

ACKNOWLEDGMENTS

We are grateful to the following reviewers for their insightful comments and constructive criticism: Robert Blake, The University of Rochester; René Campos, University of Missouri; William Cline, Eastern Michigan University; Edward R. Colhoun, Simon Fraser University; John Crispin, Vanderbilt University; Beatriz G. Faust, Houston Community College; John Gutiérrez, University of Virginia; Jan Macian, University of Missouri; Raquel Taño Manning, East Carolina University; Nancy J. McCarty, Yale University; James O. Pellicer, Hunter College; Claudia Schaefer, The University of Rochester.

Índice

UNIDAD I

Orígenes de la cultura hispánica: Europa

La Mezquita en Córdoba fue un gran centro árabe entre los siglos VIII y X. El exterior es sin decoración y parece una fortaleza. ¿Cómo es el interior?

VOCABULARIO ÚTIL

Estudie estas palabras antes de leer el ensayo.

adoptar   to adopt
contribuir (contribuye)   to contribute
convertir (ie)   to convert
costumbre *f**   custom
desarrollar   to develop
destacarse   to stand out, be
   distinguished
entre   between, among
gobierno   government
habitante *m*   inhabitant
influir (influye)   to influence

lucha   struggle, battle
occidental   western
posterior   later
pueblo   people, village
la **tribu** *f*   tribe
llegar a ser   to come to be
península ibérica   Iberian Peninsula
   (the entire land mass between the
   Pyrenees mountains and the Strait of
   Gibraltar containing the modern
   countries of Spain and Portugal)

ENFOQUE   *enfocar = to focus, to concentrate*

La cultura hispánica es el producto de muchos siglos
de contacto con diferentes culturas. La península i-
bérica, situada entre el mar Mediterráneo y el océano   *mar   sea*
Atlántico, ha recibido varias influencias de otras civilizaciones y muchas de ellas se han transmitido al
Nuevo Mundo. En la lectura que sigue se van a des-   *describe*
cribir algunas de las contribuciones a la cultura hispánica de unos de estos pueblos.

Anticipación   *1. contacto con diferentes culturas y influencias de otras civilizaciones.*

Responda a estas preguntas.

1. ¿Cuáles son algunos aspectos que incluye el concepto de cultura?
2. En el mapa en la tapa delantera *(front cover)*, ¿dónde está la península ibérica? *Está situada entre el mar med. y el océano Atlántico.*
3. ¿Qué otro país la comparte *(shares)* con España? ¿Cuál es más grande?
4. ¿Qué distancia hay entre Roma y España? ¿Entre África y España?
5. ¿Cuáles son los países vecinos de España?

In the **"Vocabulario útil" and in the marginal glosses the gender of nouns will be indicated with the
following exceptions: masculine nouns ending in -o, feminine nouns ending in -a, -d, -ión.*

3. La comparte con Portugal

4. Hay mucha distancia entre Roma y España. Entre África y (El estrecho de Gibraltar está entre África y España.) España hay poco distancia

5. Los países vecinos de España son Francia,

las tribus

I. LA CULTURA ROMANA

Los primeros habitantes de la península ibérica, en tiempos históricos, son las tribus celtíberas, de origen no muy bien conocido. En el siglo III A.C.[1] llegan los romanos y convierten la península en una colonia
5 romana. Establecen la lengua latina, su sistema de gobierno y su organización social y económica. Más tarde introducen la religión cristiana. Se ha dicho que la península llega a ser la colonia más romanizada de todas.

10 La lengua que adoptan es la que se llama «el latín vulgar», o sea la lengua del pueblo y no la lengua clásica. El español que hablan hoy más de 300 millones de personas desciende de esa lengua. Las lenguas «neo-latinas»[2] como el portugués, el francés, el
15 italiano, el rumano y el español se parecen tanto porque todas tienen como base la lengua latina.

Los romanos consideran a los pueblos conquistados como ciudadanos del imperio y este concepto determina el sistema usado más tarde por los españoles
20 en el Nuevo Mundo. La empresa colonial es una actividad dirigida por el rey, y las tierras descubiertas son de él. La idea inglesa de permitir a los intereses privados los derechos de propiedad resulta en un lazo básicamente económico entre los colonos y las
25 empresas privadas en la madre patria. Los productos de las colonias españolas se consideran iguales a los productos de la península. El comercio moderno no entra en este sistema hasta el siglo XVIII.

La cultura romana también influye en las costumbres y los hábitos diarios del pueblo español. La
30 conocida costumbre de la siesta toma su nombre de la palabra latina *sexta*, o sea la sexta hora del día. Esto refleja el dicho romano: «Las seis primeras horas del día son para trabajar; las otras son para vivir». Claro

celtíberas *Celt-Iberian*

Convertir = to convert to change

Se ha dicho *It has been said*

vulgar = common every day

o sea *that is*

desciende *comes from*

se parecen *are similar*

ciudadanos *citizens*

empresa *enterprise*
dirigida *directed*

propiedad *property*
lazo *tie* / colonos *colonists* / madre patria *mother country*

diarios *daily*   hábito = habit

sexta *sixth*
dicho *saying*

[1]A.C. (antes de Cristo) *before Christ, that is, B.C.*
[2]las lenguas neo-latinas *the Romance languages. French, Provençal (southern France), Italian, Spanish, Portuguese, Romanian, Galician (northwest Spain), Catalan (northeast Spain), Sardinian, and Romansh (eastern Switzerland) are some of the known Romance languages and dialects.*

Se pueden ver las ruinas de un anfiteatro romano en Tarragona, España.
¿Cuáles son algunas características de la arquitectura romana? ¿Qué espectáculos se presentaban allí?

35 que esto se debe a las necesidades físicas de la gente en un clima cálido. En estas regiones es preferible trabajar durante las horas más frescas. Hasta hoy, en muchas partes del mundo hispánico es costumbre dormir la siesta después de la comida. En algunas
40 ciudades más tradicionales todas las tiendas y oficinas se cierran hasta las cuatro de la tarde. Vuelven a abrirse desde las cuatro hasta las siete u ocho de la tarde.[3]
    Otra tradición famosísima en el mundo hispánico
45 es la corrida de toros,[4] que combina elementos de

se debe a *is due to*

cálido *warm*

[3]siete u ocho de la tarde *seven or eight* P.M. Tarde *(afternoon) is usually used until about eight* P.M., *when it becomes* noche *(night). A date to meet* por la tarde *usually means between five and eight* P.M.

[4]la corrida de toros *bullfight. Although the origin of the* corrida *is still debated, it is thought to have originated among the Celt-Iberians. The term stems from the fact that the bulls were "run" to the ring before the fight or* lidia.

deporte, arte y diversión en un espectáculo lleno de emoción. Los romanos la popularizan en el circo, donde se ofrecían toda clase de juegos para la diversión popular. Hasta Julio César[5] aprendió a to-
50 rear en la península y autorizó las primeras corridas.

El concepto de la ciudad como centro de la cultura y del gobierno también es una de las contribuciones importantes de los romanos. Esta tendencia hacia la urbanización ha sido muy notable en Hispanoamé-
55 rica desde la época colonial. Los centros de México, Lima y Buenos Aires sirvieron como sedes del gobierno español y todavía se distinguen del resto del país por su influencia y poder. Después de la independencia, la política de estos países es dominada
60 por la lucha entre la ciudad y las provincias.[6]

Los romanos, pues, influyen mucho en la formación básica de la sociedad hispánica.

diversión *entertainment*
circo *circus*
se ofrecían *were provided*
hasta *even*
aprendió a torear *learned to fight bulls*
autorizó *authorized*

sirvieron *served* / sedes (f) *seats*

Comprensión

A. Decida si las siguientes frases son verdaderas o falsas según el texto.

1. Los romanos llegan a la península en el siglo III A.C.
2. Adoptan el latín clásico como idioma en la colonia.
3. El rumano es una lengua «neo-latina».
4. La costumbre de la siesta resulta del dicho «Las seis primeras horas del día son para trabajar; las otras son para vivir».
5. La siesta resulta en un día de trabajo más corto.
6. No hay ciudades en Hispanoamérica en la época colonial.

B. Responda a las siguientes preguntas con su opinión personal.

1. ¿Cómo influyen los romanos en la cultura hispánica? Dé unos ejemplos. ¿Cuál es el más importante? ¿Por qué?
2. ¿Influyen los romanos en nuestra sociedad? ¿Cómo?
3. ¿Seguimos la costumbre de la siesta? ¿Por qué sí o por qué no?

[5]Julio César *Julius Caesar. Roman leader of the first century B.C., immortalized in the famous play of the same name by Shakespeare.*

[6]las provincias *provinces. In most of the Hispanic world the subdivisions of countries are called provinces; many also use* departamentos, distritos, *or* estados *(states). Mexico, for example, is officially named* Los Estados Unidos Mexicanos.

4. ¿Es importante la urbanización? ¿Por qué? ¿Prefiere Ud. vivir en una ciudad o en el campo? ¿Por qué?

II. LA CULTURA VISIGODA

En el siglo V de la época cristiana algunas tribus germánicas del norte de Europa invaden todo el imperio romano que se halla sin el apoyo del pueblo para resistir. Estas tribus, también conocidas como
5 los visigodos, son primitivas y abiertas a la cultura romana. Se convierten al catolicismo, adoptan la lengua latina y se establecen en los mismos centros que han usado los romanos. En vez de contribuir con elementos nuevos a la cultura española, más bien re-
10 fuerzan y desarrollan los elementos existentes.

Su mayor contribución original es el feudalismo, sistema económico que imponen en toda Europa. Este sistema—producto de una sociedad guerrera— da el control de la tierra a un señor. Éste recibe parte
15 de los productos de la gente que habita su tierra y la protege de otros señores. El monarca de todos los señores reina sólo con el permiso de éstos. Es éste el sistema que determina la organización feudal de las colonias del Nuevo Mundo.

se halla finds itself /
apoyo support

imperio = empire

más bien rather

imponen impose
guerrera warrior
señor (m) lord

protege protects
reina rules

Comprensión

A. Responda según el texto.

1. ¿Cómo se llaman las tribus que llegan a España del norte de Europa? *tribus germánicas o los visigodos.*
2. ¿Qué religión practican? *se convierten al catolicismo.*
3. ¿Cuál es su mayor contribución a la cultura española? *el feudalismo*
4. ¿Cuál es la base del poder del monarca de los señores feudales?
5. ¿Adónde llevan los españoles más tarde el feudalismo?

4. La base de poder es el permiso de estos.
5. Los españoles llevan el feudalismo a las colonias del Nuevo Mundo.

B. Responda a las siguientes preguntas con su opinión personal.

¿Debe un monarca tener el derecho (right) de pedir una parte de los productos de la gente que habita su tierra? ¿Por qué sí o por qué no?

III. LA CULTURA ÁRABE

Los moros[7] están en España desde 711 hasta 1492, y
son tal vez la influencia más importante para la formación de la cultura española después de los romanos. España es la única nación europea que conoce
5 el dominio de la brillante cultura del norte de África.
En el resto de Europa la misma época se caracteriza
por una falta de progreso y de desarrollo cultural.

La historia popular de España considera que la
Reconquista[8] de la península comienza en el año 711
10 y termina en 1492 cuando el último de los reyes a-
fricanos es expulsado de Granada. Esta convivencia
de ocho siglos da como resultado una cultura muy
heterogénea.

El centro del reino moro en España se establece
15 en la ciudad de Córdoba. Esta ciudad llega a ser un
gran centro cultural, con una biblioteca de unos
400.000 libros. En su universidad se enseñan medicina, astronomía, botánica, gramática, geografía y filosofía. A causa de la influencia árabe se usan hoy los
20 números arábigos en lugar de los romanos. En parte,
los conocimientos de los árabes vienen de la cultura
griega antigua, que los moros divulgan con sus artes
de traducción. Los califas[9] tienen una actitud gene-
rosa hacia el arte y la sabiduría en general porque los
25 árabes pensaban que la creación de la belleza exterior era una forma de adorar a Dios.

Muchas palabras árabes forman la base de los términos usados hoy en todas las lenguas occidentales.

expulsado *expelled /*
convivencia *living
together*

reino *kingdom*

divulgan *make known*

sabiduría *knowledge*

adorar *to worship*

---

[7]los moros *Moors. This is the general term applied to the Arabs* (árabes) *who invaded Spain from North
Africa in the eighth century. Most were of the Islamic faith, followers of Mohammed* (Mahoma), *called Mos-
lems* (musulmanes). *The Spanish Christians who submitted to Islamic rule were allowed to practice their own
religion and were called* mozárabes. *Those who converted were* muladíes.

[8]la Reconquista *Reconquest. The period of Spanish history from 711 to 1492 (especially between 711 and
1254), when the Spanish Christians, who had taken refuge in the northern mountains, carried on a constant
war in an effort to expel the Moors. The wars were mostly between individuals, but the religious factor gave
some unity to the two sides.*

[9]los califas *caliphs. Rulers who were successors of Mohammed and combined secular and religious authority
over a given region called a caliphate* (califato).

Palabras como alcachofa, alfalfa, algodón y azúcar
30 son de procedencia árabe, como lo son los productos
a que se refieren. También las palabras relacionadas
con las ciencias: alcohol, alcanfor, alquimia, cero,
cifra y jarope. Varias otras como azul, escarlata, alcoba y ajedrez representan aspectos de la vida diaria.
35 Otras palabras de origen árabe son: almohada,
adobe, alfombra, alcalde, aduana, barrio, y los nombres de muchas plantas y flores, como azucenas y
zanahorias. La mayoría de estas palabras comienza
con *a* o con *al* porque éste es el artículo en árabe.

40   En arquitectura, figuran varios ejemplos que todavía nos impresionan: la Alhambra de Granada, el
Alcázar de Sevilla y la Mezquita de Córdoba con sus
1418 columnas. Su estilo es muy elaborado en las fachadas y los patios interiores y de ahí viene la palabra
45 «arabesco». La religión musulmana prohibe el uso de
imágenes de seres vivos en el decorado y por eso hay
pocos ejemplos de ello. Otra característica particular
de sus construcciones es el uso de azulejos; sus métodos para hacer brillar la loza nunca han sido igua-
50 lados. Su arquitectura ordinaria consiste en la típica
casa blanca con techo de tejas rojas. Este estilo es
popular aun hoy desde la Tierra del Fuego (al sur de
Chile y la Argentina) hasta el norte de California.

De la música, tanto instrumental como vocal, poco
55 se sabe. El laúd, instrumento de cuerdas que luego
se incorporó a la música europea, era de origen á-
rabe.

Algunos creen que la poesía amorosa de Europa
tiene su origen en la tradición árabe. Tiende a ser
60 poesía sensual y a veces erótica, que celebra los placeres de la vida.

La cultura mora contribuye a engrandecer la cultura española en comparación con el resto de Europa
entre los siglos VIII y XIII. A mediados del siglo
65 XIII la mayor parte de la península es reconquistada
y la influencia mora comienza a disminuir. La provincia de Granada pasa a manos de los españoles en
1492, año en que comienza un próximo gran choque
de culturas en América.

---

alcachofa   *artichoke* /
   algodón *(m)   cotton* /
   azúcar *(m)   sugar*

alcanfor *(m)   camphor*

cifra   *cipher* /
   jarope *(m)   syrup* /
   alcoba   *bedroom* /
   ajedrez *(m)   chess* /
   almohada   *pillow* /
   alfombra   *carpet* /
   alcalde *(m)   mayor* /
   aduana   *customshouse* /
   azucenas   *lilies* /
   zanahorias   *carrots*

fachadas   *façades*

seres *(m)   beings*

azulejos   *ceramic tiles*
brillar   *to shine*
loza   *porcelain*
igualados   *equaled*
techo   *roof*

laúd *(m)   lute*

amorosa   *of love*

placeres   *pleasures*

engrandecer   *to exalt*

a mediados   *in about the
   middle*

disminuir   *to diminish*

pasa a manos   *falls into
   the hands*
choque *(m)   collision*

Comprensión

A. Responda según el texto.

1. ¿De dónde vienen los moros? *Del norte de África.*
2. ¿Cómo se llama en España el período entre 711 y 1492? *La reconquista*
3. ¿De dónde son expulsados los últimos moros? *Son expulsados de Granada.*
4. ¿Qué establecen los moros en Córdoba? *El centro de su reino.*
5. ¿Cuáles son algunas palabras de origen árabe que usamos en inglés? *alfafa, alcohol, alcove, adobe, barrio*
6. ¿Cuáles son algunos ejemplos de la arquitectura árabe que nos impresionan? *la Alhambra, el Alcázar de Sevilla, la mezquita de Córdoba con 1418 columnas.*

B. Responda a las siguientes preguntas con su opinión personal.

1. ¿Cómo contribuye la cultura mora a engrandecer la cultura española entre los siglos VIII y XIII? Dé unos ejemplos. *Con su arquitectura - la típica casa blanca con techo de tejas rojas. - la música - El laúd*
2. ¿Cómo se caracteriza el estilo de arquitectura de los moros? ¿Se ve su influencia en la arquitectura hoy día? ¿Dónde? *Su estilo es muy elaborado en las fachadas y los patios interiores = arabesco. Sí, en las casas blancas con techos de tejas rojas al sur de Chile y la Argentina hasta el norte de California.*

IV. LOS IDIOMAS DE ESPAÑA

Aun hoy no se puede decir que haya «una» cultura
española. Hoy se hablan cuatro idiomas en España y
varios dialectos también. En el país vasco, en el norte
central de la península, hablan vascuence, un idioma
5 cuyo origen todavía no está totalmente establecido.
En la región de Galicia, en el noroeste, hablan gallego, un idioma parecido al portugués. En el noreste, en la región de Cataluña, hablan catalán, otro
idioma neo-latino. El cuarto idioma es el idioma ofi-
10 cial de la nación, el castellano—el idioma de Castilla
en el centro del país—o sea, el que llamamos muchas
veces el español.

　　Claro que todos los españoles hablan castellano
además de su idioma regional, pero frecuentemente
15 prefieren hablar el otro idioma en casa. Durante la
dictadura de Francisco Franco (1939–1975) se prohibió el uso de los idiomas regionales oficialmente
pero la gente seguía usándolos en casa. Franco creía
que era necesaria esta prohibición para conseguir
20 más unidad en el país. Después de su muerte el go-

vascuence (m) *Basque*

parecido a *similar to*

dictadura *dictatorship*

seguía usándolos
continued using them
conseguir *achieve*

bierno democrático permitió los idiomas regionales
como segundo idioma en las escuelas. En España
también existe el problema de la educación bilingüe.   educación bilingüe
bilingual education

1. vascuence = en el norte central de la península.

Comprensión

2. gallego = en el noroeste, en la región de Galicia

A. Responda según el texto.

3. catalán = en el noreste, en la región de Cataluña.

1. ¿Cuáles son los cuatro idiomas de España y dónde se hablan?
2. ¿Cuál es otro nombre para la lengua española? *= el castellano*
3. ¿Quién prohibió el uso oficial de los idiomas regionales? ¿Por qué?

Francisco Franco creía que era necesaria para conseguir más unidad en la nación

4. el castellano = el idioma de Castilla en el centro del país. El idioma oficial de la nación.

B. Responda a las siguientes preguntas con su opinión personal.

1. ¿Hay un programa de educación bilingüe donde Ud. vive? ¿Por qué?
2. Los Estados Unidos no tiene un idioma oficial. ¿Debe tener uno? ¿Por qué? ¿Cuál debe ser el idioma oficial?
3. En su opinión, ¿cuáles son las ventajas (*advantages*) de aprender un segundo idioma?

La vista del mundo de una persona que aprenda un segundo idioma es más grande.
Es mejor tener segundo idioma para visitar otros
países y para entender a la gente de aquellos países.

Práctica

interés, característica, árabe, alcoba, arquitectura, alcohol, cero, muchas, plantas, flores, mayoría, artículo

I. Ejercicios de vocabulario

A. Busque 10 palabras en el texto que sean similares en forma y significado a sus equivalentes en inglés.

B. Encuentre una palabra en la segunda columna del mismo significado de la primera.

I.	II.
1. cargar	a. únicamente
2. sólo	b. origen
3. procedencia	c. contribuir
4. aportar	d. romano
5. latino	e. llevar
6. utilizar	f. usar

C. Junte las palabras relacionadas.   *juntar = join, unite, put together*

MODELO   saber   *sabiduría*

I.	II.
1. calor	*6.* a. lingüístico *lengua*

2. emperador _____ *l,* b. cálido *calor*
3. pueblo _____ c. reino
4. antes _____ d. imperio
5. rey _____ e. poblador
6. lengua _____ f. anterior

D. Complete las siguientes formas.

1. convertir	**conversión**	3. filólogo	**filología**
divertir	*diversión*	filósofo	*filosofía*
invertir	**inversión**	*sicólogo*	**sicología**
2. comenzar	**comienzo**	4. trabajar	**trabajador**
encontrar	**encuentro**	observar	*observador*
gobernar	*gobierno*	*poblar*	**poblador**

E. Señale los verbos contenidos en los siguientes derivados.

MODELO desorganizar *organizar*

1. convivir *vivir*
2. mantener *tener*
3. desocupar *ocupar*
4. reconstruir *construir*
5. desaparecer *aparecer y parece*
6. desacostumbrar *costumbrar*

II. Puntos de contraste cultural

La cultura española es mas viejo por cientos de años

1. ¿Cuáles son algunas diferencias entre la cultura española y la norteamericana en cuanto a *(as far as):* la edad de la cultura, los contactos y los componentes que resultan y el idioma?
2. ¿Cuáles son algunas diferencias y semejanzas básicas entre la situación de los que hablan «los otros idiomas de España» y los que hablan «los otros idiomas de los Estados Unidos»? *Toda la gente que hablan otros idiomas de España son de España, pero la gente en E.U. que hablan otros idiomas son de otros paises también.*

III. Debate

Es la obligación de todo ciudadano norteamericano aprender inglés y por eso los programas de educación bilingüe no son necesarios.

IV. El arte de escribir: el resumen (primera parte)

La preparación para escribir un resumen *(summary)* consiste principalmente en hacer apuntes *(notes)* sobre el contenido. Para hacer apuntes es muy útil reconocer dos aspectos estructurales: el párrafo *(paragraph)* y la oración temática *(topic sentence)* o sea la idea principal.

Cada párrafo se distingue de los otros por contener información diferente. Dentro de cada párrafo hay una oración temática que es prácticamente un resumen del párrafo. Ésta puede ser explícita o implícita o puede ser una oración explícita modificada.

Si se examina la primera sección de esta unidad (La cultura romana), se ve que en el primer párrafo la oración temática es la segunda frase: «En el siglo III A.C. llegan los romanos y convierten la península en una colonia romana.» En el segundo párrafo es necesario modificar la segunda frase sustituyendo «esa lengua» por «el latín vulgar». En todos los otros párrafos la oración temática es la primera oración. Los apuntes, entonces, pueden consistir en estas oraciones. Se puede acortar frecuentemente como es el caso de la primera oración del tercer párrafo donde se omite lo que viene después de «imperio».

Ahora, haga Ud. apuntes para un resumen de las otras secciones de la lectura.

V. Ejercicios de composición dirigida

Complete las frases según el texto, utilizando las palabras entre paréntesis y otras necesarias.

1. La cultura hispánica... *es el producto de muchos siglos de contacto con varias culturas.*
   (producto, siglos, contactos, muchos, con, culturas, varias, es)
2. Se ha dicho que la península... *llega a ser la colonia más romanizada de todas.*
   (todas, romanizada, ser, colonia, llega a, más)
3. Otra tradición... *famosísima en el mundo hispánico es la corrida de toros.*
   (hispánico, toros, famosísima, mundo, corrida, es)
4. El feudalismo es el sistema que... *determina la organización económica de las colonias en el Nuevo mundo.*
   (Nuevo Mundo, colonias, determina, económica, organización)
5. En España... *también existe el problema de la educación bilingüe.*
   (bilingüe, problema, existe, educación, también)

VI. Situación

Imagine que Ud. es un(a) indio(a) americano(a) y la fecha es el 12 de octubre de 1492 en la isla de San Salvador en el Caribe. Tiene la oportunidad de conocer a Cristóbal Colón *(Christopher Columbus)*. Afortunadamente Ud. habla español. ¿Qué preguntas le hace Ud. sobre España y qué responde él?

2

Orígenes de la cultura hispánica: América

Estas estatuas toltecas están en Tula, México. ¿Qué característi-cas sugieren que representan guerreros?

VOCABULARIO ÚTIL

Estudie estas palabras antes de leer el ensayo.

algo   something, somewhat
arqueólogo, -a   archaeologist
conocimiento   knowledge
construir (construye)   to build
desarrollo   development
descubrimiento   discovery
dios *m*   god
dominar   to dominate
emperador *m*   emperor
fundar   to found
gobernar   to govern, rule

hecho   fact
imperio   empire
incluir (incluye)   to include
maíz *m*   corn, maize
nivel *m*   level
piedra   stone, rock
reciente   recent
requerir (ie)   to require
siglo   century
utilizar   to utilize, use

ENFOQUE

Al llegar los conquistadores españoles al Nuevo Mundo en el siglo XVI se encontraron con las grandes civilizaciones de México y del Perú. Tal vez nosotros, en el siglo XX, podemos entender el asombro que causaron estos descubrimientos si pensamos en nuestra reacción al encontrar nuevas civilizaciones en otros planetas.

Tanto los aztecas de México como los incas del Perú formaron grandes imperios que se habían establecido por medio de la conquista violenta de las tribus anteriores. La civilización maya, que casi había desaparecido, tenía varios siglos de existencia y desarrollo. Las tres culturas presentan diversos aspectos interesantes y aportan nuevos elementos a la cultura hispánica. Esta lectura va a describir algunos de los aspectos más interesantes de estas tres culturas precolombinas.

al llegar   *on arriving*

asombro   *awe*

tanto... como   *both . . . and*

por medio de   *by means of*
casi   *almost*
desarrollo   *development*

precolombinas   *pre-Columbian, before Columbus*

Anticipación

Responda a estas preguntas.

1. ¿En qué país se encontraba la civilización azteca?
2. ¿Qué región ocupó la civilización incaica?
3. En grupos de cinco, haga una lista de lo que saben de esas culturas.

I. LOS AZTECAS

En el lugar llamado Anáhuac, donde está hoy la capital de México, los aztecas habían dominado otras
tribus durante unos dos siglos.   tribus *(f)* *tribes*

    En 1325 fundaron Tenochtitlán, una ciudad que
5 redujo al silencio a Cortés[1] cuando la vio por primera   redujo *reduced*
vez. Bernal Díaz,[2] uno de los 400 soldados de Cortés,
la describió así: «Y... vimos cosas tan admirables
[que] no sabíamos qué decir... si era verdad lo que
por delante parecía, que por una parte en tierra ha-   por delante *ahead /*
10 bía grandes ciudades, y en la laguna otras muchas, y   parecía *appeared* / por
veíamos todo lleno de canoas,... y por delante estaba   una parte *on one side /*
la gran ciudad de México». Los aztecas habían fun-   laguna *lagoon /*
     lleno *full*
dado la ciudad en un lago con puentes que la conec-   lago *lake* / puentes
taban con la tierra.   *bridges*
15   Al llegar al valle de México los aztecas absorbieron   absorbieron *absorbed*
la cultura tolteca[3] cuya religión incluía el mito de   cuya *whose*
Quetzalcoatl, un hombre-dios de la civilización, be-   benévolo *benevolent*
névolo, que enseñaba las artes y los oficios necesarios
para el hombre en la tierra. Al mismo tiempo, el
20 dios-patrón de la tribu, Huitzilopochtli, era el dios de
la guerra, quien exigía continuas ofrendas de sangre   quien *who* / exigía
humana. Es difícil explicar cómo los aztecas llegaron   *demanded* / ofrenda
a adorar a dos dioses tan antagónicos. Creían que   *offering* / adorar *to*
    worship / antagónicos
    contrary

---

[1]Cortés *Hernán Cortés (1485–1547) led the first expedition into Mexico and conquered the Aztecs in the central valley in 1521.*

[2]Bernal Díaz (del Castillo) *(1492–1584) Author of* Historia verdadera de la conquista de la Nueva España *(Mexico), which he wrote to present the common soldier's view of the conquest of Mexico.*

[3]tolteca *The Toltecs (or "master craftsmen"), about whom relatively little is known, occupied much of the central area of Mexico prior to the Aztecs. They were the builders of the pyramid city, Teotihuacán, near modern day Mexico City. The Aztecs, lacking a historical tradition of their own, began to consider themselves descendants of the Toltecs and adopted their history.*

Quetzalcoatl había creado al hombre regando su pro-
25 pia sangre sobre la tierra. En consecuencia, pensaban
que era necesario recompensar a los dioses con
sangre.

    Los conceptos religiosos sutiles se combinaban con
un sistema político algo avanzado. El emperador era
30 a la vez un sacerdote y su poder fluía de esta combinación de autoridad religiosa y política-militar. El imperio se basaba en la completa subyugación de casi

regando   *sprinkling*

recompensar   *repay*

sutiles   *subtle*
avanzado   *advanced*
sacerdote (m)   *priest /*
fluía   *flowed*

subyugación   *subjection*

Este dibujo azteca muestra el primer encuentro de Cortés y Moctezuma en Tenochtitlán. Identifique a las personas y otros elementos representados aquí.

todas las tribus del centro de México en una región del tamaño de Italia. Este hecho hizo relativamente
35 fácil la conquista por los españoles en 1521, ya que formaron alianzas con las tribus subyugadas para derrotar a los aztecas.

    Durante los dos siglos de la civilización azteca, su sociedad cambió de una forma democrática a una
40 forma aristocrática. El emperador Moctezuma II, que reinaba cuando llegó Cortés, vivía en un palacio comparable en su lujo a los palacios europeos. Pero el lujo y aparente prosperidad cubrían un estado sicológico deprimido. Varios acontecimientos habían
45 hecho creer a Moctezuma que se acercaba el fin del imperio. Cuando llegó Cortés con sus soldados, la superstición de los jefes los condujo a una resistencia débil. Pensaron que los españoles montados a caballo eran monstruos y además, los indios no tenían armas
50 de fuego como las que poseían los españoles. Dentro de poco tiempo, éstos habían reconstruído una nueva ciudad sobre los <u>escombros</u> de uno de los imperios más impresionantes del mundo.

alianzas	*alliances*
derrotar	*defeat*
reinaba	*ruled*
lujo	*luxury*
cubrían	*covered*
deprimido	*depressed*
acontecimientos	*happenings* / se
acercaba	*was approaching*
montados	*riding*
armas de fuego	*firearms*
poseían	*possessed*
reconstruído	*rebuilt*
escombros	*ruins*

[handwritten: poseer = to possess]

Comprensión

A. Decida si las siguientes frases son verdaderas o falsas.

   1. Los aztecas fundaron la ciudad de México en 1325. *V*
   2. El mito de Quetzalcoatl vino de los mayas. *F*
   3. Huitzilopochtli era el dios patrón de los aztecas. *V*
   4. Los aztecas recompensaban a los dioses con la sangre. *V*
   5. Los aztecas creían que los españoles eran sus amigos. *F — eran monstruos*

B. Responda a las siguientes preguntas.
   [handwritten: Pensaron que los españoles eran monstruos — y poseían armas de fuego.]
   1. Dé dos razones para la derrota (*defeat*) fácil de los aztecas.
   2. ¿Qué representaba el emperador en la civilización azteca? *[handwritten: Representaba autoridad religiosa y política militar.]*
   3. ¿Ha visto Ud. alguna ruina de los indios americanos? ¿Dónde? Descríbala.
   4. ¿Le interesa a Ud. la arqueología? ¿Por qué sí o por qué no?

II. LOS INCAS

Aunque los arqueólogos creen que los primeros
pueblos indígenas del Perú datan de 10.000 años
antes de Cristo, cuando desembarcó Pizarro[4] en 1532   desembarcó *landed*
los incas apenas tenían un siglo de dominio imperial
5 en las montañas. Igual a los aztecas, eran un pueblo   igual a *just like*
militar que había establecido su dominio sobre las
otras tribus durante el siglo XV. Como los aztecas,
también se consideraban el pueblo elegido del sol. El   elegido *chosen*
emperador (llamado «el Inca») recibía su poder ab-
10 soluto por el hecho de ser descendiente directo del
sol. Creían que el primer emperador, Manco Cápac
(que vivió en el siglo XIII), era hijo del sol.

Aunque había una clase de nobles mantenidos por
el pueblo, el resto de la sociedad de los incas tenía
15 aspecto socialista. La comunidad básica era el
«ayllu».[5] Cada comunidad tenía derecho a una can-   alimentos *foodstuffs*
tidad de tierra suficiente para producir sus alimentos
y la trabajaban en común. Otro pedazo de tierra se   pedazo *piece* / se
designaba para el estado (los nobles) y otro pedazo   designaba *was reserved*
20 para los dioses (la iglesia y el clero). La gente del *ayllu*   *for*
cultivaba esta tierra también y los productos consti-   el clero *the clergy*
tuían un tipo de impuestos sobre la comunidad. Los   impuestos *taxes*
productos de la tierra del estado iban para mantener
a los nobles, al ejército, a los artistas y también a los ejército *army*
25 ancianos y enfermos que no podían producir su pro-   ancianos *elderly*
pio alimento. Si ocurría algún desastre en un *ayllu*,
como una inundación, el gobierno les proveía co-   inundación *flood* /
mida de sus almacenes. Los hombres tenían la obli-   proveía *provided* /
gación de contribuir una porción de tiempo cada año   almacenes *warehouses*
30 a las obras públicas como caminos y acueductos que
se comparaban con los de Europa. El uso de la

---

[4]Pizarro *Francisco Pizarro (1476–1541) along with his brothers, Gonzalo, Juan, and Hernando and Diego
de Almagro assured the conquest of the Inca empire when they seized and killed the last emperor, Atahualpa,
in 1533.*

[5]ayllu *The ayllu was, in pre-Incan times, essentially a clan with kinship as its basis. It is believed that it
evolved under the Incas to a more politically organized community. Mountain communities in modern Peru
are still called* ayllus.

piedra para la construcción y su sistema de riego eran maravillosos.

riego *irrigation*

En los tejidos los incas ya conocían casi todas las técnicas que conocemos hoy y hacían telas superiores a las que producimos hoy. Dos factores estimularon el desarrollo del arte de tejer: el clima algo frío de las montañas y la lana de la llama. El tejer era una actividad exclusivamente femenina y se pasaban los conocimientos de madre a hija, refinándolos cada vez más. Las tejedoras eran muy protegidas por el estado y las mejores fueron llevadas a conventos especiales donde pasaban la vida tejiendo. Usaban los tejidos para enterrar a las personas de importancia—semejante a lo que hacían los egipcios.

tejidos *textiles*

arte de tejer *art of weaving*

cada vez más *more and more* / tejedoras *weavers* / protegidas *protected*

egipcios *Egyptians*

En otras técnicas como la cerámica y el uso de metales también sobresalieron los incas. Parece que tenían conocimientos avanzados de medicina, especialmente en la cirugía, ya que operaban el cráneo cuando era necesario.

cirugía *surgery* / cráneo *skull*

(marginalia: sobresalir = to project, just out, stand out, excel.)

Comprensión

(marginalia: elegir = to elect, choose)

A. Elija la respuesta más adecuada según el texto.

1. Cuando llegó Pizarro, el imperio inca tenía (cien años, dos siglos, mil años) de existencia.
2. Los incas creían que eran un pueblo (primitivo, elegido del sol, demócrata).
3. El «ayllu» de los incas era (una comunidad, el hijo del sol, el emperador).
4. Los hombres contribuían una porción de tiempo cada año para hacer (obras de arte, tejidos, obras públicas).
5. El clima frío estimuló el desarrollo del (arte de tejer, uso de la piedra, «ayllu»).

B. Responda a las siguientes preguntas.

(marginalia: Tenían conocimientos tecnológicos avanzados de medicina, especialmente en la cirugía.)

1. ¿Qué conocimientos tecnológicos avanzados tenían los incas?
2. En su opinión, ¿deben tener los ciudadanos (*citizens*) de los Estados Unidos la obligación de contribuir tiempo a las obras públicas? ¿Por qué?
3. ¿Cuál es mejor, un sistema socialista o demócrata? Explique.

III. LOS MAYAS

De las grandes culturas indígenas, la que más ha intrigado al hombre moderno es la cultura maya. Ésta ocupaba el sureste de México, Guatemala y Honduras. Fue la civilización más brillante de todas 5 las del continente.

    intrigado intrigued
    sureste (m) southeast

Tuvieron una cultura casi tan avanzada como las contemporáneas de la región mediterránea. Cuando llegaron los españoles, la civilización maya ya había decaído por razones desconocidas y un poco miste- 10 riosas. Sólo se sabe que en el siglo XV los mayas comenzaron a abandonar sus grandes centros religiosos como Chichén Itzá, cerca de Mérida, en Yucatán, México.

    contemporáneas contemporary
    había decaído had decayed

Los arqueólogos dividen las fechas de la cultura 15 maya en tres períodos: de 1200 A.C. hasta 300 D.C.[6] como la época preclásica o formativa; del año 300 al 1000, la época clásica, en que la cultura alcanza su nivel más alto; y del año 1000 hasta el siglo XVI como la época posclásica.[7]

20 Durante la primera época, los mayas establecieron las bases de su cultura e hicieron muchos descubrimientos importantes. Se cree que el calendario fue inventado en el siglo IV D.C. Su sistema de medir el tiempo es el aspecto más impresionante de sus logros 25 culturales. No se sabe con seguridad por qué les interesaba tanto esto. La teoría es que con sus conocimientos astronómicos podían pronosticar los fenómenos celestes y que estos pronósticos servían a los jefes religiosos como base de su poder. En la región 30 maya la economía se basaba en el cultivo del maíz. Según el *Popol Vuh*[8] el maíz había servido de material para la creación del hombre.

    medir to measure
    logros achievements

    pronosticar to predict

El calendario maya del período clásico era más

---

[6]D.C. (después de Cristo) *A.D.*

[7]posclásica *The three periods correspond to developmental stages, with the classical period representing a relatively stable society at the height of its advancement.*

[8]*Popol Vuh The sacred writings of the Maya, written down and translated into Spanish by missionaries in the sixteenth century.*

exacto que los de Europa porque correspondía mejor
35 al año solar. Los mayas no tenían instrumentos astronómicos. Sólo utilizaban observatorios. Éstos tienen
una forma casi igual a la de los modernos, aunque
hechos de piedra, con aberturas permanentes que   aberturas *openings*
marcan varios puntos en el curso del sol, de la luna   curso *orbit*
40 y del planeta Venus.

Los mayas tenían dos años diferentes, uno ceremonial de 260 días y otro civil de 365 días. Los cum-
pleaños y los días de fiesta se celebraban de acuerdo   de acuerdo con *according*
con el año religioso o *tzolkin*. El año civil se dividía   *to*
45 en 18 meses de veinte días cada uno y un mes de
cinco días. La combinación de estos dos años daba un
ciclo de 18.980 días, o 52 años. Aunque para los
mayas este ciclo no era importante, más tarde llegó a
ocupar un lugar central en la cultura azteca.

50 El sistema maya de escribir los números es interesante por dos razones: incluye el concepto del cero y
utiliza las posiciones. Era un sistema vigesimal, que   posiciones *decimal places* /
usaba puntos y varas para contar hasta veinte. Para   vigesimal *base 20* /
sumar era superior al sistema romano usado en Eu-   varas *rods*
55 ropa en la misma época.

sumar = to add
    to summarize

En la escritura, los mayas habían llegado a tener
un sistema ideográfico en que los símbolos represen-
taban ideas en vez de ser dibujos de objetos.[9] Parece   en vez de *instead of* /
que la escritura era cosa reservada a los sacerdotes y   dibujos *drawings*
60 a los sabios. Nuestra información sobre los jeroglífi-   sabios *wise men*
cos mayas viene de las estelas encontradas en las rui-
nas y de tres códices.[10] Las otras obras mayas conservadas, como los *Libros de Chilam Balam* y el *Popol Vuh*,
fueron escritas por los indios con el alfabeto español
65 después de la conquista.

La religión maya era muy compleja y formalizada.
Tenía todo un panteón de dioses asociados princi-   panteón (m) *pantheon*

---

[9]dibujos de objetos *Writing systems generally show three stages: (1) pictorial, where the writing consists of drawings of actions; (2) ideographic, where the symbols are conventionalized and stand for ideas, and (3) phonetic, where characters stand for sounds. Maya writing was ideographic, and some scholars think it was phonetic.*

[10]tres códices *A codex is a manuscript, especially of official or classical texts. Estelas (steles) are upright stone slabs bearing inscriptions, placed at the entrances of buildings, on graves, etc. Some inscriptions on buildings and inside tombs are also extant. The* Libros de Chilam Balam *are fragmentary writings in the Spanish alphabet recorded by Mayan priests after the conquest.*

palmente con los días y los años y divididos entre
buenos (los que favorecían al maíz) y malos (los que
70 lo perjudicaban). El principal objeto de la religión
era obtener salud y sustento. Con este fin ofrendaban varias cosas a sus dioses, y hasta llegaron a sacrificar seres humanos.

Lugares como Chichén Itzá y Tikal[11] servían de
75 centros religiosos y de ciudades. Los mayas vivían
principalmente en pequeños grupos, probablemente
familiares, y a veces llegaron a urbanizarse. La arquitectura maya muestra también una preocupación estética que impresiona al observador moderno. Mien-
80 tras que en las otras culturas precolombinas el
tamaño de las pirámides era lo que indicaba su importancia, los mayas ponían más énfasis en la ornamentación.

Los conocimientos prácticos de los mayas no eran
85 muy avanzados. La rueda existía, pero nunca la usa-
ron para mover cosas sino solamente como objeto
ceremonial. Los antropólogos creen que esto es porque su único animal doméstico era el perro, que no
podía servir de animal de carga.
90   Sus métodos agrícolas se basaban en el sistema de
la «milpa», que significa el uso de un pedazo de
tierra de dos a cuatro años, mientras da una cosecha
buena. Después se deja esa tierra sin cultivar por diez
años. Esta técnica requiere, en la región de Yucatán,
95 unas cinco hectáreas[12] por año para mantener una
familia de cinco personas, o unas 30 hectáreas para
mantenerla permanentemente. También tenían o-
tros productos comestibles y criaban peces en canales
especiales.
100   Esta dependencia del maíz es interesante porque
requiere sólo unos 76 días de trabajo al año. Esto
deja bastante tiempo para actividades religiosas, fes-
tivas y recreativas y para la construcción de los centros ceremoniales. Esto también puede explicar el de-
105 sarrollo de un gusto estético e intelectual bastante

perjudicaban   *harmed*

salud   *health* / sustento
sustenance / ofrendaban
they made offerings of

familiares   *familial*

rueda   *wheel*

animal de carga   *beast of
burden*

cosecha   *crop*

mantener   *to sustain*

comestibles   *foodstuffs*

---

[11]Tikal   *A Mayan ruin in northern Guatemala. Probably the largest and oldest (approximately 400–300
B.C.) of the known ceremonial centers.*
[12]cinco hectáreas   *twelve acres. One hectare equals 2.47 acres.*

refinado en medio de una tecnología y una organización social primitivas.

110 Al examinar el nivel de las culturas indígenas del Nuevo Mundo es fácil imaginar el asombro que causaron a los españoles. También si se compara esta situación con la de los ingleses—un pueblo homogéneo que se encuentra frente a tribus de indios nómadas—se comienzan a comprender las diferencias que aparecen en las sociedades modernas.

nómadas *nomadic*

Comprensión

[handwritten: 1. Empezaron a abandonar sus centros religiosos en el siglo 2. Alcanzó su nivel cultural más alto en la época clásica del año 300 al 1000.]

A. Responda según el texto.

[handwritten left margin: 8. Eran lugares que servían de centros religiosos y de ciudades.]

1. ¿Cuándo comenzaron los mayas a abandonar sus centros religiosos?
2. ¿En qué época alcanzaron su nivel cultural más alto?
3. ¿Fue creado el calendario en el período clásico o preclásico? *[handwritten: en la época clásica.]*
4. ¿Qué producto servía de base a la economía maya? *[handwritten: el producto de maíz.]*
5. ¿A cuántos años equivalen 18.980 días? *[handwritten: 52 años]*
6. ¿Cómo era más eficaz *(efficient)* el sistema de números de los mayas? *[handwritten: Era un sistema vigesimal, que usaba puntos y varas para contar hasta veinte.]*
7. ¿Cuál era la diferencia entre los dioses buenos y los malos? *[handwritten: 6. Los dioses buenos favorecían al maíz. Los dioses malos eran los que lo perjudicaban.]*
8. ¿Qué eran Chichén Itzá y Tikal?
9. ¿Cuántos días de trabajo al año requería el cultivo del maíz? *[handwritten: 9. El cultivo de maíz requería unos 76 días de trabajo al año.]*

B. Responda a las siguientes preguntas.

1. ¿Dónde estaba el centro de la civilización maya? *[handwritten: El sureste de México, Guatemala, y Honduras.]*
2. ¿Cuáles logros *(achievements)* sorprenderían más a los españoles al llegar al Nuevo Mundo? *[handwritten: su sistema de medir el tiempo]*
3. ¿Cuántas horas a la semana trabaja Ud.? ¿Y en el verano?
4. ¿Cree Ud. que vamos a trabajar menos días al año en el futuro? ¿Por qué?

IV. EL INDIO EN LA ACTUALIDAD

Los indios del Nuevo Mundo contribuyeron la papa (los incas), el chocolate y el tomate (los aztecas) y el maíz (los mayas) al surtido mundial de comestibles además de varias otras cosas útiles o artísticas. Sin
5 embargo, hoy el indio representa en algunos países

hispanoamericanos el problema social y económico
de mayor gravedad. En México, Centroamérica y los   gravedad *seriousness*
países andinos hay todavía indios que no hablan cas-   andinos *Andean*
tellano. En el Perú se calcula que hasta el 40% de la
10 población habla solamente el quechua o el aymará
(los idiomas indios). En Bolivia solamente el 36%
habla castellano como idioma nativo.

En México, donde se ha hecho un esfuerzo muy   esfuerzo *effort*
grande después de la Revolución de 1910 de incor-
15 porar al indio a la sociedad, quedan todavía casi   quedan *there remain*
cinco millones de personas que no hablan castellano.

En el Perú, donde millones de indios viven todavía
en los «ayllus» de la época incaica, el problema es
muy serio. Sus comunidades se encuentran algo
20 apartadas en los Andes. En cierto sentido los indios
no quieren cambiar su vida tradicional de la comunidad. Sin embargo, la incorporación a la sociedad
mayor casi siempre requiere ese paso. Presenta un   requiere *requires* / paso
dilema que nadie ha podido resolver. Obviamente   *step*
25 tiene algunas de las mismas características del problema de las «reservaciones» de indios en los Estados
Unidos.

Comprensión

A. Responda según el texto.

2. Es que los indios
no quieren cambiar
su vida tradicional

1. ¿Cuáles son algunas contribuciones del indio americano al mundo?
2. ¿Cuál es el dilema del indio hoy día?
3. ¿Qué porcentaje (*percentage*) de los peruanos habla castellano? ¿Por qué?   60%
4. ¿Cuándo empezaron a hacer un esfuerzo de incorporar al indio a la sociedad mexicana?   *después de la Revolución de 1910*

B. Responda a la siguiente pregunta.

En su opinión, ¿debe el indio cambiar su vida e incorporarse a la sociedad
general? Explique.

Práctica

I. Ejercicios de vocabulario

A. Complete las siguientes formas.

1. llegar **llegada**   llamar _llamada_
2. abrir **abertura**   escribir _escritura_
3. dibujar **dibujo**   cultivar _cultivo_
4. organizar **organización**   colonizar _colonización_
5. existir **existencia**   influir _influencia_

B. Encuentre los sinónimos.

1. pronósticos   a. controlar
2. dominar   b. decorado
3. comprensión   c. predicciones
4. adorno   d. castellano
5. español   e. entendimiento

C. Complete según los modelos.

MODELO cultura *cultural*

1. ceremonia _ceremonial_   4. continente _continental_
2. centro _central_   5. trópico _tropical_
3. vigésimo _vigesimal_

MODELO brillo *brillante brillar*

1. impresión _impresionante_ _impresar_
2. _interés_ interesante _interesar_
3. _obsesión_ _obsesiante_ obsesionar

MODELO abundancia *abundante abundar*

1. procedencia _procedente_ _proceder?_
2. _existencia_ existente _existir?_
3. _coincidencia_ _coincidente_ coincidir

II. Puntos de contraste cultural

1. ¿Cuáles son algunas de las diferencias entre las experiencias de los españoles y de los ingleses con los indios al llegar al Nuevo Mundo? ¿Tuvieron estas diferencias efectos en las sociedades modernas? ¿Cuáles?
2. ¿Cuáles son algunas diferencias y algunas semejanzas entre la situación del indio norteamericano y el indio hispanoamericano hoy día?

III. Debate

Los españoles y los ingleses, al llegar al Nuevo Mundo, tenían derecho a quitarle la tierra al indio americano.

IV. El arte de escribir: el resumen (segunda parte)

En la primera unidad Ud. aprendió a examinar los párrafos y las oraciones temáticas como preparación para escribir un resumen. El próximo paso *(step)* es decidir cuáles de los detalles en sus apuntes va a incluir en el resumen. Hasta cierto punto esto resulta en una decisión basada en el tipo de resumen que se quiere. Por ejemplo, un resumen de la primera sección de la lectura *(I. LOS AZTECAS)* podría ser corto:

Los aztecas vivieron en el valle de Anáhuac en la ciudad de Tenochtitlán que fundaron en 1325. Absorbieron la cultura tolteca y adoraron a Huitzilopochtli como su dios patrón. Su sistema político era avanzado y lo utilizaron para crear un imperio en el centro de México. Su sociedad era una aristocracia. El estado mental negativo y las supersticiones se combinaron con las armas de fuego para facilitar la conquista por los españoles.

Si uno quiere un resumen más extendido se podrían incluir más detalles sobre el lago, Quetzalcóatl, la sangre, la subyugación de otras tribus, etcétera.

Ahora escriba un resumen de la tercera sección de la lectura *(III. Los mayas)*. Primero escriba los apuntes necesarios y luego decida cuáles va a incluir.

V. Ejercicios de composición dirigida

Complete las frases utilizando las palabras entre paréntesis.

1. Al llegar al valle de México... (absorbieron, tolteca, los aztecas, cultura)
2. Cuando desembarcó Pizarro en 1532... (dominio, montañas, los incas, siglo, tenían, apenas, imperial)
3. El sistema maya de medir el tiempo... (aspecto, es, más, impresionante, culturales, logros)
4. Según el *Popol Vuh*... (material, hombre, creación, sirvió, para, maíz)
5. La arquitectura maya muestra... (moderno, estética, impresiona, observador, preocupación)

VI. Situación

Imagínese que usted camina por la calle un día y se encuentra con una persona con dos antenas en la cabeza, cuatro ojos y ruedas en los pies. Dice «Lléveme a su jefe. Salí de mi planeta hace 2000 años». Con un(a) colega o solo(a) (según indique el (la) profesor(a)) haga usted una lista de las preguntas que usted le hace y las respuestas de él (¿ella?) sobre cómo era su cultura cuando salió de su planeta.

3

La religión en el mundo hispánico

Un cura bendice a esta muchacha durante la ceremonia de su primera comunión. ¿Qué otras ceremonias religiosas son importantes para los hispanos?

VOCABULARIO ÚTIL

Estudie estas palabras antes de leer el ensayo.

además   besides, in addition
ataque *m*   attack
ayudar   to help
corriente *f*   current
dueño, -a   owner
edificio   building
enemigo, -a   enemy
existir   to exist, be
mayor   larger, greater, older (with people)
mayoría   majority
mostrar (ue)   to show

ocurrir   to happen
peor   worse; **el peor**   the worst
poder *m*   power
reforzar (ue)   to reinforce
sustituir (sustituye)   to substitute
al contrario   on the contrary, rather
más adelante   later, further on
por lo general   generally
por último   finally
se puede (ver)   one is able; it is possible (to see)

ENFOQUE

Por varias razones históricas el catolicismo ha sido la religión dominante en España e Hispanoamérica. Sus lazos con el imperio romano causaron que los habitantes de la península ibérica adoptaran el catolicismo romano desde muy temprano.

imperio *empire*

La invasión de los musulmanes de África dio un carácter de cruzada cristiana a la época de la Reconquista (711–1492). Cuando expulsaron a los últimos moros en 1492, la Iglesia católica tenía mucha importancia en la sociedad española.

cruzada *crusade*

El descubrimiento de América en el mismo año les ofreció a los españoles la oportunidad y la obligación de cristianizar la otra mitad del mundo.

descubrimiento *discovery*

cristianizar *to convert to Christianity*

Siendo España el país católico más fuerte y rico del mundo en esa época, asumió la obligación de defender la fe contra los protestantes que buscaban reformarla. Este acto hizo de España el enemigo de casi toda Europa y contribuyó, sin duda, a su decadencia posterior.

fe *faith*

Se verá en esta lectura que no ha sido sólo en cuestiones de fe, sino también en la política y la sociedad que la Iglesia ha mantenido una presencia dominante.

Anticipación

Decida si está de acuerdo o no con las siguientes afirmaciones. Después compare sus respuestas con las de sus compañeros de clase.

1. La religión debe ser el elemento más importante de la vida.
2. La religión organizada es mejor que la religión privada.
3. Debe haber una separación estricta entre la religión y el gobierno.
4. Se debe permitir el rezar *(praying)* en las escuelas públicas.
5. No se debe permitir que una organización religiosa posea *(possess)* mucha tierra.

I. RELIGIÓN Y SOCIEDAD

La Iglesia católica ha tenido gran importancia en la política de España. Lo mismo ocurrió en el resto del mundo hispánico. Desde la época romana ha existido el concepto de la unidad de la Iglesia y el estado y   **unidad** *unity*
5 aunque en los gobiernos modernos esta alianza no es oficial, en los más conservadores siempre existe una gran influencia. La Iglesia tiende a influenciar al pueblo a favor del gobierno. Éste, a cambio, le da   **pueblo** *people* / **éste** *the* ciertas preferencias a la Iglesia que la ayudan en su   *latter* / **a cambio** *in*
10 deseo de mantener su posición espiritual exclusiva.   *exchange* / **preferencias** *advantages* / **mantener** *to maintain* / **debatidos** *debated* / **papel** *(m)* *role* / **cuestión** *matter*

   Uno de los aspectos más debatidos del papel de la Iglesia es la cuestión de su poder económico. Esto es especialmente importante en Hispanoamérica, donde el desarrollo económico es una cuestión política   **desarrollo** *development*
15 dominante. Los misioneros fueron los primeros en llegar a algunas regiones apartadas. Por eso, como la   **apartadas** *distant* Iglesia tuvo mucha permanencia como institución, se   **se adueñó** *took possession* adueñó de un porcentaje notable de la tierra. Esta situación siempre resultó en crítica severa a la Iglesia.
20   La Iglesia también tiene otras formas de poder en las sociedades hispánicas. Está presente en cada pueblo o centro de población y su organización es

dirigida desde la capital, así que a veces resulta más eficaz que el gobierno nacional. También tiene gran
25 influencia porque participa en los momentos más importantes de la vida del hombre, es decir, el bautismo, el matrimonio y la muerte.

dirigida *directed* / a veces *at times* / eficaz *efficient*

bautismo *baptism*

matrimonio *marriage*

Antes del siglo XX la gran mayoría de las escuelas y universidades en el mundo hispánico eran parro-
30 quiales. La Iglesia servía como la mayor agencia de caridad, y el cura ocupaba el lugar de consejero personal de los ciudadanos. En los pueblos, la iglesia, por ser el edificio más grande, servía como centro de fiestas y reuniones sociales.

parroquiales *parochial*

caridad *charity* / consejero *advisor* / ciudadanos *citizens*

reuniones sociales *(f)* *social gatherings*

35 Esta tremenda presencia en casi todos los aspectos de la vida ha sido motivo de crítica por parte de ciertos partidos políticos. Esta oposición a la Iglesia, o anticlericalismo, ha sido una corriente política especial en los países hispánicos durante toda la época
40 moderna. Para el extranjero es muy necesario saber que la oposición consiste en una crítica de la Iglesia como institución política-social y casi nunca implica un ataque a la fe católica. La gran mayoría de los políticos y ensayistas que critican a la Iglesia siguen
45 siendo católicos.

partidos *parties*

implica *implies*

ensayistas *(m)* *essayists* / siguen siendo *continue to be*

Comprensión

A. Responda según el texto.

1. ¿De qué época viene el concepto de la unidad de la Iglesia y el estado?
2. ¿Cuál es una cuestión política dominante en Hispanoamérica?
3. ¿Cómo ayuda la organización nacional de la Iglesia?
4. ¿En qué momentos de la vida participa la Iglesia?
5. ¿Qué otros servicios ofrece la Iglesia?
6. ¿Qué es el «anticlericalismo»?

B. Responda a las siguientes preguntas con su opinión personal.

1. ¿Por qué es dominante la religión católica en Hispanoamérica?
2. ¿Tienen las iglesias mucho poder económico en los Estados Unidos? Explique.
3. ¿Asiste Ud. a una iglesia o una sinagoga regularmente?
4. ¿Qué papel tiene la religión en su vida?

II. LA RELIGIÓN Y LA VIDA PERSONAL

Lo anterior indica la presencia notable de la religión
en la vida hispánica. Esta larga tradición religiosa ha
resultado en una actitud especial hacia el papel de la
religión en la vida. Hay pocas actividades tradicio-
5 nales en que no se note la presencia de la religión.

    La gran mayoría de las fiestas que se observan son
fiestas religiosas. La Navidad y la Semana Santa[1] son
sólo las más conocidas, pero además cada pueblo
tiene su santo patrón y el día dedicado a ese santo se
10 celebra cada año y es la fiesta más importante del
pueblo. En el mundo hispánico es costumbre celebrar el día del santo de una persona en vez de su
cumpleaños. En algunos países, una de las fiestas
más grandes es el carnaval, que marca el comienzo
15 de la cuaresma. El bautismo, la primera comunión, y
aun el velorio, aunque son actos o ceremonias religiosos, ofrecen una ocasión de reunión social. En la
Semana Santa, especialmente en España, hay procesiones y actos solemnes durante toda la semana. El
20 Día de los Muertos[2] (2 de noviembre) se observa con
actividades religiosas también. En España es tradicional ir a ver *Don Juan Tenorio*,[3] obra dramática en
la que hay escenas de ultratumba.

    El misterio tiene bastante importancia en las prác-
25 ticas religiosas del mundo hispánico. La fe, a veces
profunda, resulta en una extrema religiosidad, enfocada en los aspectos maravillosos y misteriosos de la
religión. Las iglesias tradicionales muestran esta preferencia con un decorado simbólico lleno de imá-
30 genes que refuerzan la espiritualidad de la gente.

    El pueblo también usa la religión para explicar lo
sobrenatural. La superstición tiende a fundirse con
los conceptos ortodoxos para formar un punto de
vista algo especial. Por ejemplo, la doctrina católica

anterior *previous*

actitud *attitude*

santo patrón *(m) patron saint* / se celebra *is celebrated*

cumpleaños *(m) birthday*
marca *marks*
cuaresma *Lent*
aun *even* / velorio *wake*

ultratumba *beyond the grave*

religiosidad *religiosity*
enfocada *focused*

decorado *setting* / imágenes *(f) statues* / espiritualidad *spirituality*
sobrenatural *supernatural* / fundirse *to fuse*

[1] la Navidad y la Semana Santa *Christmas and Holy Week (the week before Easter Sunday).*
[2] el Día de los Muertos *All Souls' Day. A Catholic religious day marked by prayers and services for the souls in purgatory.*
[3] *Don Juan Tenorio a play by the famous Spanish playwright, José Zorrilla (1817–1893).*

35 dice que el purgatorio contiene las almas en pena.   **almas en pena** *souls in*
Mucha gente cree que estas almas visitan la tierra, se   *agony* / **se hacen**
hacen visibles y algunas veces pueden perseguir a los   **visibles** *become visible* /
vivos que les hicieron daño en la vida. Cuando algo   **perseguir** *to haunt*
bueno pasa se cree que es obra de algún santo.   **daño** *harm*

40   Otras cosas que muestran la presencia constante
de la religión son las palabras y frases exclamatorias
de origen religioso. «Por Dios» o «Dios mío» son usados por cualquier persona en cualquier situación,
mientras que los equivalentes en inglés son reserva-   **mientras que** *while*
45 dos para ocasiones de más importancia. Además, es
tradicional en el mundo hispánico dar nombres de
personajes sagrados a los hijos. El nombre femenino   **personajes sagrados** *(m)*
más popular es María, que por lo general lleva tam-   *sacred persons*
bién otro nombre de la Virgen, como María del Ro-
50 sario o María de la Concepción. Jesús o Jesús María
es un nombre masculino común.

Contar con la ben-
dición religiosa en
el matrimonio es
importante en el
mundo hispano.
¿Por qué?

Comprensión

A. Decida si las siguientes oraciones son verdaderas o falsas. Corrija las oraciones falsas.

1. Muchas fiestas en el mundo hispánico son de carácter religioso.
2. Cada comunidad tiene su santo patrón que se celebra cada año.
3. Es común celebrar el día del santo de una persona en vez de la Semana Santa.
4. La religión hispánica pone énfasis en los aspectos maravillosos y misteriosos de la religión.
5. El pueblo hispánico frecuentemente explica lo sobrenatural por medio de la religión.
6. El nombre femenino más común es María.

B. Responda a las siguientes preguntas con su opinión personal.

1. En su opinión, ¿deben los padres exigir que sus niños practiquen su religión? ¿Por qué sí o por qué no?
2. ¿Cuáles son algunos días festivos que se celebran en su país? ¿Qué días celebra Ud.?
3. ¿Cuál es el origen de su nombre? ¿Por qué se lo dieron sus padres a Ud.?

III. LA RELIGIÓN EN HISPANOAMÉRICA

Los españoles trajeron al Nuevo Mundo tradiciones ya establecidas. La cristianización de los indios trajo ciertas modificaciones, si no en la doctrina, al menos en la manifestación de estas tradiciones.

ya establecidas already established

5 Las grandes civilizaciones indígenas ya tenían sus antiguas religiones, que se distinguían del catolicismo en que tenían muchos dioses. Cada uno tenía su función especial: el dios de la lluvia, el dios de la fertilidad, etc. Los santos católicos tenían a veces funciones 10 parecidas, y los indios les dieron mucha importancia a estas funciones. Por eso, hasta hoy día, los santos ocupan un lugar más importante entre la gente del pueblo en Hispanoamérica que en España.

indígenas native
antiguas ancient

lluvia rain

parecidas similar

Otra costumbre que puede venir de los indios es 15 la de ofrecer algo—comida, por ejemplo—a la imagen del santo cuando se hace una petición.

petición request

Las religiones indígenas también revelaban cierto fatalismo vital, porque sus dioses eran más volunta-riosos que el Dios cristiano. El concepto de que la
20 vida en la tierra es una prueba por la cual el hombre gana la salvación no era común en estas religiones. Se ganaba el paraíso de otras maneras: por la forma en que uno moría o por la ocupación que se tenía en el mundo. Este fatalismo parece haber sobrevivido
25 en el catolicismo de América.

    Como los españoles, los indios vivían bajo un sis-tema en que el jefe del estado también era jefe reli-gioso. Esta unión de las dos instituciones sugiere que para ellos también la religión formaba parte integral
30 de la vida.

    Claro, estas modificaciones se observan principal-mente en las regiones donde se encontraban las grandes civilizaciones indígenas.

*vital   toward life /
   voluntariosos   willful*

prueba   test

paraíso   paradise

sobrevivido   survived

sugiere   suggests

Comprensión

Responda según el texto.

1. ¿Por qué hubo modificaciones del catolicismo en Hispanoamérica?
2. ¿Cómo combinaron el catolicismo y las religiones indígenas en cuanto a los muchos dioses indígenas?
3. ¿Por qué había fatalismo en las religiones indígenas?
4. ¿Qué dos funciones tenían los jefes indígenas y españoles?

IV. LA IGLESIA EN EL SIGLO XX

Las visitas del Papa Juan Pablo II a España e Hispa-noamérica mostraron el gran cariño del pueblo his-pánico por la Iglesia como institución. Muchas per-sonas esperaban que el Papa tomara una posición
5 social más avanzada pero éste declaró que la Iglesia y los curas no deben participar en esos asuntos sino que deben mantener su posición como líderes espi-rituales del pueblo.

    La Iglesia en Hispanoamérica se ha aliado tradi-

cariño   affection

tomara   would take

avanzada   advanced
asuntos   matters

aliado   allied

En 1979 el Papa Juan Pablo II visitó el monasterio de Cuilapán, México. En su opinión, ¿cuál es el propósito de sus viajes?

10 cionalmente con las clases altas pero en el siglo XX encontramos algunas excepciones a esta alianza. El padre Camilo Torres en Colombia llegó a dejar el sacerdocio y unirse a los guerrilleros de su país. Según su criterio, con tales condiciones de pobreza y
15 miseria, es un pecado no ser revolucionario. En todo el continente se hace más y más popular el concepto de la «teología de liberación» que declara que la obligación principal de la Iglesia y los curas es ayu-dar a los pobres y obrar a favor de la justicia social.
20 Esto va en contra de la posición oficial del Papa pero parece ganar más y más apoyo, especialmente en el Brasil y en Centroamérica. En Nicaragua han servido unos curas en el gobierno de los sandinistas.
    Aunque la existencia de los «curas rebeldes» nos
25 parezca un fenómeno reciente, no lo es. Fueron dos curas, el padre Hidalgo y el padre Morelos, los que proclamaron la independencia de México en 1810.

sacerdocio *priesthood*
criterio *opinion*

Es obvio que la religión ocupa un lugar central en
la civilización hispánica y en la vida de los hispanos.
30 Este hecho es básico para conocer esa cultura en cualquiera de sus manifestaciones: el arte, la política, la
filosofía o la sicología.   sicología *psychology*

Comprensión

A. Elija la respuesta más apropiada según el texto.

1. El Papa ha tomado una posición (avanzada, tradicional) hacia la actividad
   política de los curas. Está (a favor, en contra) de los curas rebeldes.
2. La teología de liberación dice que los curas deben ayudar principalmente
   a (los pobres, los guerrilleros).
3. Dos curas proclamaron la independencia de (Nicaragua, México).

B. Responda a las siguientes preguntas con su opinión personal.

1. En su opinión, ¿tienen las iglesias en general más obligación de ayudar
   a los pobres? ¿Por qué?
2. ¿Cuál debe ser el papel *(role)* de la religión en nuestra sociedad?

Práctica

I. Ejercicios de vocabulario

A. Busque 10 palabras en el texto que sean similares en forma y significado a sus equivalentes en inglés.

B. Utilizando los ejemplos de las palabras entre paréntesis, dé las palabras
equivalentes en español.

MODELO (institución) identification *identificación*

1. (romano) human _____
2. (historia) memory _____
3. (católico) romantic _____
4. (existencia) independence_____
5. (realidad) humanity _____

C. Complete los grupos siguients.

1. establecer   **establecimiento**
   ofrecer
   _____
               conocimiento
2. importancia   **importante**
   decadencia
   _____
               presente
3. pena   **penoso**
   fama
   _____
               maravilloso
4. organizar   **organización**
   participar
   _____
               modificación
5. desarrollo   **desarrollar**
   apoyo
   _____
               desear

D. Complete las frases siguientes con la forma correcta de la palabra entre paréntesis.

1. (establecer) El _____ de las misiones en el Nuevo Mundo era una tarea importante.
2. (presente) La Iglesia ha mantenido una _____ fuerte en el mundo hispánico.
3. (fama) El Papa es un ser muy _____ en el mundo.
4. (modificación) Es obvio que vamos a _____ el sistema.
5. (desear) ¿Cuál es tu _____ principal en la vida?

II. Puntos de contraste cultural

1. ¿Qué diferencias hay en el papel de la religión entre el mundo hispánico y los Estados Unidos?
2. ¿Por qué no tiene la Iglesia tanto poder en los Estados Unidos como en el mundo hispánico?
3. ¿Qué prefiere usted, la religión misteriosa y dramática o la religión más racional y clara? ¿Por qué?
4. ¿Prefiere usted las iglesias modernas y sencillas o las antiguas y tradicionales? ¿Por qué?

III. Debate

Es preferible que haya una religión dominante en una sociedad porque crea una unidad más fuerte.

IV. El arte de escribir: la enumeración

Una actividad común en la preparación para escribir sobre un asunto es el hacer una lista de los detalles que se incluirán en la composición. Después, estos detalles se pueden manipular: se ponen en orden cronológico, de importancia o en otro orden lógico.

Después de ordenar los detalles se puede crear un bosquejo *(outline)* formal o proceder a escribir, utilizando la lista como bosquejo. Por ejemplo, una lista de los detalles de una composición sobre el verano pasado podría incluir los siguientes elementos.

Trabajé en un banco.
Fui cajero(a) *(teller)*.
Gané poco dinero.
Fui de compras de vez en cuando.
Compré una camisa nueva un día.
Por la noche fui al cine frecuentemente.
Vi una película con Robert Redford.
A veces salí con mis amigos.
Fuimos a una fiesta en casa de José.
Durante el mes de agosto viajé con mis padres.
Fuimos a México...

Los detalles entonces se pueden elaborar según quiera el autor. Es importante examinar con cuidado el nivel de importancia para hacer los párrafos más o menos iguales en importancia. Con los compañeros de clase, decida los niveles de los detalles de arriba. Márquelos con números de acuerdo a su importancia. Use el número 1 para los más importantes. Ahora haga una lista de lo que Ud. va a hacer el verano que viene. Después, marque las frases con números que indiquen su importancia.

V. Ejercicios de composición dirigida

A. Utilizando una frase de cada columna, forme oraciones completas según el texto.

El anticlericalismo	revelaban	religosas.
Muchas fiestas	dar a los hijos	cierto fatalismo.
Es costumbre	son	central en la sociedad hispánica.
La religión	ha sido	una corriente política especial.
Las religiones indígenas	ocupa un lugar	nombres de personajes sagrados.

B. Completar las frases siguientes de acuerdo a la lectura.

1. Además de la lengua, los romanos dieron a España...

2. El poder económico de la Iglesia es importante en Hispanoamérica porque...
3. En vez del cumpleaños es costumbre celebrar...
4. Las iglesias muestran el gusto del hombre hispánico por...
5. Entre los indios los dioses fueron sustituidos por...

VI. Situación

Imagine que usted tiene un hijo de 18 años. Él ha decidido afiliarse a *(to join)* un grupo religioso. El grupo se considera un poco extremado y todos los miembros deben entregar todas sus posesiones personales a la iglesia y tienen que vivir en la iglesia con los otros miembros. ¿Cómo reaccionaría Ud.? ¿Qué le diría a su hijo?

4

Aspectos de la familia en el mundo hispánico

Pasar el tiempo en un café lleva un papel importante en la vida hispana. ¿Qué hace etsa familia argentina allí?

VOCABULARIO ÚTIL

Estudie estas palabras antes de leer el ensayo.

adquirir (ie) to acquire
contra against
empresa enterprise, business
estructura structure
familiar *adj* family
grave serious
heredar to inherit
heredero, -a heir
hogar *m* home, hearth
matrimonio married couple
menor smaller, lesser, younger (with people)

pariente, -a relative
perspectiva prospect
preocupación concern, worry
propiedad property
propietario, -a property owner
relacionarse con to be related to (but not in the sense of kinship)
sentido sense
sugerir (ie) to suggest
tratar de to deal with, to try to
valiente brave
valor *m* value

ENFOQUE

Una de las características más interesantes de cualquier cultura es la estructura de la familia y su papel en la sociedad. Se podría decir que la familia representa los valores de la sociedad en menor escala. En el mundo hispánico los lazos familiares muestran rasgos importantes para la comprensión de la cultura. La preocupación de la familia se extiende a casi todas las esferas de la vida y en muchos casos es el sentimiento fundamental del individuo.

cualquier *any*
papel *(m)* *role*

en menor escala *on a small scale* / lazos *ties*

rasgos *traits*

esferas *spheres*

El ensayo que sigue describe algunos aspectos de la familia en el mundo hispánico, especialmente aquéllos que son diferentes de los rasgos típicos de la familia en los Estados Unidos. Claro está, estos rasgos son semejantes a los de las familias hispánicas que viven en los Estados Unidos.

lo que sigue = that which follows

Anticipación

Antes de comenzar la lectura, haga una lista de los rasgos típicos de la familia en los Estados Unidos. Prepárese para presentar su lista de ideas a la clase.

¿me explico?
do I explain myself?

de Arabe significa "mi lord"

I. LOS LAZOS FAMILIARES

En el poema épico *Cantar de Mío Cid*,[1] del siglo XII, considerado como la primera obra de la literatura española, el Cid, además de guerrero valiente, es también padre de familia. Gran parte del poema trata de
5 cómo el Cid venga una ofensa cometida contra sus hijas. En la literatura española siempre ha existido mucha preocupación por el honor del individuo. Este honor está relacionado con los miembros de la familia; por ejemplo, la manera más común de atacar
10 verbalmente a alguien es por medio de una ofensa a un familiar. La peor ofensa que se le puede hacer a una persona es insultar a su madre.

En la época moderna, se puede observar lo mismo en ciertos fenómenos lingüísticos. Los insultos más
15 graves tienden a implicar a los miembros de la familia del insultado. En el poema *Martín Fierro*,[2] del siglo XIX, un gaucho trata de insultar a otro ofreciéndole un vaso de aguardiente:

"Diciendo: 'Beba, cuñao,'
20 —'Por su hermana; contesté,
Que por la mía no hay cuidao.' "

Si se examina la sociedad contemporánea se puede ver como el sentimiento familiar ejerce una gran influencia en casi todas las instituciones sociales.

guerrero soldier

venga avenges

por medio de by means of
familiar (m) family member

gaucho cowboy (Arg.)
aguardiente (m) liquor

Comprensión

A. Haga el siguiente ejercicio para ver si comprende el texto.

1. ¿Qué es el *Cantar de Mío Cid*?
2. En el poema el Cid venga una ofensa contra sus _____ .

[1] *Cantar de Mío Cid*   National epic of Spain, written about 1140 to glorify the deeds of the Spaniards in the Reconquest of the peninsula from the Moors. The Cid lived from about 1030 to 1099.
[2] *Martín Fierro*   Narrative poem by the Argentinean José Hernández, written in 1872. The poem is a classic study of the gaucho in his struggle against the move of civilization into the pampas. The quote says: "Drink, brother-in-law." "It must be because of your sister, 'cause I'm not worried about mine."

3. Una ofensa a un familiar es una manera de _____ .
4. ¿Dónde viven los gauchos?

B. Responda a las siguientes preguntas con su opinión personal.

1. ¿Cómo es su familia?
2. ¿Cuántos miembros hay en total?
3. ¿Es Ud. el (la) más joven o el (la) más viejo(a) de sus hermanos?
4. ¿Conoce a sus tíos? ¿a sus primos?
5. ¿Dónde viven sus parientes? ¿Los ve frecuentemente? Explique.

II. LA FAMILIA Y LA POLÍTICA

puntual

En la política, muchas veces los lazos familiares determinan las alianzas con más fuerza que la ideología
o el partido. Aún más importante es la práctica del   partido   *political party*
nepotismo en las burocracias. Esta práctica, que se
5 prohibe generalmente en los Estados Unidos por ser
ineficaz e injusta, es más común (y menos censurada)   ineficaz *inefficient* /
en el mundo hispánico. Además, las prohibiciones tie-   injusta *unfair*
nen poco efecto porque nadie puede negar que la   negar *to deny*
lealtad y las obligaciones hacia la familia son más im-   lealtad *loyalty*
10 portantes que otras consideraciones. Por eso, se han
visto casos en los que todos los oficiales de un pueblo
eran de la misma familia.

    En el campo, los grandes propietarios han seguido
tradicionalmente otra práctica que influye en las re-
15 laciones familiares—el mayorazgo. Esta práctica le da
al hijo mayor toda la propiedad de la familia en vez
de dividirla entre todos los hijos. Esto se había hecho
desde la época romana en España y ha continuado
hasta hoy en muchas partes. El propósito es mante-
20 ner la propiedad entera en manos de una sola persona. El hijo mayor tiene la obligación de mantener
y de cuidar a los otros hijos si ellos así lo desean. En
tiempos de crisis o de necesidad, los otros hijos pue-
den usar el patrimonio. De hecho, la casa familiar   de hecho *indeed*
25 siempre es considerada como el hogar de los hijos,
aún después de casados. En las haciendas tradicio-   casados *married*
nales es común encontrar juntos a varios matrimo-
nios y generaciones. Muchas veces los hijos no esta-

blecen casa propia. Existe, sin duda, cierta presión
30 sobre los hijos para que tengan una carrera, aunque
es preferible que sigan viviendo «en casa».

    Cuando oímos hoy que hay una gran necesidad de
reforma agraria en el Salvador, observamos cómo la
práctica del mayorazgo ha creado una concentración
35 de la tierra en manos de unas pocas familias.

    Ha habido muchos casos históricos y literarios de
segundones resentidos por falta de perspectivas, a no
ser la de casarse con la hija de otra familia sin he-
rederos masculinos.

40   En el siglo XVIII en Hispanoamérica una de las
pocas posibilidades que tenía un segundón era el
ejército. Por ser de buena familia no podía dedicarse
al comercio o a otro oficio similar, y el gobierno colonial estaba reservado para los españoles de la pe-
45 nínsula. La otra profesión posible era el clero.
Cuando nacieron las primeras ideas de independencia, el ejército y el clero se unieron rápidamente a las
fuerzas rebeldes para conseguir más privilegios para
sí mismos. Esto ayudó mucho en la lucha contra Es-
50 paña. Simón Bolívar, considerado como el padre de
la independencia, era el segundo hijo de una familia
numerosa. Pero Bolívar tuvo buena fortuna: un tío
le había dejado bastante dinero.

sin duda *doubtlessly*

carrera *career*

land reform →

segundones *second sons /*
  resentidos *resentful /*
  a no ser *except /*

ejército *army*

oficio *trade*

clero *clergy*

para sí mismos *for*
  themselves

Comprensión

A. Complete las siguientes frases según el texto.

   1. A veces los lazos familiares determinan las alianzas _____ .
   2. El mayorazgo le da al hijo mayor toda la _____ de la familia.
   3. El hijo mayor tiene la obligación de cuidar a _____ .
   4. En las haciendas tradicionales es común encontrar juntos a varios
     _____ y _____ .

B. Responda a las siguientes preguntas con su opinión personal.

   1. ¿Cuál es su opinión sobre el mayorazgo?
   2. ¿Piensa vivir cerca de sus padres después de terminar la universidad?
   3. ¿Quisiera vivir en la misma casa con sus padres? ¿en la misma ciudad?
     ¿en el mismo país?

III. LA FAMILIA Y LA SOCIEDAD

Un gran número de acontecimientos sociales son de tipo familiar. Generalmente, en los días de fiesta o los domingos, la familia recibe en su casa o visita a otros miembros de la familia. Estos acontecimientos
5 se caracterizan por la presencia de los niños y los abuelos.

Lo que sorprende a los norteamericanos cuando visitan los países hispánicos es la presencia de los niños en casi todas las fiestas.[3] Ellos están acostumbra-
10 dos a participar con los adultos en las fiestas y en otros acontecimientos, como bodas y bautismos. Desde muy pequeños, tienden a participar en la vida social de la familia. Así aprenden continuamente cómo comportarse en sociedad. Están acostumbrados
15 a tratar con personas de diferentes edades—abuelos, padres y hermanos mayores—, desarrollando así una actitud de respeto que mantienen también cuando son adultos. En lugares públicos, como el cine o los bailes, se ven grupos de personas de diferentes
20 edades. Hay menos tendencia a agruparse según la edad, como en la sociedad norteamericana. Por eso, también es menos molesto llevar a la mamá o al hermano menor cuando dos jóvenes van al cine.[4]

No es raro encontrar a los abuelos, los padres y los
25 hijos junto con algún tío o tal vez un primo viviendo en la misma casa. Los sociólogos han observado varias ventajas en esta situación. Una de ellas es que los niños tienen más personas que los cuiden, y por eso no necesitan tanta atención individual. También tie-
30 nen más de un modelo y si, por desgracia, pierden a uno de los padres, hay otros adultos presentes. Con tantas personas en casa no es necesario pagar a alguien de afuera para cuidar a los niños—la palabra *baby-sitter* no tiene equivalente exacto en español.[5]

bodas *weddings*

comportarse *to behave*

agruparse *to gather*

molesto *bothersome*

ventajas *advantages*

por desgracia *unfortunately*

de afuera *from outside*

---

[3]*The cocktail party* (el cóctel) *purely for adults is a fairly recent phenomenon in urban areas. Children are not likely to attend these.*

[4]*The requirement of a chaperone when young people date is still common although not universal. It is not unusual to see a couple on a date with a younger sister or brother or the mother of one of the young people. As with many other social traditions it happens less often in large cities than in small towns.*

[5]*baby-sitter   the word* niñera *is sometimes used for this term, but it really means "nursemaid."*

Esta familia mexicana celebra un cumpleaños. ¿Cómo muestra esta foto el concepto de la familia hispánica?

35 Las tareas domésticas se comparten y son menos pesadas. Las desventajas de esta convivencia son, para los adultos, una falta completa de vida privada, y para los niños, una falta de independencia, que se advierte más tarde en sus acciones y personalidades
40 de adulto.

    Una costumbre que muestra la importancia del lazo familiar es la de incluir a todos los parientes, aún los más lejanos, en lo que se considera la familia. Si llega un primo al pueblo desde otro lugar, se le
45 trata como miembro de la familia local y tiene los derechos y privilegios correspondientes. Queda implícitamente invitado a visitar a la familia, a comer en la casa y hasta a dormir allí si es posible. Este sentimiento de unidad es bastante fuerte en la familia y
50 muchas veces domina la vida del individuo.

    Como en toda sociedad católica, los padrinos asu-

se comparten are shared /
pesadas troublesome

lejanos distant

derechos rights /
  queda... invitado he
  has a standing invitation

padrinos godparents

men serias obligaciones hacia los niños en caso de la ausencia de los padres. Es verdaderamente un honor ser elegido padrino y ser considerado como un **elegido** *chosen*
55 miembro de la familia.

Comprensión

A. Complete según el texto.

1. Un gran número de acontecimientos sociales son _____ .
2. Los norteamericanos se sorprenden al ver a los niños en _____ .
3. Es común encontrar a los abuelos, los padres y los hijos viviendo _____ .
4. Es tradicional incluir en la familia a los parientes _____ .

B. Responda a las siguientes preguntas personales.

1. ¿Incluye Ud. a los parientes lejanos en su familia?
2. ¿Tiene Ud. padrinos? ¿Quiénes son?
3. Cuando era pequeño(a), ¿asistía Ud. a las fiestas de sus padres? ¿Por qué sí o por qué no?

IV. EL SIGNIFICADO DE LA FAMILIA

En la familia inmediata o «nuclear» (padre, madre, e hijos), es notable el papel del padre. Aunque tradicionalmente el hombre ha dominado en el hogar, él siempre ha tenido un contacto constante e íntimo
5 con sus hijos. Aunque su «machismo» le impide cocinar o lavar la ropa, no por eso deja de cuidar a sus niños con dedicación y orgullo. El orgullo por los hijos es algo que se destaca en la sociedad hispánica y que tal vez ha contribuido a mantener fuerte el sentido de la familia.
10 tido de la familia.

    Este orgullo también contribuye a crear uno de los problemas más graves de Hispanoamérica: el crecimiento desenfrenado de la población, que frustra los esfuerzos del progreso social. Además de la prohibición religiosa de los métodos artificiales de control
15 de la natalidad, hay obstáculos sociales y personales

orgullo *pride*
se destaca *stands out*

crecimiento *growth*
desenfrenado
  uncontrolled / **además**
  de *besides*

natalidad *birth*

que hacen difícil que la gente acepte tales procedi-
mientos. El tamaño de la familia es prueba de la masculinidad paterna y la femineidad materna. En las
20 regiones rurales, también entran las cuestiones eco-
nómicas: el hijo es mano de obra. Sin embargo, en   mano de obra   *worker*
varios países hispánicos se han organizado campañas
oficiales dedicadas al control de la natalidad debido a
los efectos económicos negativos creados por el gran
25 aumento de la población.

La familia también es importante para el desarrollo del individuo. La familia existe siempre como
un grupo ya constituido, lleno de tradición y signifi-

Esta mujer y su
niña asisten a una
feria en Jerez, Es-
paña. En su opi-
nión, ¿es típico el
vestido de la niña?
Explique.

cado. El niño adquiere la conciencia de pertenecer a
30 un grupo sin peligro de ser expulsado y sin tener que
probar nada más que su lealtad. Claro que la familia
no aprueba todo lo que hacen sus miembros; sin embargo, puede tolerarles casi todo. Es decir que, por
malo que sea el individuo, siempre está ligado a la
35 familia por lazos de sangre. La familia es un grupo
que ofrece protección, consuelo en los fracasos y calor y comprensión contra la soledad. Todo esto da
un sentido de seguridad que a veces restringe el desarrollo sicológico y resulta en una tendencia a de-
40 pender demasiado de la familia. Es frecuente el caso
de que alguien, por no querer dejar a la familia, rechace oportunidades de trabajo y no vaya a vivir a
otra parte. Las compañías tratan de no mudar a sus
empleados de un lugar a otro para evitar problemas.
45 El concepto de la sociedad móvil que ha dominado
tanto en los Estados Unidos en las últimas décadas
no se ha establecido bien en el mundo hispánico.

    Es obvio que la familia ocupa un lugar muy im-
portante tanto en la sociedad como en la vida del in-
50 dividuo. Influye en casi todas las instituciones del
mundo hispánico desde los partidos políticos hasta
las reuniones sociales. No pocas veces determina la
posición del individuo en la sociedad, porque el niño
hereda el buen nombre familiar además de los bienes
55 materiales. Esta herencia tiene gran importancia
para el futuro de la persona. Además, ejerce una
fuerza moral bastante efectiva, puesto que, junto con
la buena fama, uno hereda la obligación de mantenerla.

pertenecer *to belong*

peligro *danger* / **ser
  expulsado** *to be expelled*

aprueba *approve*

por malo que sea
  however bad he may be

sangre *(f)* *blood*

consuelo *consolation /*
  fracasos *failures*

restringe *restricts*

rechace *rejects*

mudar *transfer*

bienes *(m)* *goods*

puesto que *since*

Comprensión

A. Decida si las siguientes frases son verdaderas o falsas según el texto.

1. El padre hispánico no tiene contacto con sus hijos.
2. Un problema en Hispanoamérica es el aumento de la población.
3. Generalmente la familia da apoyo *(support)* al individuo.
4. La sociedad hispánica es muy móvil.
5. Muchas veces la familia determina la posición en la sociedad.

B. Responda a las siguientes preguntas personales.

1. ¿Piensa Ud. tener una familia grande o pequeña en el futuro? Explique.
2. ¿Cuándo piensa casarse o cuándo se casó?
3. ¿A Ud. le importaría cambiar continuamente de trabajo? ¿Por qué sí o por qué no?

V. LA FAMILIA CONTEMPORÁNEA

Claro que en la sociedad contemporánea la familia hispánica sufre algunas de las mismas tensiones que las familias norteamericanas. En las grandes ciudades la familia tiene que enfrentarse a continuas co-
5 rrientes sociales que tienden a cambiar el sistema familiar. Hay muchas familias donde los dos padres trabajan fuera del hogar, sea por motivos económicos o profesionales. La estructura tradicional—el padre que trabaja fuera, la madre que trabaja en
10 casa—va desapareciendo en los centros urbanos. El tamaño promedio de las familias urbanas está disminuyendo. Significa que hay más matrimonios que no tienen hijos o que esperan hasta más tarde para tenerlos porque ponen más énfasis en sus obliga-
15 ciones profesionales. El divorcio, permitido en algunos países y no en otros, crece también en el mundo hispánico como en los Estados Unidos.

Sin embargo, es importante recordar que el grupo básico a que pertenece el individuo hispánico es su
20 familia. Ésta inspira una lealtad más fuerte que cualquier otra. Para la mayoría de la gente, la familia está antes que el empleo, el partido político o la comodidad personal.

El ensayista mexicano, Octavio Paz, dice lo si-
25 guiente: «La familia es una realidad muy poderosa. Es el hogar en el sentido original de la palabra: centro y reunión de los vivos y los muertos, a un tiempo altar, cama donde se hace el amor, fogón donde se cocina, ceniza que entierra a los antepasados... La
30 familia ha dado a los mexicanos sus creencias, valores y conceptos sobre la vida y la muerte, lo bueno y lo

sea whether it be

va desapareciendo is disappearing / *promedio* average / *está disminuyendo* is diminishing

comodidad comfort

ensayista essayist

hogar hearth
a un tiempo at once
fogón fire
ceniza ashes

malo, lo masculino y lo femenino, lo bonito y lo feo,
lo que se debe hacer y lo indebido.»[6]

lo indebido *that which
should not be done*

Comprensión

A. Responda según el texto.

1. ¿Qué tensiones sufre la familia contemporánea?
2. ¿Dónde son más comunes estas tensiones?
3. ¿Dónde está disminuyendo el tamaño promedio de las familias?

B. Responda a las siguientes preguntas personales.

1. ¿Cuántas personas viven en su casa?
2. ¿Ha vivido Ud. alguna vez con muchos parientes?
3. ¿Cree que sería una ventaja o una desventaja vivir con los parientes? Explique.

Práctica

I. Ejercicios de vocabulario

A. Complete según los modelos.

MODELO justo *injusto*
probable *improbable*

1. eficaz _____
2. _____ innecesario
3. ofensivo _____
4. _____ inútil
5. posible _____
6. _____ infrecuente
7. cómodo _____
8. _____ impersonal

MODELO gracia *desgracia*

1. conocido _____
2. _____ desventaja
3. acostumbrado _____
4. _____ desligar
5. aparecer _____
6. _____ descuidar

[6]Octavio Paz, *El ogro filantrópico* (Mexico: Joaquín Mortiz, 1979), *p. 23. Paz is one of the best-known essayists in Mexico. His book* El laberinto de la soledad *(trans.* The Labyrinth of Solitude, *Grove Press, N.Y., 1961) contains some interesting insights into the Mexican character, most of which also apply to the Hispanic character. The book cited here contains an update of many of the points made in the earlier book. Paz was born in 1914.*

MODELO costumbre *acostumbrarse*

1. grupo _____   3. socio _____
2. _____ apoderarse   4. asombro _____

B. Defina las siguientes palabras en español.

1. el padre   3. el primo   5. la hermana
2. el tío   4. la madrina 6. la abuela

II. Puntos de contraste cultural

1. ¿Qué diferencias se pueden observar entre la familia en el mundo hispánico y en los Estados Unidos?
2. ¿Cuáles son las diferencias en la actitud familiar hacia los niños?
3. ¿Cree usted que es bueno incluir a los niños en las fiestas de adultos?
4. ¿Cómo ha cambiado el concepto estadounidense de la familia en las últimas décadas? ¿Qué opina de estos cambios?

III. Debate

Es irresponsable tener más de tres hijos cuando hay un exceso de población.

IV. El arte de escribir:

Todos tienen que escribir una carta de vez en cuando. A veces es una carta formal, por ejemplo, una carta comercial. Otras veces, es una carta familiar. Como preparación hay que pensar en lo que se quiere escribir o preguntar—tal vez apuntarlo para no olvidar algo. Aquí hay unas frases útiles.

Para comenzar

6 de octubre de 1989
Querida mamá: *Dear Mom*
Queridos padres: *Dear Mom and Dad*

Y para terminar

Reciba(n) un abrazo (beso) de su,   *Receive a hug (kiss) from your,*
Les manda muchos besos su,   *Many kisses from your,*

Ahora escriba Ud. una carta a un miembro de su familia contándole algunas cosas de su vida y preguntándole sobre la suya.

V. Ejercicios de composición dirigida

A. Complete las frases utilizando las palabras entre paréntesis.

1. Se podría decir que la familia...
   (sociedad, valores, escala, representa, menor)

2. Los insultos más graves...
   (familia, insultado, suelen, implicar, miembros)
3. La casa familiar...
   (considerada, hogar, siempre, casados, después, hijos, es)
4. El niño se acostumbra...
   (bodas, participar, adultos, con, ocasiones, otras, como, bautismos, fiestas)
5. La familia existe...
   (grupo, significado, tradición, lleno, hecho, siempre, como)

B. Complete las frases de una manera personal.

1. Las prohibiciones contra el nepotismo tienen poco efecto porque...
2. Los propietarios siguen el mayorazgo, que es...
3. Hay muchos casos históricos de segundones...
4. Los factores que impiden el uso de métodos para el control de la natalidad incluyen...
5. La movilidad social no se ha establecido en el mundo hispánico porque...

VI. Situación

Imagine Ud. que es propietario(a) de una empresa mediana de 100 empleados. Su hijo de 25 años trabaja para Ud. desde hace tres años pero ahora es obvio que él hace un trabajo pésimo y ya Ud. le ha hablado sobre el asunto cinco o seis veces. Ahora tiene que decidirse. ¿Qué le va a decir Ud.?

UNIDAD 5

El hombre y la mujer en la sociedad hispánica

Hoy día las mujeres hispanas toman parte activa en los negocios. ¿Cómo refleja la foto este cambio de actitud?

VOCABULARIO ÚTIL

Estudie estas palabras antes de leer el ensayo.

asistir　to attend
bastante *adv.*　quite, very
consciente　conscious
débil　weak
derecho　right
desaparecer　to disappear
esposo, -a　spouse
evitar　to avoid
favorecer　to favor
hacia　toward
largo　long
mejorar　to improve
referirse a (ie)　to refer to

regresar　to return
resolver (ue)　to resolve
ser *m*　being
único, -a　only, unique
vestido, -a　dressed
a pesar de　in spite of
cada vez más　more and more
ha habido　there has (have) been
la mayor parte　the greater part, the majority
por un lado　on the one hand
toda una serie　a whole series

ENFOQUE

Como en todo el mundo occidental, en la sociedad hispánica existe una larga tradición de orientación masculina. Durante la mayor parte de la historia de la civilización hispánica, el hombre ha dominado en casi todas las esferas de la vida. Aunque ha habido progreso hacia la igualdad en las ciudades, la situación ha cambiado menos fuera de los centros urbanos. En los países hispánicos ha existido y existe una división clara entre los derechos, privilegios y obligaciones de cada sexo. Esta unidad describe esta tradición masculina y algunas de sus manifestaciones.

occidental　*western*

igualdad　*equality*
fuera de　*outside of*

Anticipación

Antes de comenzar la lectura, haga Ud. una lista de las situaciones sociales donde existe la discriminación sexual y prepárese para presentar su lista a la clase.

I. LOS NOMBRES HISPÁNICOS

El sistema de apellidos refleja la influencia masculina. Los niños llevan los apellidos del padre y de la madre, pero el del padre va primero. El hijo de Juan Gómez Rodríguez y de María López Guitiérrez será
5 Francisco Gómez López, o Gómez y López.[1] Los apellidos de las abuelas, Rodríguez y Gutiérrez, se pierden. Si Francisco se casara con Teresa Vargas Aguilar, su hijo sería Mario Gómez Vargas. Es sólo el apellido del lado masculino el que se conserva, así
10 que si un matrimonio sólo tiene niñas el nombre desaparecerá después de dos generaciones. Las familias muy conscientes de su linaje a veces continúan usando los apellidos por más tiempo, pero eventualmente el resultado es el mismo.
15　Hay, sin embargo, algunos casos en que el hijo ha escogido otro procedimiento. El famoso pintor español Diego Velázquez (1599–1660), hijo de Juan Rodríguez de Silva y de Jerónima Velázquez, debería haberse llamado Diego Rodríguez de Silva y Veláz-
20 quez. Pero por ser su padre portugués y su madre de una familia aristocrática sevillana, el pintor prefirió usar su apellido materno.
　Otro caso semejante es también el de un pintor: Pablo Diego José Francisco de Paula Juan Nepomu-
25 ceno María de los Remedios Cipriano de la Santísima Trinidad Ruiz Blasco Picasso López, hijo de José Ruiz Blasco y de María Picasso López. También él escogió su apellido materno y se hizo famoso con el nombre de Pablo Picasso (1881–1973). Se ve aquí
30 también un ejemplo de la costumbre de dar toda una serie de nombres cristianos a los hijos a veces, por lo general para honrar a varios parientes. Claro que se escogen uno o dos de los nombres para el uso dia-

apellidos *surnames*

se casara con *married*

linaje *(m)* *lineage*

escogido *chosen /*
procedimiento
　procedure
debería haberse llamado
　should have been called

se hizo *became*

diario *daily*

---

[1]Gómez y López *The use of y between the father's and mother's name is optional. The case with* de *is more complicated: it is used to designate a married name of a woman, for example, María López Gutiérrez de Gómez, where López Gutiérrez is her maiden name. In older names it was also used simply to mean "from" and later was frequently incorporated into the name permanently. All these usages tend to be variable.*

rio y los otros sólo aparecen en la partida de naci-
35 miento.

partida   *certificate*

Comprensión

A. Decida si las siguientes frases son verdaderas o falsas.

   1. El hijo de Juan García y Elena Pérez se llama José García Pérez. ✓
   2. Si él se casara con María Tejada, su hija sería Teresa Tejada Pérez. *Teresa García Tejada*
   3. Los pintores Picasso y Velázquez prefirieron el apellido de su madre. ✓

B. Responda a las siguientes preguntas personales.

   1. ¿Lleva Ud. el apellido de su madre?
   2. ¿Cómo usamos el apellido en inglés?
   3. ¿Cómo sería su nombre si usara el sistema español?

lo bello = that which is beautiful
lo feo

II. LA SOCIEDAD PATRIARCAL

Sin embargo, casos como el de Velázquez o el de Picasso son excepcionales; el sistema decididamente fa-
vorece la línea paterna. Tradicionalmente las mujeres estaban limitadas a las tareas domésticas, o si
5 trabajaban, limitadas a los trabajos más sencillos.
Aunque esta situación está cambiando, la mujer hispánica todavía está generalmente en una posición
social inferior. Sin duda esto se debe en parte a los
factores económicos, pero también contribuye el ma-
10 chismo, que crea criterios sociales muy distintos entre
el hombre y la mujer. El machismo es un fenómeno
sociosicológico que se define como una preocupación
exagerada por la masculinidad—abarca lo físico, lo
sexual, lo social y aun lo político. Es un problema
15 cuando se convierte en un anhelo de comprobar la
masculinidad porque entonces puede conducir a acciones antisociales y hasta patológicas.
    Las distinciones entre el hombre y la mujer se ven
en las relaciones sexuales. La actividad sexual del
20 hombre era cosa aceptada mientras que para la mu-

fenómeno

se debe   *is due*

criterio = criterion

abarca   *it includes*

abarca = to include, to embrace, to monopolize

anhelo   *urge* /
comprobar   *to prove*

that which is

can lead to

pathological

jer toda relación que no fuera con el marido quedaba estrictamente prohibida.

Claro que esta situación está cambiando en el mundo hispánico como en el resto del mundo. En el
25 caso de jóvenes que mantienen relaciones sexuales fuera del matrimonio, sin embargo, las mujeres son criticadas más severamente que los hombres.

mantienen *maintain*

Hubo dos cosas que contribuyeron a esta situación: primero, la fuerte prohibición religiosa contra
30 el control artificial de la natalidad que dificultaba la actividad sexual de la mujer; y segundo, la imagen que se tenía de la mujer como una persona pasiva y débil frente a los apetitos sexuales del hombre. Esta última idea condujo a la tradición de prohibir que la
35 mujer saliera sola con un hombre. Esto se hacía no tanto por falta de confianza en la castidad de la mujer como por temor a la debilidad femenina. Era una manera de pensar muy diferente de la anglosajona, que exige que los jóvenes enamorados supriman los
40 deseos naturales. En el mundo hispánico se trataba de evitar esa supresión voluntaria mandando a la hermana menor o aun a la mamá de la muchacha a acompañar a los jóvenes a los bailes o al cine. Igual que en otros casos, esta costumbre ha cambiado.

castidad *chastity*
temor *(m) fear*

exige *demands /*
   enamorados *in love*

igual que *just as*

45 A pesar de esta relativa falta de libertad personal y profesional ha habido casos de mujeres que se han destacado personalmente en la literatura, la enseñanza y la política, superando los obstáculos que encontraron en su camino.

se han destacado *have
   excelled /*
enseñanza *education /*
superando *overcoming*

suprimir = to suppress

Superan = to surpass

Comprensión

A. Elija la respuesta que mejor complete las siguientes frases según la lectura.

1. El machismo es característico de...
   a. los hombres. b. las mujeres. c. los dos sexos.
2. La prohibición del control artificial de la natalidad se debe a...
   a. la historia. b. la religión. c. el gobierno.
3. Las mujeres hispánicas sufrían de una relativa falta de...
   a. hombres. b. enfermedades. c. libertad.

B. Responda a la siguientes preguntas personales.

1. ¿Cree que hay hoy en los Estados Unidos empleos vedados a las mujeres? ¿Cuáles?

2. ¿Cree que siempre será así?

vedado = preserve

III. LAS MUJERES EN LA LITERATURA HISPÁNICA

very few times
El siglo de oro

Sor Juana Inés de la Cruz (1651–1695)—Durante la época colonial en Hispanoamérica la literatura pocas veces alcanzó el nivel de la de España. La única figura de importancia fue una mujer, Juana Inés de As-

5 baje y Ramírez de Santillana, más conocida por su nombre eclesiástico, Sor Juana Inés de la Cruz. Sor Juana nació en Nueva España[2] en 1651, época en que las muchachas tenían la elección de casarse o entrar al convento.   elección *choice*

10 Sor Juana era una niña muy inteligente, que había aprendido a leer a los tres años, y durante su juventud tuvo gran fama intelectual y social en la corte del Virrey.[3] en un ensayo famoso confiesa que trató de   ensayo *essay*
convencer a su madre de que debía asistir a la univ-

acceder = to accede, give in

15 ersidad vestida de hombre porque no admitían a las mujeres. La madre no accedió y Sor Juana tuvo que   no accedió *did not give in*
aprender todo por sí sola. Sin embargo, por razones   por sí sola *on her own*
misteriosas, a los 16 años decidió renunciar a lo sociedad y entrar en un convento. Su única explicación

20 fue que no tenía interés en el matrimonio y quería dedicarse al estudio y a la literatura. La vida religiosa tenía cierta atracción porque le ofrecía sosiego y   sosiego *tranquility*
tiempo para las tareas intelectuales.[4] Los hombres podían dedicarse a una vida de maestro o profesor,   maestro *school teacher*

25 pero para una mujer de inclinaciones intelectuales la

[2]Nueva España *New Spain, the name given the colony which included the known parts of North and Central America. The local center was Mexico City.*

[3]Virrey *viceroy. In colonial administration the viceroy was the king's representative in the colony. He possessed most of the powers of a monarch and was ultimately responsible only to the king.*

[4]tareas intelectuales *In that period convent life was relatively easy; the discipline was not too strict nor the demands too great. For many, convents served as places of meditation on religion and life.*

única posibilidad era el convento. Durante casi treinta años Sor Juana escribió poesía, considerada entre la más bella y original que se ha creado en la lengua española. Su obra muestra las tensiones inter-
30 nas de una mujer, por un lado sinceramente católica y por otro consciente de las nuevas ideas científicas.

Algunos de sus versos son de tipo amoroso, lo que hace pensar que Sor Juana entró al convento a causa de un amor fracasado. Otros creen que los versos son
35 simbólicos y que se refieren a los problemas que causaba su curiosidad intelectual frente a la sociedad cerrada de su época. Versos como éstos no resuelven el misterio:

Hombres necios que acusáis
40 a la mujer sin razón,
sin ver que sois la ocasión
de lo mismo que culpáis;

Queréis, con presunción necia
hallar a la que buscáis,
45 para pretendida, Thais,
y en la posesión, Lucrecia.[5]

¿Pues para qué os espantáis
de la culpa que tenéis?
Queredlas cual las hacéis
50 o hacedlas cual las buscáis.

Cualquiera que fuera el motivo, Sor Juana vertió en sus muchas poesías algún tormento interior y lo supo hacer dentro de una sociedad que desaprobaba la libertad intelectual, sobre todo de parte de una
55 mujer. Así que la vida y obra de Sor Juana hacen de esta poeta la primera feminista del continente.

Gabriela Mistral (1889–1957)—Entre los ocho es-

amor fracasado   *ill-fated romance*

frente a   *faced with*

necios   *foolish* / que acusáis   *who accuse* / sin razón   *wrongly* / ocasión   *cause*
culpáis   *you criticize*

presunción   *conceit*
hallar   *to find*
pretendida   *lover*

espantáis   *fear*

queredlas   *love them* / cual   *as* / hacedlas   *make them*

vertió   *poured*

desaprobaba   *disapproved*
de parte de   *on the part of*

---

[5]Thais... Lucrecia *Two women of classical mythology; the first a famous Greek courtesan, the second a Roman model of virtue. The poem criticizes men who seek a sexual relationship with women but want to marry a virgin.*

critores hispánicos[6] que han recibido el Premio Nobel de Literatura se encuentra una mujer chilena,
60 Gabriela Mistral (nombre literario de Lucila Godoy
Alcayaga). Poeta de lirismo intenso, Gabriela también alcanzó fama internacional por su actividad en
la educación. En 1922 José Vasconcelos[7] la invitó a
México para cooperar en la reforma educacional que
65 llevaba a cabo bajo el nuevo gobierno revolucionario.
Muchas de sus ideas todavía forman parte del sistema de enseñanza de México.

    Después de terminar esta tarea, Gabriela sirvió en
el servicio diplomático de Chile en los Estados Uni-
70 dos y en Europa, donde se destacó con igual brillo.
En 1945 le otorgaron el Premio Nobel de Literatura
«por el aliento humanitario que caracteriza su obra y
su vida».

    La poesía de Gabriela refleja un incidente trágico
75 de su juventud cuando el hombre a quien amaba
profundamente, murió. Esto y su carrera de maestra
rural forman casi toda su obra. Se nota un énfasis en
el amor maternal, aun hacia el amante perdido,
como demuestra el soneto siguiente:

80 Del nicho helado en que los hombres te pusieron,
te bajaré a la tierra humilde y soleada.
Que he de dormirme en ella los hombres no su-
    pieron,
y que hemos de soñar sobre la misma almohada.

85 Te acostaré en la tierra soleada con una
dulcedumbre de madre para el hijo dormido,
y la tierra ha de hacerse suavidades de cuna
al recibir tu cuerpo de niño dolorido.

lirismo   lyricism

*llevaba a cabo   he was
carrying out*

*se destacó   she
distinguished herself /
brillo   brilliance /
otorgaron   granted /
aliento   spirit*

carrera   career

amante (m or f)   lover

nicho helado   frozen niche

*humilde y soleada
humble and sun-bathed*

*y... almohada   and that
we would be dreaming on
the same pillow (the earth)*

dulcedumbre (f)   sweetness

*suavidades de cuna
lullabies*

[6]ocho escritores   *The Nobel Prize for literature has gone to eight Hispanic writers: José Echegaray (Spain,
1832–1916) in 1904; Jacinto Benavente (Spain, 1866–1954) in 1922; Gabriela Mistral (Chile, 1889–
1957) in 1945; Juan Ramón Jiménez (Spain, 1881–1958) in 1956; Miguel Angel Asturias (Guatemala,
1899–1974) in 1967; Pablo Neruda (Chile, 1904–1973) in 1971; Vicente Aleixandre (Spain, 1900–) in
1977; Gabriel García Márquez (Colombia, 1928–) in 1982.*

[7]José Vasconcelos   *One of the best known of the intellectuals who reformed the government of Mexico after
the revolution of 1910. Vasconcelos became minister of education and was instrumental in the creation of a
system of rural schools staffed by volunteer teachers from the cities. Gabriela was by profession a teacher in a
rural school.*

En marzo de 1953, Gabriela Mistral *(a la derecha)* fue delegado a la Séptima
Comisión de las Naciones Unidas sobre los Asuntos de las Mujeres. ¿Por qué es
importante que una mujer hispanoamericana pertenezca a esta organización?

alejarse =
to move away, leave

Luego iré espolvoreando tierra y polvo de rosas,
90 y en la azulada y leve polvareda de luna,
los despojos livianos irán quedando presos.

Me alejaré cantando mis venganzas hermosas,
revenge
¡porque a ese hondo recóndito la mano de ninguna
bajará a disputarme tu puñado de huesos!
handful, a few

	espolvoreando *sprinkling*
	azulada *blue* / **leve** *light* / **polvareda** *dust swirls* / **livianos** *tiny*
	me alejaré *I shall move away* / **hondo recóndito** *deep hiding place*

Los sonetos a la muerte, 1922

95   Se puede ver que han existido varias mujeres
entre las grandes figuras literarias del mundo hispánico. En la actualidad podríamos mencionar a las
destacadas novelistas españolas Ana María Matute y

Carmen Laforet,[8] y a la poeta Carmen Conde, que
100 fue elegida en 1979 como primer miembro femenino
de la Real Academia Española de la Lengua.[9] Es de
notar que, de todos los que han recibido el Premio
Nadal, que se da a la mejor novela española de cada
año, más del cuarenta por ciento son mujeres.

Comprensión

*[handwritten: 1. Quería dedicarse al estudio y a la literatura.
2. Ocho escritores hispánicos han ganado el Premio Nobel de Literatura.]*

A. Responda según el texto.

1. ¿Por qué entró Sor Juana al convento?
2. ¿Cuántos escritores hispánicos han ganado el Premio Nobel de Literatura? *[handwritten: 3. Gabriela Mistral fue a México porque fue invitado por José Vasconcelos para coopet en la reforma educacional.]*
3. ¿Por qué fue a México Gabriela Mistral?
4. ¿Qué tragedia sufrió Gabriela en su juventud? *[handwritten: Gabriela sufrió la muerte del hombre a quien amaba profundamente.]*

B. Responda a las siguientes preguntas personales.

1. ¿Lee Ud. mucha poesía? ¿Por qué sí o por qué no?
2. ¿Qué lee la mayoría del tiempo (fuera de los textos universitarios)?

IV. LAS MUJERES EN LA POLÍTICA

Si la literatura representa una carrera bastante
abierta a las mujeres, ¿qué se puede decir de la política? Aunque Gabriela Mistral tuvo algo de participación en la política, todo fue dentro de la educa-
5 ción. A través de la historia, dos reinas han dirigido   dirigido *governed*
a España, aunque la más importante fue Isabel I la
Católica, quien tuvo la visión de proveer fondos para   proveer *to supply /*
la expedición de Cristóbal Colón. Isabel I también   fondos *funds*

---

[8]Ana María Matute y Carmen Laforet   *Matute (b. 1926) is the author of several prize-winning novels and many short stories. She is perhaps best known for her portrayal of children. Laforet (b. 1921) has also written numerous works including her most famous novel* Nada *(1944) for which she won the* Premio Nadal *at the age of 23. The* Premio Nadal *is the equivalent in Spain of the Pulitzer Prize in U.S. letters.*

[9]Real Academia Española de la Lengua   *The Royal Academy is the official organization in Spain charged with maintaining the purity of the language. Election to one of the 36 lifetime seats is a very high honor. Carmen Conde was born in 1907.*

apoyar = to support, uphold, aid
apoyo = support

influyó en la organización de las colonias y su acti-
10 tud, más humanitaria que la del rey Fernando, mejoró el tratamiento de los indios. Ella fue la que insis-
tió en que los indios debían ser súbditos de la corona
de España en vez de ser considerados esclavos. Isabel
creía que los indios eran seres humanos con posibili-
15 dad de salvación y apoyó mucho la empresa misionera de la Iglesia.

    La otra reina, Isabel II, ocupó el trono breve-
mente en el siglo XIX y su reino fue marcado por
intrigas y guerras internas. La nueva constitución de
20 España, adoptada en 1978, mantiene la tradición de
preferencia del hombre sobre la mujer como heredero del trono. La esposa del rey es la reina pero no
tiene ningún poder oficial. Si muere el rey, el trono
lo ocupa el primogénito.

25   Con todo lo dicho sobre la dominación masculina,
es interesante que los únicos ejemplos de presidentes
femeninos[10] en el hemisferio occidental han ocurrido
en los países hispánicos. En 1974 Isabel Perón subió
a la presidencia de la República Argentina después
30 de la muerte de su esposo, el presidente Juan Perón
(1895–1974). Éste había sido elegido presidente en
1946 y durante los seis primeros años de su mandato, su segunda esposa, Eva ("Evita") Duarte lo
ayudó a mantener su popularidad. Evita murió en
35 1952 y Perón fue derrocado en 1955. Después de 18
años de exilio regresó triunfante a la Argentina e in-
sistió en que su tercera esposa, Isabel, fuera candi-
data para vicepresidente. Al enfermarse Perón poco
después de las elecciones, nombró a su esposa como
40 presidente interino. Isabel ocupó el puesto hasta
1976 cuando una junta militar la depuso.

    El otro caso ocurrió en Bolivia, donde Lydia
Gueiler fue elegida presidente por el Congreso en
1979 después de varios meses de crisis en el go-
45 bierno.

tratamiento	*treatment*
súbditos	*subjects*
esclavos	*slaves*
empresa	*enterprise*
trono	*throne*
heredero	*heir*
primogénito	*first-born son*
mandato	*term*
derrocado	*overthrown*
exilio	*exile*
interino	*interim*
depuso	*deposed*

[10]presidentes femeninos   *The entry of women into previously all male positions has created widely variable usage with regard to gender. A female president may be designated as "el presidente" or "la presidente." "La presidenta" is reserved, where it is used at all, for the wife of the president. In Argentina la presidente Señora Isabel Perón was considered most proper.*

En 1975 Isabel Perón se enfrentó con el problema de la inflación. En su opinión, ¿fue ella un líder fuerte o débil?

Así se ve que, aunque la sociedad hispánica ha favorecido siempre al hombre, también existen casos de mujeres ilustres comparables a cualquier figura histórica, hombre o mujer, de otros países. Actual-
50 mente, la mujer hispánica es cada vez más consciente de que su situación social ha de cambiar. Muchos de los países tienen organizaciones feministas. En 1978, se celebró en México el Congreso Internacional de la Mujer. Aun la misma constitución española que
55 mantiene el dominio masculino en la monarquía, afirma en el artículo núm. 14 que: «Los españoles son iguales ante la ley, sin que pueda prevalecer discriminación alguna por razones de nacimiento, raza, sexo, religión, opinión o cualquier otra circunstancia
60 personal o social».

ilustres *famous*

ante *before* /
prevalecer *to prevail*

Comprensión

A. Complete las siguientes frases según el texto.

1. La reina más importante de España _fue Isabel I la católica._
2. Isabel Perón fue la primera presidente ~~femista~~.

3. Ella ocupó el puesto hasta 1976 cuando _una una_ _junta militar la_

4. En los últimos años las mujeres van despertándose a la posibilidad _depuso._
de _cambiar._

B. Complete las siguientes frases para expresar sus propias ideas.

1. Los Estados Unidos tendrá una mujer presidente _____ .
2. Yo no tendría inconveniente en tener una mujer como presidente porque _____ .
3. Para eliminar la discriminación debemos _____ .

Práctica

I. Ejercicios de vocabulario

A. Complete las frases formando sustantivos.   _nouns_

MODELO   (curioso)   Juan no tiene mucha *curiosidad.*

1. (masculino)   El machismo es una obsesión con la _masculina._   _manliness_
2. (humano)   La _humana_ nunca es perfecta.
3. (actual)   En la _actual_ la situación de las mujeres está mejo-
rando mucho.
4. (personal)   Su _personal_ es muy atractiva.

B. Indique los sinónimos.

1. elegir   a. trabajos
2. natalidad   b. distinguido
3. únicamente   c. sólo
4. tareas   d. nacimiento
5. famoso   e. retener
6. conservar   f. ilustre
7. destacado   g. escoger

C. Indique las palabras con significado opuesto.

1. primero   a. cerrado
2. prohibir   b. último
3. nacer   c. comenzar
4. terminar   d. morir
5. abierto   e. permitir

II. Puntos de contraste cultural

1. ¿Las mujeres en el mundo hispánico son más o menos libres que en los
Estados Unidos?

2. ¿Qué diferencia hay entre la situación de la mujer urbana y la mujer campesina? ¿Por qué existen estas diferencias?
3. ¿Cuáles son las diferencias en la posición social de la mujer en Hispanoamérica y en los Estados Unidos?

III. Debate

Las mujeres no deben participar en combate en caso de guerra.

IV. El arte de escribir: descripción de las personas

La descripción implica el uso de adjetivos que añaden detalles, color y vida al texto. Por ejemplo:

Tiene los ojos negros.

Cobra más interes así:
Tiene los ojos muy negros y muy dulces.

También:
Tengo un hermano mayor que se llama Juan.

Tiene más interés si se añade:
Siempre hemos sido buenos amigos.

Ahora trate Ud. de añadir algo original a este párrafo que lo haga más interesante o detallado.

María y Carlos son mis amigos. Ella es abogada y él es ingeniero. A los dos les gusta practicar deportes. Especialmente les gusta jugar al tenis.

Ahora, escriba Ud. una descripción de un miembro de su familia o de un amigo que Ud. conoce bien. Trate de incluir detalles interesantes e importantes.

V. Ejercicios de composición dirigida

A. Escriba este párrafo, corrigiendo las oraciones falsas según la lectura.

En el mundo hispánico la mujer tiene una posición superior a la del hombre. El sistema de apellidos requiere que los hijos lleven sólo el apellido del padre. No han existido casos de mujeres ilustres. Sor Juana era una poeta destacada. Gabriela Mistral escribió novelas y participó en la reforma del sistema de educación en la Argentina. En 1974 Isabel Perón fue elegida presidente del Perú.

B. Complete las frases con las palabras entre paréntesis.

1. Como en todo el mundo occidental ha existido y existe...
   (derechos, entre, clara, privilegios, sexo, división, obligaciones, cada)

2. Generalmente, las mujeres están...
   (domésticas, trabajan, si, limitadas, tareas, trabajos, sencillos, más)

(45) 3. A pesar de esta falta de libertad, existen casos de mujeres que...
   (destacado, personalmente, han, literatura, se, enseñanza, política,
   hasta) *que se han destacado en la literatura,*
   la enseñanza y la política,

4. La poesía de Gabriela Mistral refleja un incidente trágico...
   (amaba, profundamente, juventud, quien, cuando, murió, hombre)

5. Con todo lo dicho sobre la dominación masculina, es interesante
   que los únicos ejemplos...
   (occidental, han, presidentes, hermisferio, sido, hispánicos, femeninos, países)

VI. Situación

Imagine que Ud. es miembro del sexo opuesto. ¿Cuáles serían sus quejas
(complaints) sobre la desigualdad de los sexos en los Estados Unidos? Compare las respuestas de los estudiantes con las de las estudiantes.

6

El concepto hispánico de la muerte

Esta procesión fúnebre tuvo lugar en Taxco, México. ¿Hay procesiones como ésta en los Estados Unidos? Explique.

VOCABULARIO ÚTIL

atmósfera = air

Estudie estas palabras antes de leer el ensayo.

el **ambiente** *m* atmosphere, environment
el **ataúd** *m* coffin
colocar to place, locate
consolar to console
distinto, -a different
diversión amusement, entertainment
enterrar (ie) to bury
el **fantasma** *m* ghost
humilde humble, modest
implicar to imply
leyenda legend
miedo fear;
    dar miedo to cause fear

morir(se) (ue) to die
la **muerte** *f* death
muerto, -a dead
mundial *adj.* of the world
paraíso paradise
principio beginning;
    al principio at first
prueba test
reflejar to reflect
salvar to save, rescue
semejante similar
sorprenderse to be surprised
tristeza sadness

ENFOQUE

El concepto que un pueblo tiene de la muerte puede revelar bastante acerca de su cultura. Como la muerte es algo que existe y que siempre ha existido en todas las culturas, es uno de los aspectos universales que sirven de comparación y de contraste entre grupos distintos. Es uno de los temas más comunes de la literatura mundial, tal vez por su constante presencia, o porque existe la necesidad de consolar a los que están esperando el último momento de la vida.

pueblo *people*

Esta unidad examina la actitud hispánica hacia la muerte. También explica varias prácticas y creencias frente a la muerte.

Anticipación

Antes de comenzar a leer, haga Ud. una breve descripción de su experiencia con la muerte y de sus actitudes más básicas. Prepárese para compartirlas con sus compañeros de clase.

I. LAS ACTITUDES HISPÁNICAS

Sin duda alguna, el anglosajón que visita un país hispánico se sorprende ante la importancia que se le da
a la muerte. En vez de ser una cosa escondida, la
muerte es una preocupación constante del pueblo
5 hispánico, tanto que puede parecer mórbida al extranjero que no está acostumbrado a esa cultura. La
gente hispánica parece vivir pensando en la muerte:
en los familiares y amigos difuntos (¡que en paz descansen!),[1] en los entierros, en los asesinatos, acci-
10 dentes, enfermedades y todas las tragedias del
mundo moderno.

 Hay fenómenos lingüísticos que muestran esta
preocupación con la muerte. Un «muerto de hambre», una «mosca muerta», «de mala muerte», son
15 términos muy comunes para referirse a un pobre, a
un hipócrita o a una cosa sin valor, respectivamente.
La última, «de mala muerte», interesa por su sentido
figurativo. Refleja una actitud hacia la muerte que
también se expresa en la frase, «Dime cómo mueres
20 y te diré quién eres», hecha famosa en un ensayo del
mexicano Octavio Paz.[2] Las dos frases implican que
de alguna manera la muerte define la vida y que una
muerte mala implica un vida mala o sin valor.

 La actitud hispánica hacia la muerte se originó en
25 la Edad Media. Durante la época medieval la muerte
constituía el paso decisivo hacia la vida eterna; era el
principio de la vida verdadera, que sería gloriosa si
uno había vivido bien en la tierra. A esta visión con-
soladora de la muerte, se unía otra: la de *La danza de*
30 *la muerte,* un largo poema medieval. Se presentaba a
la muerte como igualadora de todas las distinciones
sociales y económicas de la tierra. Ni el rey puede
escaparse de la muerte y debe terminar en el mismo
lugar que el hombre más humilde. En ese poema

difuntos *deceased*
entierros *funerals /*
 asesinatos *murders*

mosca *fly*

sin valor *worthless*

Con quien andas, eres,

Edad Media *Middle Ages*

igualadora *equalizer*
ni *not even*

---

[1]¡que en paz descansen! *May they rest in peace! This phrase is typically used whenever mention is made of
a dead person, especially a relative or friend. Others are:* Dios lo guarde. *God keep him.* Que descanse
con Dios. *May he rest with God.*
[2]*The phrase means: "Tell me how you die, and I'll tell you what you're worth."*

35 anónimo dice la muerte: «¡Oh, hombre! ¿Por qué
curas de vida tan breve en punto pasante?» Esta pregunta es repetida frecuentemente en la Edad Media:
¿por qué preocuparse de la vida breve en la tierra
cuando la otra eterna lo espera a uno después de la
40 muerte?

curas *worry* / breve
brief / en punto
pasante *which passes in
a moment*

Tal vez la expresión más conocida de esta actitud
esté en los versos de un poeta español del siglo XV,
Jorge Manrique,[3] que dice en sus *Coplas:*

Nuestras vidas son los ríos
45 que van a dar en la mar,
que es el morir;
allí van los señoríos
derechos a se acabar
y consumir;
50 allí los ríos caudales,
allí los otros, medianos
y más chicos;
allegados, son iguales
los que viven por sus manos
55 y los ricos.

van a dar *end up*

señoríos *dominions*
derechos *straight*

caudales *rushing*
medianos *medium size*
chicos *small*
allegados *having arrived*

Sigue el poema con una lista de los aspectos transitorios del mundo: la belleza física, la fuerza juvenil,
la riqueza, el poder político, etc.

transitorios *temporary*

juvenile - pertaining to youth

Estos ejemplos revelan que la actitud medieval
60 presentaba a la muerte como algo casi deseable: «al
morir, descansamos» dice Manrique. En la época
moderna la vida asume más importancia, pero aún
existen rastros de la idea medieval, que son suficientes para mantener cierta atracción hacia la
65 muerte, o al menos disminuir el miedo que se le
tiene.

still, yet

rastros *traces*

al menos *at least*

asumir = to assume

En la sociedad hispánica moderna la muerte fas-
cina, intriga y, aun más, desafía al hombre. Los riesgos implícitos en la corrida de toros son un ejemplo
70 de esta atracción. El hombre y el toro luchan a

desafía *challenges*
riesgos *risks*

[3] Jorge Manrique (1440–1478)   *A famous medieval Spanish poet. His* Coplas a la muerte de su padre
contain a cogent expression of the medieval attitude toward life and death.

muerte, y el hecho de que el toro muere más frecuentemente no cambia el simbolismo. Muchos toreros han muerto en la corrida a través de los años.

hecho *fact*
toreros *bullfighters*

Comprensión

A. Responda según el texto.

1. ¿Por qué sirve la muerte como buen punto de comparación entre las culturas?
2. ¿Cuáles son algunas frases que muestran la presencia cotidiana de la muerte?
3. ¿Cuál era el concepto de la muerte durante la Edad Media?
4. ¿Qué actitud hacia la muerte representa la corrida de toros?

B. Responda a las siguientes preguntas personales.

1. ¿Ha visto Ud. una corrida de toros? ¿Quisiera ver una?
2. ¿Cree Ud. que la corrida es bárbara?

II. LAS ACTITUDES INDÍGENAS

Los indígenas americanos también tenían sus propias
ideas acerca de la muerte, y después de la conquista,
éstas pasaron a formar parte de la cultura hispanoamericana.

5   El Obispo Diego de Landa, que investigó la cultura maya en el siglo XVI, nos dice que los mayas
sentían gran tristeza ante la muerte. Se lamentaban
ruidosamente y atribuían el hecho al diablo o al dios
del mal. Enterraban a la gente común bajo el piso de
10 su casa, la cual abandonaban después. A los nobles—
los sacerdotes—los enterraban con más cuidado, co-
locando las cenizas en el centro de las pirámides. Algunas tribus tenían la costumbre de hervir el
cadáver hasta poder separar la carne de los huesos,
15 los cuales usaban para reconstruir la cara del muerto
con resina. Guardaban estas figuras en una especie
de álbum familiar de los antepasados. Los mayas, al
igual que otros grupos, practicaban el sacrificio
humano.

lamentaban *lamented*
ruidosamente *loudly*
enterraban *(they) buried* /
  piso *floor*

cenizas *ashes*
hervir *to boil*

resina *resin* / especie (f)
  kind
antepasados *ancestors*

20   Los incas del Perú tenían un concepto de la muerte muy semejante al europeo. Creían que después de la existencia terrenal había otra vida eterna. Si uno había vivido bien, terminaba en el cielo, que ofrecía todos los placeres, y si no, iba al infierno, que

25 era un lugar muy frío.

   Quizás los aztecas hayan tenido el concepto más interesante. Dice Eduardo Matos Moctezuma, conocido arqueólogo mexicano, que «El hombre prehispánico concebía la muerte como un proceso más de

30 un ciclo constante, expresado en sus leyendas y mitos. La leyenda de los Soles nos habla de esos ciclos que son otros tantos eslabones de ese ir y devenir, de la lucha entre la noche y el día,.... Es lo que lleva a alimentar al sol para que éste no detenga su marcha

35 y el por qué de la sangre como elemento vital, generador de movimiento. Es la muerte como germen de la vida». Concebían la existencia como un círculo: el nacimiento y la muerte eran sólo dos puntos en ese círculo. Creían que la humanidad había sido creada

40 varias veces antes y que siempre sufría un cataclismo terrible. Lo que determinaba el lugar del alma no era la conducta en la vida sino el tipo de muerte y la ocupación que en vida había practicado la persona: los guerreros muertos en batalla o sobre la piedra de

45 sacrificio iban al paraíso oriental, que era la casa del Sol, donde vivían en jardines llenos de flores. Después de cuatro años volvían a la tierra en forma de colibríes.

   Las mujeres que morían en el parto iban al paraíso

50 occidental, la casa del maíz. Al bajar a la tierra, lo hacían de noche como fantasmas. Esta tradición, junto con algunas historias españolas del mismo tipo, han sido conservadas en la leyenda de «la llorona», una mujer que camina por la tierra de noche ame-

55 nazando a las mujeres y a los niños. Los ahogados o muertos por el rayo iban al paraíso fértil de Tlaloc, el dios de la lluvia.

   El infierno de los aztecas quedaba al norte y presentaba nueve pruebas para las almas antes de que

60 éstas pudieran llegar al descanso final: ríos caudalo-

Glosas:

terrenal *earthly*

placeres *(m) pleasures* / infierno *hell*

conocido *well-known*

concebía *conceived of*

eslabones *links* / devenir *becoming*

germen *seed*

cataclismo *catastrophe*

guerreros *warriors*

colibríes *(m) hummingbirds*

parto *childbirth*

llorona *crying or moaning woman* / amenazando *threatening*
ahogados *drowned*
rayo *lightning*

pruebas *tests*

caudalosos *raging*

sos, vientos helados, fieras que comían los corazones, etc. Para ayudar al muerto en estas pruebas era costumbre enterrar varios instrumentos y armas con el cadáver.

fieras   *beasts*

65   Aunque todas las civilizaciones indígenas conocían el sacrificio humano, ninguna lo practicó tanto como los aztecas. Los sacrificios servían, principalmente, como alimento para los dioses que demandaban la vida contenida en la sangre y el corazón humanos.

70   Buen ejemplo era el culto azteca de Huitzilopochtli, el dios del sol, guerrero que todos los días tenía que luchar contra las estrellas y contra su hermana la luna para dar otro día de vida al hombre. Los aztecas se consideraban elegidos del sol y por eso

estrellas   *stars*

elegir = to choose, to select

75 se dedicaban a la guerra ritual—llamada guerra florida—no para conquistar nuevos territorios sino para conseguir prisioneros para el sacrificio. Según los cronistas, se hacían más de 20.000 sacrificios por año. El público estaba obligado a asistir a estos ritos

florida   *select, elitist*

80 bajo pena de castigos severos, lo que hace pensar que la muerte constituía una presencia constante en la vida diaria de los aztecas, como lo era también en la vida española. Al mezclarse estas dos culturas, la muerte siguió ocupando un lugar central en los cul-

pena   *penalty* / **castigos**   *punishment*

al mezclarse   *upon mixing*

85 tos de la vida.

Comprensión

A. Complete según el texto.

1. Los mayas atribuían la muerte a _____ .
2. Los indígenas que tenían un concepto de la muerte muy semejante al europeo eran _____ .
3. Según los aztecas, las mujeres que morían en el parto iban a _____ .
4. La civilización que más practicó el sacrificio humano era _la de los aztecas._

B. Responda a las siguientes preguntas personales.

1. ¿Piensa Ud. que después de la muerte el alma sigue viviendo?
2. ¿Teme Ud. a la muerte? Explique.

III. PRÁCTICAS FUNERARIAS

La gran atención que se le da a la muerte en la sociedad hispánica ha resultado en toda una serie de prácticas y costumbres. Algunas reflejan creencias religiosas, mientras que otras dejan ver la tradición
5 popular.

Una de las más conocidas es el velorio, una vigilia
para honrar al difunto y consolar a sus familiares. En
algunos casos, durante el velorio se sirve comida y
bebida, y para la mayoría de los asistentes constituye
10 una ocasión social. De todos modos, es un acto indispensable entre las tradiciones familiares.

Otra costumbre importante es la de publicar un
anuncio en el periódico, a veces en la primera plana.
Estos anuncios o «esquelas de defunción» llevan el
15 nombre del difunto y de los miembros de su familia.
Como las esquelas son pagadas, el tamaño tiende a
reflejar la posición económica de la familia. Es común también encontrar otros anuncios publicados
por los amigos, los empleados, los socios o los pa-
20 rientes del muerto.

La costumbre de vestirse de luto también es muy
común en la sociedad hispánica. La viuda guarda
luto relativamente severo durante uno, dos, o más
años y toda la familia tiene la obligación de llevar
25 una vida restringida, sin fiestas ni diversiones, durante cierto tiempo.

También se acostumbra ofrecer misas especiales
por el alma del difunto, y encender velas votivas.
Con todo esto se trata de asegurar que entre el alma
30 en el paraíso.

Una superstición muy común es que las almas que
no pueden entrar en el paraíso están condenadas a
vagar por la tierra de noche. Cuando una persona
muere a manos de un asesino y no recibe la extre-
35 maunción, o sea los ritos finales, su alma vuelve a la
tierra para vengarse del responsable. Estas almas «en
pena» son la fuente de muchos cuentos y leyendas
que se utilizan para inspirar miedo a los niños malcriados.

velorio *wake* / vigilia
vigil

de todos modos *anyway*

anuncio *announcement* /
plana *page* / esquelas
de defunción *death
notices*
tamaño *size*

socios *partners*

luto *mourning clothes*
viuda *widow* / guarda
luto *observes mourning*

restringida *restricted*

misas *masses*
encender *to burn* / velas
votivas *votive candles*

vagar *to wander*
extremaunción *last rites*

«en pena» *in agony*

malcriados *misbehaving*

Esta exhibición de artesanía mexicana fue especialmente diseñada para el Día de los Muertos. ¿Qué actitud refleja?

40   Otra costumbre relacionada con la muerte es la de celebrar el «Día de los Muertos», el dos de noviembre.[4] Durante ese día se recuerda a los muertos o a la muerte como fenómeno. En algunos sitios,

---

[4]Día de los Muertos   *Also called* Día de los Difuntos, *known in English as All Souls' Day. This religious holiday is a more important event in the Hispanic world than in the United States.*

como en México, se hacen dulces y panes en forma
45 de calaveras y esqueletos, y en los pueblos pequeños
hispánicos la gente pasa el día en el cementerio,
donde limpian alrededor de los sepulcros y ponen
flores frescas en la tumba de los familiares. Como en
el velorio, el ambiente se vuelve casi festivo. Esto su-
50 giere que la actitud hacia la muerte no podría lla-
marse mórbida. La muerte se considera cosa natural
y hasta ordinaria. Los sicólogos contemporáneos sugieren que la tendencia norteamericana a clasificar a
la muerte como un tabú para los niños crea efectos
55 negativos en el adulto, ya que éste no aprende a vivir
con la muerte y no sabe enfrentarla cuando se presenta. Este problema no existe para el niño hispánico. Al contrario: la muerte puede convertirse en
una obsesión. Un posible efecto sicológico es que la
60 muerte ejerza gran atracción sobre la persona, lo que
podría conducir al suicidio.

Un fenómeno interesante en el mundo hispánico
es la preocupación por los restos mortales. En los casos de personas ilustres se pueden crear verdaderas
65 polémicas sobre su destino. Tal es el caso de Cristóbal Colón, descubridor de América. Hoy día existen
dos tumbas que guardan los restos de Colón, una en
la catedral de Sevilla y la otra en Santo Domingo.
Colón murió en España, pero su familia hizo trasla-
70 dar el cadáver a Santo Domingo, la primera colonia
del Nuevo Mundo.[5] En 1795 España cedió la mitad
española de la isla de Santo Domingo a Francia. Las
autoridades creían que debían salvar los restos de
Colón y los trasladaron a Cuba, una colonia segura
75 en esa época, donde fueron enterrados. En 1898, al
comenzar la guerra de la independencia cubana, las
autoridades decidieron llevar los restos a Sevilla para
que no cayeran en manos de los norteamericanos.
Sin embargo, en 1877 las autoridades de Santo Do-
80 mingo encontraron un ataúd que se decía contenía

Margin glosses:

calaveras *skulls* /
esqueletos *skeletons*

sepulcros *graves*

enfrentarla *to face it*

restos *remains*

trasladar *to transfer*

cedió *ceded*

enterrados *buried*

no cayeran *would not fall*

---

[5]Santo Domingo   *An island in the Caribbean where the first Spanish-American government was located. It is now divided between two countries—the Dominican Republic and Haiti (formerly a French colony). The capital city of the Dominican Republic is Santo Domingo.*

los restos de Colón, lo que quiere decir que los que
se habían enterrado en Cuba en 1795 eran los de
otra persona. Todavía no se sabe con seguridad en
cuál de las dos tumbas están verdaderamente los res-
85   tos de Colón.

Otro caso interesante es el de los restos de Evita
Perón, popularísima esposa del Presidente Juan Perón de la Argentina. En 1955 el ataúd de Eva Perón
fue enterrado secretamente en Italia por órdenes del
90   General Aramburu, el jefe del movimiento que de-   **depuso**   *overthrew*
puso a Perón en ese año. Cuando Perón estaba exi-
lado en España, recibió del gobierno italiano los restos de Evita, que fueron depositados en una iglesia
jesuita en España.

95   Cuando Perón regresó a la Argentina, después de
18 años, prometió al pueblo el traslado de los restos
de Evita. Después que murió Perón, en julio de
1974, un grupo «peronista» robó el cadáver del General Aramburu de su mausoleo y demandó de Isa-
100 bel Perón la devolución de los restos de Evita a cam-   **devolución**   *return*
bio de los de Aramburu. La presidente consintió y el   **consintió**   *agreed*
mismo día que llegó el ataúd de Evita a la Argentina
(noviembre de 1974) los restos de Aramburu fue-
ron devueltos. El entierro de Eva Perón en Buenos   **devueltos**   *returned*
105 Aires tuvo lugar cuatro meses después del de su es-   **tuvo lugar**   *took place*
poso, Juan Perón.

Comprensión

A. Decida si las siguientes frases son verdaderas o falsas según el texto.

1. Una esquela de defunción es un anuncio de muerte.
2. El Día de los Muertos se celebra en diciembre.
3. La muerte en el mundo hispánico se considera una cosa casi ordinaria.
4. La tumba de Colón se encuentra sólo en Sevilla.
5. Evita Perón fue una figura popularísma en la Argentina.

B. Responda a las siguientes preguntas personales.

1. ¿Ha asistido Ud. a un velorio? ¿a un entierro?
2. ¿Cuál fue su reacción?

IV. LA ATRACCIÓN DE LA MUERTE

Como ya se ha mencionado, la corrida de toros es
básicamente un desafío a la muerte. Se cuentan muchos hombres hispánicos entre los que practican
otros deportes peligrosos como las carreras automo- | carreras *races*
5 vilísticas, el alpinismo, etc. Parecen sentir la necesi- | alpinismo *climbing*
dad de desafiar o de atraer a la muerte. Octavio Paz
sugiere que la propensión del mexicano hacia la pe- | pelea *fight*
lea violenta con navajas o pistolas durante las fiestas | navajas *knives*
y el uso excesivo de las bebidas alcohólicas reflejan
10 esta misma actitud. Aunque Paz habla del mexicano,
su concepto es válido para toda Hispanoamérica:
«Para el habitante de Nueva York, París o Londres,
la muerte es la palabra que jamás se pronuncia por-
que quema los labios. El mexicano, en cambio, la fre- | quema *burns* /
15 cuenta, la burla, la acaricia, duerme con ella, la fes- | frecuenta *courts* /
teja, es uno de sus juguetes favoritos y su amor más | burla *mocks* / acaricia
permanente». Paz tiene la idea de que la muerte no | *caresses* / festeja
asusta al mexicano porque «la vida le ha curado de | *celebrates* / juguetes
espantos».[6] Los estudios sicológicos revelan que la | *toys* / asusta *scare*
20 presencia de la muerte se encuentra con más fre-
cuencia en los sueños de la gente hispánica.

En la historia se ven repetidos casos de suicidios, a
pesar de la prohibición católica contra ese acto. El
poeta colombiano José Asunción Silva (1865–1896)
25 pidió a su médico que le trazara en la ropa interior | trazara *trace* / ropa
el lugar exacto del corazón y volvió a casa para pe- | interior *underwear* /
garse un tiro en el lugar marcado. El cuentista uru- | pegarse un tiro *to*
guayo Horacio Quiroga (1878–1937) pasó varios | *shoot himself*
años obsesionado con la muerte y produjo una serie
30 de cuentos sobre el tema antes de suicidarse.

En conclusión, un aspecto interesante de la cultura
hispánica es su actitud hacia la muerte. Se la ve como
una cosa natural, ubicua y aceptada por todos. La | ubicua *ubiquitous*
muerte ejerce una atracción innegable para los his- | innegable *undeniable*
35 panoamericanos. Como cree Octavio Paz, tal vez sea

---

[6] «la vida le ha curado de espantos»   *"life has cured him of shocks"; that is, he has suffered every possible
misfortune in life so death cannot be anything worse.*

«una indiferencia hacia la vida lo que elimina el miedo a la muerte». Pero también puede ser a causa de las tradiciones, tanto españolas como indígenas, que ven en la muerte la definición de la vida: lo que
40 da sentido y valor al presente. El poeta mexicano José Gorostiza (1901–1973) describe la vida como una «Muerte sin fin» en un largo poema del mismo título. Es muy necesario comprender, o al menos conocer, esta actitud para poder entender la cultura
45 hispánica.

Comprensión

A. Responda según el texto.

1. ¿Cuáles son algunos deportes peligrosos?
2. ¿Por qué ejerce la muerte una atracción para los hispanoamericanos? Dé varias explicaciones posibles.
3. ¿Cómo describe la vida José Gorostiza?

B. Responda a las siguientes preguntas personales.

1. ¿Cree que es bueno o malo que los niños asistan a los entierros?
2. ¿Cómo hablamos de la muerte en los Estados Unidos? ¿Qué palabras usamos para evitar la palabra *dead*?

Práctica

I. Ejercicios de vocabulario

A. Indique los sinónimos.

1. muerto		a.	diario
2. cotidiano		b.	asustar
3. funeral		c.	sin valor
4. de mala muerte		d.	hermosura
5. mandar		e.	tumba
6. belleza		f.	difunto
7. suficiente		g.	nota
8. esquela		h.	entierro
9. sepulcro		i.	bastante
10. espantar		j.	regir

B. Complete con una palabra relacionada a la palabra entre paréntesis.

1. (atraer) La muerte ejerce una _____ fuerte.
2. (victoria) Anuncia su regreso _____.
3. (ubicuo) Es notable la _____ de la muerte.
4. (enfermo) Las _____ a veces traen la muerte.
5. (consolar) La viuda necesita el _____ de los amigos.
6. (igual) La muerte puede verse como la gran _____.
7. (investigación) Es necesario _____ el concepto.
8. (ruido) Los mayas lamentaban _____ la muerte.

C. Elija la palabra más apropiada de la lista para completar las oraciones.

contraste   mezcla   fantasma
acostumbrado   diaria   enterrar
disminuir   alma   obsesión
elegido

1. Los aztecas se creían el pueblo _____ del sol.
2. La cultura hispanoamericana es una _____ de la cultura indígena y la española.
3. El concepto de la muerte presenta un punto de _____ cultural.
4. El niño del mundo hispánico está _____ a la muerte.
5. La llorona es un _____ conocido.
6. La muerte está presente como parte de la vida _____.
7. La preocupación con los restos mortales se vuelve a veces una _____.

II. Puntos de contraste cultural

1. ¿Qué actitud hacia la muerte es más saludable, la hispánica o la norteamericana?
2. ¿Cómo se comparan Halloween y el Día de los Muertos?
3. ¿Sabe usted dónde están los restos de George Washington o de Abraham Lincoln?

III. Debate

Los niños no deben tener contacto con la muerte si es posible evitarlo.

IV. El arte de escribir: descripción de paisajes y objetos

La descripción de los paisajes o las cosas es semejante a la descripción de las personas. Es cuestión de utilizar adjetivos y otras palabras para hacer

que el lector visualice el paisaje o el objeto. Por ejemplo:
La casa de la estancia era grande y las dependencias del capataz estaban cerca.

La descripción se puede mejorar con más detalles:
La casa de la estancia era grande y un poco abandonada; y las dependencias del capataz, que se llamaba Gutre, estaban muy cerca.

Con los compañeros de clase escriba una descripción de su salón de clase. Cada alumno debe añadir un detalle.

Escriba Ud. una descripción de algo que conoce bien o que puede observar mientras escriba. Trate de incluir todos los detalles importantes.

V. Ejercicios de composición dirigida

A. Llene los espacios en blanco para crear un resumen de la lectura.

La _____ hispánica hacia la muerte es _____ a la actitud de la mayoría de los norteamericanos. Los hispánicos ven la _____ como una cosa natural que da _____ a la vida. No _____ de esconderla ni de los niños, quienes aprenden a experimentar las emociones de la muerte desde muy _____. Muchos sicólogos _____ que esta _____ es más saludable que nuestra práctica de esconder lo más _____ su presencia.

B. (De aquí en adelante se presentarán en esta sección algunos temas de composición que requerirán su opinión o actitud personal. Las palabras entre paréntesis deberán ser suplementadas por otras donde sea conveniente.) Describa su actitud personal hacia:

1. la presencia cotidiana de la muerte
   (dar miedo, natural, escondido, gustar, creer, evitar, vida)
2. los entierros
   (costoso, lujoso, sencillo, asistir, preferir, deber, gastar, niño)
3. sus propios restos mortales
   (entierro, cementerio, querer, cerca de, no importa, es mejor, preocuparse)
4. el tipo de muerte más atractivo
   (ninguno, heroico, violento, pacífico, rápido, lento, joven, viejo)

VI. Situación

Imagine Ud. que un amigo le ofrece una medicina que ha descubierto él que le hace a Ud. vivir hasta la edad de 200 años. ¿La tomaría o no? Discuta las ventajas y desventajas de una vida larga. ¿Cómo tendríamos que cambiar para ser felices durante 200 años?

7

Aspectos económicos de Hispanoamérica

La bolsa de Santiago de Chile es uno de los grandes centros financieros hispanoamericanos. Aquí se venden acciones de todo tipo. ¿Qué otros centros financieros conoce usted?

84

VOCABULARIO ÚTIL

Estudie estas palabras antes de leer el ensayo.

actual current
aumentar to increase
comercio trade
crecer to grow (in size)
creciente *adj.* growing
cultivo crop, growing
desempleo unemployment
deuda (externa) (foreign) debt
empleo employment, job
estimular to stimulate, encourage
extranjero, -a foreign, foreigner;
  el extranjero abroad, outside the
  country
fabricado manufactured, made

intercambio interchange, trade
interno, -a internal
lento, -a slow
mejorar to improve
negocio business
pobre poor
pobreza poverty
producir to produce
propietario, -a property-owner
renta income
rico, -a rich
riqueza richness, riches
teoría theory

ENFOQUE

Una de las mayores preocupaciones políticas y sociales de los gobiernos de Hispanoamérica ha sido el desarrollo económico. Aunque sus suelos son ricos en materia prima, mucha gente vive en la pobreza, lo que hace difícil cualquier tentativa de mejorar su nivel de vida. Este problema tiene sus raíces en la historia de cada región.

materia prima *raw materials*

En esta unidad se presentan algunas de las razones históricas que pueden explicar este problema económico y algunos de los resultados actuales.

Anticipación

¿Cuánto sabe Ud. sobre los problemas económicos de Hispanoamérica? Antes de comenzar a leer, con unos compañeros de clase, haga una lista de los puntos que probablemente aparecerán en la lectura.

I. LOS ANTECEDENTES HISTÓRICOS

Uno de los motivos básicos de los viajes de Cristóbal
Colón fue el económico. El interés en el comercio
hizo que se buscara una nueva ruta a las tierras del   ruta *route*
Oriente. Antes de darse cuenta del descubrimiento
5 de un «nuevo mundo» los Reyes Católicos, Fernando
e Isabel,[1] lo llamaron «las Indias».[2]

Lo primero que atrajo la atención de los agentes
de los monarcas fue la gran riqueza mineral que representaban el oro, la plata y las piedras preciosas
10 que usaban los indígenas. Casi inmediatamente se
comenzó a desarrollar una gran industria minera. En
la ciudad de Potosí, en lo que hoy es Bolivia, se descubrió en 1545 una verdadera montaña de oro y
plata. Todavía hoy se dice en español que algo de
gran valor «vale un potosí». En un siglo, Potosí llegó
15 a ser la ciudad más grande del hemisferio, con más
de 150.000 habitantes y un teatro donde la entrada   entrada *admission*
costaba unos cincuenta dólares.

En la agricultura, los reyes de España estimularon
el cultivo de varios productos no conocidos en Eu-
20 ropa, como la caña de azúcar, el tabaco, el cáñamo y   caña *cane* / cáñamo *hemp*
el lino. También hicieron llevar a América semillas   lino *flax* / semillas *seeds*
de casi todas las plantas que existían en España.

La presencia de los indios proveyó a los colonos   proveyó... obra *provided*
25 de mano de obra en cantidad suficiente. Los indios   *the colonists with manual*
tenían una tradición ya establecida de entregar gran   *labor*
parte de sus productos a sus jefes, así que fue fácil
para ellos sustituir un amo por otro.   amo *master*

A pesar de todo esto, el desarrollo se vio obstacu-   obstaculizado *hindered*
30 lizado por tres teorías económicas dominantes en esa
época. Primero, el monarca español consideraba a las
colonias como posesión personal y prohibía el comercio con otros países. Segundo, se pensaba que el

[1]los Reyes Católicos, Fernando e Isabel *The marriage of Fernando of Aragon and Isabel of Castile in
1469 unified Spain as a single nation. Fernando and Isabel were king and queen of Spain in 1492 when
America was discovered and were responsible for the creation of colonial policy.*
[2]las Indias *The official name of the new world colonies. It was given because they were originally thought to
be the East Indies, for which Columbus was searching.*

camino a la riqueza nacional consistía en acumular lo
35 producido en vez de venderlo. Esta idea tenía valor
cuando se trataba del oro, pero hizo que se olvidara
la producción de comestibles y de productos fabricados. Y tercero, la práctica de dar grandes parcelas de
tierra a los que servían bien al monarca resultaba en
40 una concentración de tierras en manos de personas
que ni deseaban ni necesitaban trabajarlas. El sistema
de la encomienda[3] exigía que los indios trabajaran
para el encomendero, e invitaba a éste a vivir cómo-
damente de sus rentas.

45   Cuando ganaron la independencia de España en
el primer cuarto del siglo XIX, casi todos los países
nuevos dependían de los minerales o de un cultivo o
un producto único. Por eso, la verdadera independencia económica tardó mucho y aún no existe en
50 muchos países. Las economías estaban basadas en el
sistema colonial de exportar un producto e importar
todo lo demás. Otros países más avanzados de Europa, Inglaterra, por ejemplo, reemplazaron a España en la dominación económica.

55   Al desaparecer el gran aparato administrativo español, los nuevos gobiernos necesitaban urgente-
mente dinero y mercados para sus productos. La
tierra había quedado principalmente en manos de los
criollos,[4] descendientes de los antiguos coloniza-
60 dores. Fue necesario que los gobiernos entraran en
acuerdos monopolísticos con los países europeos
para estimular el desarrollo del producto que necesitaban exportar. Como casi todo lo que exportaban
servía para pagar la importación de artículos fabri-
65 cados especialmente para los ricos, no hubo nunca
mucho intercambio económico con los otros países
vecinos. El resultado fue que cada país tenía dos
economías: una internacional, en la que participaban
los ricos, y otra interna, de intercambio de mercan-
70 cías, que se basaba en las necesidades más elemen-

---

hizo que	*it caused*
comestibles *(m)*	*food*
exigía	*demanded*
encomendero	*holder of a land grant*
ganaron	*they gained*
tardó	*was delayed*
lo demás	*the rest*
reemplazaron	*replaced*
antiguos	*former*
acuerdos	*agreements*
mercancías	*merchandise*

---

[3]encomienda   *The feudal system of granting land and its inhabitants to a loyal and faithful colonist. The latter received a tax from the natives who lived on and tilled the land and in return was obligated to protect and defend his serfs. Although the people were not technically slaves, the result was practically the same.*

[4]criollos   *Creoles: in colonial Spanish America, people of pure European descent born and raised in the colonies.*

tales. A los propietarios ricos, que dependían del extranjero, no les interesaba el desarrollo interno del
país, y no lo facilitaban con la construcción de cami-
nos y sistemas bancarios. Además, como los ricos   bancarios *banking*
75 controlaban la economía, los gobiernos reformistas
no tenían suficientes recursos para poder hacer me-   recursos *resources*
joras.

relating to banking, financial

Comprensión

A. Elija la respuesta más adecuada según el texto.

   1. Un motivo básico de los viajes de Colón fue...
      a. el Nuevo Mundo. b. el económico. c. el hambre.
   2. Algo que tiene mucho valor «vale un...
      a. brazo». b. Taxco». c. potosí».
   3. En el Nuevo Mundo el sistema de dar tierra a los españoles se llamaba...
      a. la encomienda. b. la independencia. c. cultivar.
   4. Los nuevos gobiernos independientes necesitaban...
      a. tierra. b. dinero. c. burócratas.
   5. Los países desarrollaron dos economías, una internacional y otra...
      a. externa. b. rica. c. interna.

B. Responda a las siguientes preguntas personales.

   1. ¿Piensa Ud. ganar mucho dinero después de graduarse?
   2. ¿Dónde quiere trabajar?
   3. ¿Le importa más la seguridad económica o las condiciones de trabajo?
      Explique.
   4. ¿Le interesa trabajar para un gobierno? ¿Por qué sí o por qué no?

II. SOLUCIONES MODERNAS

Sólo a fines del siglo XIX comienza a tener importancia para varios gobiernos de Hispanoamérica la idea
del desarrollo económico. Los que estudiaban el problema encontraron tres elementos que hasta cierto
5 punto siguen siendo lema de los partidos reformistas   lema *(m)* *slogan*
de hoy día. El primero y más importante era el de
estimular la industrialización interna para reducir la

to stimulate

importación de todos los productos fabricados: maquinaria, automóviles, aparatos domésticos, etc. Esto
10 a su vez permitiría que se usara parte de los recursos
para otras cosas además de la exportación. La dificultad era que se necesitaba invertir grandes capitales sólo <u>disponibles</u> en el extranjero, y esto significaba una creciente deuda.

15 2. Otro paso deseable era el desarrollo de una agricultura variada que pudiera proveer al país de alimentos sin tener que importarlos. Esto sólo se podía
hacer por medio de una «reforma agraria»,[5] es decir,
por la redistribución de las tierras concentradas en
20 manos de pocas familias. Se pensó que si se les daba
pequeños pedazos de tierra a muchas personas, ésta
sería utilizada más <u>eficazmente</u>. <u>Desgraciadamente</u>,
han existido siempre dos obstáculos para esto: los pequeños propietarios no tienen ni los recursos ni los
25 conocimientos técnicos necesarios para producir
más de lo que consumen ellos mismos. Aun cuando <u>logran</u> producir más, les faltan los medios de
transporte a los mercados urbanos. Entonces, los pequeños propietarios se ven frecuentemente obliga-
30 dos a vender su tierra al que tenga lo necesario para
cultivarla.

3. El tercer elemento era el de establecer una mejor
posición frente a las naciones avanzadas, especialmente frente a los Estados Unidos. La idea era con-
35 seguir una unión económica de los países hispanoamericanos, semejante a la que habían formado
las naciones europeas. La tradición de competencia
por los mismos mercados, sin embargo, hace difícil
este paso. Además, en muchos países, el capital ex-
40 tranjero tiene interés en impedir que se desarrolle el
mercado, ya que esto disminuiría su dominio. En
1960 fue formada la Asociación Latinoamericana de
Libre Comercio,[6] una <u>tentativa</u> hacia la integración

maquinaria *machinery*
aparatos *appliances*

además de *in addition to*
invertir *to invest*
disponibles *available*

paso *step*

logran *they manage*

conseguir *to achieve*

semejante *similar*
competencia *competition*

disminuiría *would diminish*

tentativa *attempt*

---

[5]reforma agraria *The general term used to mean some kind of redistribution of land into smaller parcels owned by a larger number of people.*

[6]Asociación Latinoamericana de Libre Comercio (ALALC) *Latin America Free Trade Association (LAFTA); a loosely-structured common market to which most of the nations of Latin America belong. Regional trade still accounts for less than 20% of the total in Latin America, however.*

económica, a la cual pertenecen muchas naciones.
45 Los países centroamericanos han intentado estimular
el comercio regional y también la Argentina y el Brasil han tomado algunos pasos en esa dirección.

Comprensión

A. Decida si las siguientes frases son verdaderas o falsas. Corrija las falsas.

1. Sólo ~~al principio~~ *a fines* del siglo XIX comienza a tener importancia en Hispanoamérica el desarrollo económico.
Si 2. Una posible solución a los problemas económicos es la industrialización.
3. Otra necesidad es una agricultura ~~concentrada~~ *variada* en un producto.
4. La reforma agraria es para mejorar la vida en ~~la ciudad~~. *los pequeños propietarios.*
Si 5. Otra necesidad es el aumento del comercio regional.

B. Responda a las siguientes preguntas.

1. ¿Cómo es la economía de los Estados Unidos en estos días? ¿Qué problemas existen?
2. ¿Cuáles son algunas medidas económicas deseables para los Estados Unidos?
3. ¿Qué se puede hacer para ayudar a los pobres en los Estados Unidos?
   ¿Qué medidas prefiere Ud.?

III. LA SITUACIÓN ACTUAL

En vista de esta serie de dificultades, es obvio que el
progreso será lento. Hoy día la población hispanoamericana crece a un promedio de 2.7% por año.
Aun los países más industrializados no pueden pro-
5 porcionar empleo para tal cantidad de gente. Las
grandes ciudades experimentan un aumento anual
mucho mayor a causa de la migración constante del
campo a la ciudad. Como resultado, es posible que el
desempleo de las ciudades llegue al 20%. El caso de
10 México, con su dependencia económica en un solo
producto, el petróleo, ilustra este problema del desempleo.

en vista   *in view*

promedio   *average*
proporcionar   *to provide*

experimentan   *experience*

Las alzas y bajas en el precio y la demanda del petróleo ha causado problemas graves en la economía mexicana. Durante la presidencia de José López Portillo (1976–82) el gobierno se dedicó al uso de sus reservas petroleras, calculadas en unos 40 mil millones[7] de barriles, para financiar el desarrollo industrial. Parecía una política bastante segura mientras el precio del petróleo quedaba por las nubes en los años setenta. México se valió de préstamos de bancos extranjeros contra el valor aparentemente alto de sus reservas. Alcanzaron una tasa de desarrollo de 7% por año y crearon medio millón de puestos de trabajo por año. Aunque esto representa un avance bastante notable, el hecho es que casi un millón de personas nuevas por año comenzaron a buscar trabajo.

De repente, sin embargo, cuando el precio del petróleo comenzó a bajar—debido a la incapacidad de la OPEP[8] de mantener su unidad—México se encontró incapaz de pagar su deuda externa. En la crisis internacional que se produjo, México tuvo que tomar medidas fuertes de austeridad económica para sobrevivir.

El caso de El Salvador demuestra que la reforma agraria todavía desafía a los gobiernos de muchos países hispanoamericanos.

El Salvador es el país más pequeño de Hispanoamérica y también el país con más densidad de población. Las siguientes estadísticas revelan el problema: unas seis familias ricas poseían más tierra que 133.000 familias pobres; unas 2000 propiedades abarcaban casi 40% de la tierra; unas 300.000 familias rurales no poseían tierra alguna. Se calcula que la cantidad mínima de tierra necesaria para sostener a una familia es de 9 hectáreas. Para una población de casi 5.000.000 de habitantes se requeriría un país de un tamaño doble que el de El Salvador.

Glosses (right margin):

- **alzas y bajas** *rising and falling*
- **calculadas** *estimated*
- **por las nubes** *sky high*
- **se valió de** *made use of* / **préstamos** *loans*
- **tasa** *rate*
- **de repente** *suddenly*
- **incapacidad** *inability*
- **medidas** *measures* / **sobrevivir** *survive*
- **desafía** *challenges*
- **poseían** *possessed*
- **abarcaban** *took in*
- **tierra alguna** *any land at all*
- **9 hectáreas** *about 22 acres*

---

[7]**40 mil millones** *Forty billion in U.S. terms. Billón in Spanish means a million million or what we call a trillion.*

[8]**OPEP** (*OPEC in English*) Organización de Países Exportadores de Petróleo. *Venezuela, which has exported oil for some 30 years—mostly to the U.S.—is where the organization was founded.*

El petróleo es uno
de los productos
principales de Ve-
nezuela. Aquí se
ven unos pozos en
el Lago Maracaibo.
¿Por qué es la pro-
ducción del petróleo
tan importante?
Mencione algunos
de sus usos.

In the face of

50   Frente a la creciente actividad guerrillera, el gobierno reaccionó creando un programa de reforma
agraria. Los conservadores reaccionaron violentamente a tal programa. Los guerrilleros tampoco es-
tuvieron de acuerdo con el programa porque favore-
55 cían un sistema de propiedad comunal en vez de
individual.

    Es otro ejemplo del peso de la historia colonial que   peso *weight*
creó esta imposible situación económica.

    Después de la muerte del dictador Franco, España
60 ha vuelto a tener interés en el establecimiento de mejores relaciones comerciales con sus antiguas colo-
nias. Aprovecha su cultura, idioma e historia comu-   aprovecha *takes*
nes en una búsqueda de diferentes intercambios   *advantage of*
económicos y culturales. España ingresó (el primero
65 de enero de 1986) en la Comunidad Económica Europea[9] y una de las razones que hacía atractiva la ad-

[9]Comunidad Económica Europea   *The European Common Market is made up of most of the industrialized*
   countries of Western Europe.

misión de España era sus relaciones con Hispanoamérica. La CEE también ve a Hispanoamérica
como un gran mercado para sus productos fabri-
70 cados.

    Con todo, la mayoría de los países distan mucho   distan   *are far from*
de eliminar la pobreza, la cual constituye uno de los
mayores problemas actuales. Esta situación contribuye a la inestabilidad política y social y ha resistido
75 los esfuerzos de los gobiernos mejor intencionados.   esfuerzos   *efforts*

Comprensión

A. Responda según el texto.

  1. ¿Qué aspectos de las crisis económicas de México y El Salvador reflejan
    prácticas de la época colonial?
  2. ¿Para qué quería México usar sus ingresos del petróleo?
  3. ¿Qué programa se creó frente a la creciente actividad guerrillera en El
    Salvador? *un programa de reforma agraria*
  4. ¿De qué tamaño tendría que ser El Salvador para su población actual? *Para su población tendría que ser de un tamaño doble que el de El salvador.*
  5. ¿Cuándo volvió España a mostrar interés en sus relaciones económicas
    con Hispanoamérica? *Después de la muerte del dictador, Franco,*

B. Responda a las siguientes preguntas personales.

  1. ¿Debe el gobierno de los Estados Unidos ayudar a los países del Tercer
    Mundo? ¿Por qué sí o por qué no?
  2. ¿Qué ventajas y desventajas hay en esa ayuda?
  3. ¿Debemos ayudar sólo a los gobiernos amistosos o a todos los que lo
    necesitan?
  4. ¿Qué países reciben ayuda hoy de los Estados Unidos? ¿En qué forma es
    la ayuda generalmente?

IV. LA CULTURA DE LA POBREZA

La pobreza en Hispanoamérica tiene una larga tradición, tan larga que, según la opinión de muchos
observadores, <u>adquiere</u> aspectos de una cultura o   adquiere   *acquires*
subcultura. Este estilo de vida o cultura pasa de ge-
5 neración en generación y sirve de mecanismo de <u>su</u>-   supervivencia   *survival*
<u>pervivencia</u> en un mundo hostil. El antropólogo Os-

car Lewis[10] ha sugerido que esta cultura no varía mucho de un país a otro; las medidas adoptadas por la
gente en situaciones similares muestran una cierta
10 universalidad, y la pobreza en cualquier nación moderna presenta las mismas dificultades humanas.

El profesor Lewis describe varias características de
la pobreza en la capital de México que pueden ser
observadas fácilmente en cualquier otro país hispa-
15 noamericano. La tercera parte de la población es
pobre; esta gente tiene una mortalidad más alta y un
promedio vital más bajo que los otros dos tercois.
Contiene por lo tanto una mayor proporción de jóvenes

20 Por su falta de instrucción los pobres tienden a
existir al margen de la sociedad en que viven. No son
miembros de los sindicatos de trabajadores ni de los
partidos políticos. Tampoco hacen uso de los elementos considerados como índices del progreso: los
25 bancos, los hospitales, las tiendas grandes, los aeropuertos o los museos.

El sector pobre de la población tiene varias características económicas. Una es la escasez de empleo.
Por eso hay un gran porcentaje de niños que traba-
30 jan para ayudar a la familia. Los que pertenecen a
esta cultura no saben ahorrar dinero y tienden a vivir
al día o aún de comida en comida, comprando lo necesario varias veces al día. Viven en el presente. Su
actitud hacia el futuro es fatalista, y tienen poco in-
35 terés en planear su vide.

Socialmente, hay una tendencia a recurrir a la violencia para resolver los conflictos—entre vecinos,
entre esposos, entre padres e hijos. La madre ejerce
la mayor influencia en las familias, de las cuales una
40 alta proporción no tiene padre. El alcoholismo es común porque la bebida hace olvidar las pésimas condiciones de vida.

pésimo = very bad, worst

tercera parte *one third*
mortalidad *death rate*
promedio vital *life
expectancy*
por lo tanto *therefore*

sindicatos de
trabajadores *labor
unions*

escasez (f) *scarcity*

pertenecen *belong*
ahorrar *to save*
al día *day by day*

recurrir *to resort*

---

[10]Oscar Lewis (1914–1970) *a North American anthropologist who studied poverty in Mexico extensively.
His books* Five Families *and* The Children of Sánchez *are major contributions to the understanding of
the culture of poverty.*

En algunas regiones en Hispanoamérica todavía utilizan métodos primitivos agrícolas. Este paragüense ara su tierra con la ayuda de unos bueyes. ¿Cómo lo podría ayudar la tecnología?

Existe además bastante desconfianza hacia las instituciones políticas y sociales como la policía, las
45 agencias del gobierno y aun la iglesia. Hay una actitud cínica hacia las medidas para mejorar las condiciones de vida que son aprobadas por la sociedad establecida. Al mismo tiempo, hay una creciente
conciencia entre los pobres de su situación econó-
50 mica, y de la gran diferencia entre ellos y las clases
media y alta. Esta creciente conciencia ha hecho que
los partidos tradicionales tengan que pensar al
menos en alguna solución. El hecho de que los
pobres son el blanco principal de movimientos revo-
55 lucionarios que utilizan tácticas guerrilleras constituye una preocupación constante de casi todos los
gobiernos actuales de Hispanoamérica.

desconfianza *mistrust*

aprobadas *approved*

blanco *target*
guerrilleras *guerrilla*

Comprensión

A. Complete según el texto.

1. La pobreza ha existido durante tanto tiempo que ha adquirido _aspectos_ de una cultura o subcultura.
2. El profesor Lewis describió la pobreza _____.
3. En la cultura de la pobreza la actitud hacia el futuro es _fatalista_.
4. En esa cultura hay mucha desconfianza _hacia las_ instituciones políticas y sociales.
5. Socialmente, hay una tendencia a recurrir a la violencia para _____. resolver los conflictos.

B. Responda a las siguientes preguntas.

1. ¿Hay una cultura de la pobreza en los Estados Unidos?
2. ¿Ahorra Ud. dinero? ¿Piensa que va a ahorrar después de graduarse?
3. ¿Hace Ud. uso de algunas instituciones de la sociedad como los museos, los bancos y los aeropuertos?
4. ¿Compra su familia mucha comida a la vez (*at one time*)? ¿Por qué sí o por qué no?

Práctica

I. Ejercicios de vocabulario

A. Encuentre en el texto diez pares de palabras que deriven de la misma palabra básica.

MODELO   economía / económico

B. Escriba la forma apropiada de la palabra entre paréntesis.

MODELO   (economía) el desarrollo *económico*

1. (pobre)   la cultura de la _____
2. (reforma)   un gobierno _____
3. (producir)   aumentar la _____ de alimentos
4. (colonia)   el gobierno _____
5. (favor)   un elemento que _____ al progreso
6. (exportar)   estimular la _____ de minerales
7. (construir)   la _____ de caminos
8. (industria)   fomentar la _____ del país
9. (universo)   la pobreza muestra cierta _____
10. (crecer)   una _____ conciencia de sus condiciones

II. Puntos de contraste cultural

1. ¿Cuáles son algunas de las diferencias entre la organización económica de las colonias hispanoamericanas y las inglesas?
2. El siglo XIX es una época de gran progreso en los Estados Unidos. ¿Existe el mismo progreso en Hispanoamérica?
3. ¿Por qué no ha sido muy importante la idea de la reforma agraria en los Estados Unidos?
4. ¿Por qué han tenido más éxito los guerrilleros en Hispanoamérica que en los Estados Unidos?

III. Debate

La ayuda financiera que el gobierno da a los pobres tiende a quitarles las ganas de trabajar.

IV. El arte de escribir: narración

La narración generalmente describe alguna serie de acciones. Aunque no siempre, la mayoría de las veces se cuentan en el tiempo pasado. El pretérito y el imperfecto son los tiempos verbales más comunes. El imperfecto generalmente describe el fondo o la situación de la narración mientras el pretérito normalmente describe lo que pasó.

Para escribir una narración se comienza igual que con los otros tipos de composición—decidiendo qué tema se va a tratar y qué detalles se van a incluir, tal vez haciendo una lista de los detalles. Después, hay que darles algún orden razonable—frecuentemente se usa el orden cronológico.

Generalmente hay tres partes diferentes de la narración: la que describe el fondo o la situación, la serie de acciones específicas y la sección final que narra el resultado de las acciones o una nueva situación.

Ahora, lea esta serie de oraciones y póngalas en un orden lógico.

1. Los europeos querían una ruta marítima al Oriente.
2. Los Reyes Católicos estaban en Granada.
3. Las noticias cambiaron el mundo para siempre.
4. Colón salió de Palos en las Islas Canarias.
5. Después de explorar un poco, volvió a España.
6. Colón les pidió a los Reyes Católicos que le pagaran el viaje.
7. Viajó más de dos meses sin ver tierra.
8. La reina Isabel auspició (*sponsored*) el viaje.
9. Creía que la isla que descubrió en ese viaje estaba cerca del Japón.
10. Era el año 1492.

Ahora, escriba Ud. una composición sobre algo que hizo recientemente. Primero, prepare una lista de los detalles que va a incluir y luego, póngalos en orden lógico.

V. Ejercicio de composición dirigida

Dé su opinión personal utilizando las palabras apropiadas de la lista.

1. la idea de la pobreza como una «subcultura»
   (desempleo. gobierno, educación, violencia, alcoholismo, abandono, desconfianza, conciencia)
2. la pobreza en los Estados Unidos
   (ciudad, campo, empleo, población, crecer, jóvenes, familia, programa, trabajar, público)
3. soluciones a los problemas económicos de los Estados Unidos
   (petróleo, inflación, importar, exportar, transporte, automóviles, gobierno, gastar)
4. el salario mínimo
   (joven, empleo, edad, difícil, fácil, trabajo, inflación, explotación, pobreza, nivel)

VI. Las noticias

En esta sección se presentarán artículos periodísticos sobre el tema de la unidad. Lea el siguiente artículo y prepárese para informar a sus compañeros de clase del significado general y su relación al tema del capítulo.

Bolivia recompra su deuda externa a 131 bancos al 10% de su valor

Bolivia ha concluido negociaciones con sus 131 bancos acreedores para diseñar un esquema de recompra de su deuda con los bancos comerciales al 10% de su valor (cotización que los créditos bolivianos tienen en los mercados secundarios). Para pagar esta operación, las autoridades bolivianas utilizarán fondos de donaciones procedentes de terceros países bajo la supervisión del Fondo Monetario Internacional (FMI). España ha sido la primera en acudir a

recompra *repurchases*

acreedores *creditors /* diseñar *design*

cotización *price*

esta donación a cambio de que el país andino
utilice recursos propios para pagar a los exportadores españoles.

El País Internacional (Madrid)

VII. Situación

Imagine usted que acaba de heredar 10 millones de dólares que no esperaba heredar. Ahora tiene una serie de decisiones que hacer sobre su futuro. ¿Cuáles son las decisiones más importantes? ¿Qué actos de caridad haría usted? ¿Dónde y cómo viviría? ¿Qué haría? ¿Trabajaría o se dedicaría a pasar largas vacaciones? ¿Qué compraría?

UNIDAD **8**

Los movimientos revolucionarios del siglo XX

Esta manifestación organizada por los sindicatos de trabajadores tuvo lugar en Cuzco, Perú. ¿Cuáles son otras razones por las cuales la gente hace manifestaciones?

VOCABULARIO ÚTIL

Estudie estas palabras antes de leer el ensayo.

algo something, somewhat
apoyo support
autocrático, -a autocratic, dictatorial
dictadura dictatorship
efectuar to effect, cause to occur
ejercer to exercise
ejército army
eliminar to eliminate
encabezar to head, lead
exigir to demand
éxito success;
   tener éxito to succeed
expropiar to expropriate, nationalize
favorecer to favor

fracasar to fail
fracaso failure
fuerza force
huelga strike;
   en huelga on strike
ideología ideology, political belief
modificar to modify, change
pertenecer to belong
poder *m* power
poderoso, -a powerful
rebelde *m or f* rebel
reforzar to reinforce
sacrificar to sacrifice
secuestro kidnapping

ENFOQUE

En gran parte del mundo hispánico existen una serie de condiciones básicas que pueden producir movimientos revolucionarios. La gran pobreza, los gobiernos autocráticos, la poca movilidad económica y otras condiciones favorecen la creación de grupos de guerrilleros urbanos y rurales. Aunque la frase «las revoluciones latinoamericanas› ha llegado a ser un cliché, para poder entenderla es necesario examinar más de cerca algunos fenómenos políticos.

Esta unidad va a tratar de aclarar algunos de estos fenómenos para que Ud. pueda entender mejor las noticias actuales.

Anticipación

Mire los mapas en las cubiertas de este texto. Haga una lista de los países y sus capitales en Centroamérica y Norteamérica. Indique en qué parte del país está situada cada capital. ¿Cómo influye la geografía de un país en su desarrollo político y económico?

I. REVOLUCIÓN Y «GOLPE DE ESTADO»

Durante nuestro siglo, en casi todos los países hispanoamericanos se han efectuado más cambios de gobierno por la fuerza que por vía democrática. Estos cambios, sin embargo, raramente tienen las caracte-
5 rísticas de revoluciones verdaderas, sino que son simples golpes de estado. Éstos se pueden definir como cambios que sólo sustituyen un elemento por otro sin que se modifiquen los verdaderos poderes socioeconómicos. Algunos autores sugieren que en algunos
10 países el golpe de estado ha asumido la misma función que tienen las elecciones parlamentarias en el sistema europeo. Es decir que cuando un presidente pierde el apoyo del congreso, sus rivales organizan un golpe en vez de fijar elecciones. El procedimiento
15 tiene una serie de reglas tradicionales y generalmente se lleva a cabo con gran eficacia.[1] Claro que se elimina el elemento popular porque el cambio es de una fuerza militar a otra, de un grupo económico poderoso a otro grupo semejante o de un partido au-
20 tocrático a otro de tendencias iguales. Lo esencial es que las verdaderas bases del poder no cambian, sino sólo los individuos que lo ejercen.

Las verdaderas revoluciones implican cambios mucho más profundos en la distribución del poder.
25 Ocurren de una clase social a otra, de los propietarios a los empleados, o de los oficiales a los soldados rasos del mismo ejército. Según la mayoría de los especialistas en política hispanoamericana, ha habido sólo tres revoluciones en el siglo XX: la de México de
30 1910, la boliviana de 1952 y la cubana de 1959. Esto

por vía *by way of*

golpe de estado *coup d'état, palace revolt*

sugieren *suggest*

fijar *set a time for*

soldados rasos *common soldiers*

---

[1]*It has been said that some coups are settled by a phone call between two generals who compare forces and declare a winner. Although some are violent, many involve little or no actual shooting.*

significa que en los tres casos se efectuó una modifi-
cación radical en la organización de los elementos del   radical *basic*
poder. El movimiento sandinista en Nicaragua, si lo-
gra resistir las grandes presiones internacionales,
35 probablemente será el cuarto caso de una revolución
verdadera. Han existido otros movimientos que casi
alcanzaron niveles de revolución, como la elección y
caída de Allende en Chile[2] y el movimiento peronista
en la Argentina,[3] pero la gran mayoría de los cam-
40 bios han sido más bien golpes de estado.

Comprensión

A. Elija la respuesta que mejor complete las siguientes frases.

1. En Hispanoamérica se han efectuado más cambios de gobiernos por...
    a. revoluciones. b. elecciones democráticas. c. golpes de estado.
2. Una verdadera revolución ocurrió en...
    a. Ecuador. b. México. c. Perú.
3. El golpe de estado sólo cambia... en el poder.
    a. los individuos. b. las bases. c. las fuerzas militares.
4. El caso de Allende casi llegó al nivel de...
    a. golpe de estado. b. movimiento. c. revolución.
5. Las verdaderas revoluciones implican un cambio en la distribución del...
    a. ejército. b. poder. c. estado.

B. Responda a las siguientes preguntas.

1. ¿Qué condiciones causarían que Ud. se hiciera revolucionario(a)?
2. ¿Sabe Ud. lo que dice la Declaración de Independencia norteamericana sobre la revolución?
3. ¿Dónde hubo un golpe de estado recientemente? ¿Por qué ocurrió? ¿Quién ganó?
4. ¿Cree Ud. que podría haber una situación donde las fuerzas armadas norteamericanas tomaran el poder? Explique.
5. ¿Qué pasaría si lo hicieran?

[2]Allende *Allende came to power in 1970 by the electoral process but with a somewhat revolutionary platform which was beginning to change the actual power base until he was overthrown by the military in 1973.*
[3]movimiento peronista en la Argentina *Juan Perón became president twice, in 1946 and in 1974, with a very specialized power base.*

II. LA REVOLUCIÓN MEXICANA DE 1910

Después de un largo período de dictadura, un pequeño ejército formado principalmente por hombres del norte de México se levantó violentamente, produciendo en el año 1910 una revolución en el país.

se levantó *rose up*

5 La guerra duró varios años y terminó con una nueva constitución nacional en 1917. Como ocurre en muchos movimientos violentos, la ideología se creó después de la guerra. Pancho Villa y Emiliano Zapata,[4] que luchaban al frente de ejércitos desorganizados y
10 populares, se convirtieron en héroes nacionales. Los soldados respondían al carisma de los líderes sin saber mucho de ideologías ni de teorías políticas. También sentían deseos de vengarse de la opresión que habían sufrido bajo la dictadura de Porfirio Díaz.[5]

carisma *(m)* *charisma*

15 Sin embargo, la lucha produjo una ideología que favoreció a las clases bajas a expensas de los ricos del régimen anterior.

La constitución de 1917, que todavía rige en México, incluyó varios artículos dedicados a la justicia so-
20 cial, especialmente para los trabajadores urbanos. Permitió por primera vez los sindicatos, y éstos vinieron a ocupar un puesto de poder en la vida nacional. Además, se promulgaron leyes para disminuir el poder de dos grupos importantes del régimen ante-
25 rior: la iglesia y las compañías e individuos extranjeros.

régimen *(m)* *regime*
rige *rules*

promulgaron *passed*

En el primer caso, se estableció un sistema de enseñanza pública para todo el pueblo. La educación había estado en manos de la Iglesia desde los princi-
30 pios de la colonia. En el segundo caso, se declaró que el suelo mexicano, incluso los minerales del subsuelo, pertenecía al pueblo. Esto daba al gobierno el derecho de prohibir la explotación de petróleo por ele-

suelo *ground, soil /*
incluso *including*

petróleo *oil*

---

[4]Pancho Villa y Emiliano Zapata *The two most popular revolutionary leaders of the Mexican Revolution of 1910. Neither was really an ideological leader, and both were eventually excluded from the new government. Both men, however, retain an almost mystical image to the present day.*

[5]Porfirio Díaz *President of Mexico from 1872 to 1911. His oppressive regime and his reluctance to relinquish the office formed the basic political motivation for the revolution.*

Emiliano Zapata fue
una de las grandes
figuras de la Revo-
lución mexicana.
¿Qué imagen de un
revolucionario pro-
yecta esta foto?

mentos extranjeros. Bajo el Presidente Lázaro Cár-
35 denas (1934–1940) todo el petróleo fue expropiado;
ahora quedaba en manos del gobierno. En vista de
los descubrimientos recientes, este hecho ha asumido
ahora muchísima importancia económica.

Muchos critican la revolución por haber sido un
40 movimiento que sólo favoreció a la clase media, porque aunque liberó los bienes del país de manos extranjeras, también abrió el camino a los capitalistas
nacionales. En otras palabras, no benefició al pueblo.
Entre las únicas verdaderas mejoras figuran el au-
45 mento del alfabetismo y la construcción de un mayor
número de hospitales y otras obras públicas. El
mayor fracaso de la revolución lo constituyó la ineficaz ayuda al campesino. Los esfuerzos hacia la reforma agraria no dieron resultados satisfactorios, y el
50 campesino no ha experimentado las grandes mejoras

liberó *liberated /*
  bienes *(m) goods,*
  resources

alfabetismo *literacy*

esfuerzos *efforts*

experimentado *experienced*

que **se** ven en las ciudades. No obstante, la revolu-   no obstante   *nevertheless*
ción mexicana **sí llegó** al pueblo y lo hizo consciente   sí llegó   *did indeed reach*
de su propia identidad.

Comprensión

A. Decida si las siguientes frases son verdaderas o falsas.

    1. La constitución mexicana de 1917 fue resultado de la Revolución de 1910.
    2. Una causa principal de la revolución fue la dictadura de Pancho Villa.
    3. Disminuyeron el poder de la Iglesia y los intereses extranjeros.
    4. Dos mejoras verdaderas fueron un aumento del alfabetismo y más hospitales.
    5. Los esfuerzos hacia la reforma agraria dieron resultados satisfactorios.

B. Responda a las siguientes preguntas.

    1. Nombre unos ejemplos de revolucionarios en la historia de los Estados Unidos.
    2. ¿Ha visitado Ud. México o sabe algo de ese país? Explique.
    3. ¿Quisiera visitar ese país? ¿Qué parte? ¿Por qué?
    4. ¿Cuáles son los problemas más graves del México contemporáneo?

III. LA REVOLUCIÓN BOLIVIANA DE 1952

En 1952 Bolivia experimentó cambios radicales
cuando el Movimiento Nacional Revolucionario
(MNR) se apoderó del gobierno. Durante la década   se apoderó de   *took over*
del 30, Bolivia había luchado contra el Paraguay en
5 la Guerra del Chaco. Aunque ganaron los para-
guayos, la guerra tuvo efectos trágicos en los dos
países. Los grandes depósitos petrolíferos del Chaco,   petrolíferos   *of oil*
que habían sido la causa de la guerra, les interesaban
más en realidad a las compañías extranjeras que a los
10 bolivianos.[6] Todo esto llevó a una rebelión violenta

---

[6]compañías extranjeras   *The Chaco War (1932–1935) between Paraguay and Bolivia was promoted by Standard Oil in Bolivia and Royal Dutch Shell in Paraguay. Each company wanted the oil in the Chaco area and had the concession from their respective governments.*

en 1952 sobre dos bases principales: la reforma
agraria y la expropiación de las minas de estaño, el
producto básico de la economía boliviana.

    La reforma agraria tuvo la misma suerte de mu-
15 chos movimientos semejantes: los campesinos, viéndose de repente dueños de las tierras, no supieron
aprovecharlas por falta de experiencia y de capital.
El resultado de esta situación fue que la producción
de comestibles bajó, lo cual elevó los gastos del go-
20 bierno y dificultó la inversión de dinero para ayudar
a los campesinos. Esto, junto con la necesidad urgente de dinero, llevó a la expropiación de las minas
de estaño, que pertenecían a unas pocas familias ricas. Pero también las minas requerían tecnología[7] y
25 trabajadores baratos. Los mineros habían luchado
del lado del MNR y no estaban dispuestos a sacrifi-
carse por los campesinos. Además, el mercado mundial del estaño disminuyó con el descubrimiento de
otros metales más útiles, lo que hizo aún más difícil
30 el proceso revolucionario. Hasta ahora, la revolución
en Bolivia no ha tenido mucho éxito: los mineros están constantemente en huelga y los campesinos
producen sólo lo necesario para su propio consumo.

    Una verdadera revolución necesita un espíritu de
35 sacrificio personal de parte del pueblo. La gente fa-
vorecida por el movimiento no puede exigir benefi-
cios inmediatamente después del cambio de gobierno. La verdad es que, después de una revolución,
muchas veces hay una supresión de los derechos de-
40 mocráticos y de las exigencias del pueblo. Esto es lo
que ocurrió en Cuba en 1959.

Glosses (right margin):

estaño *tin*

suerte (f) *fortune*
viéndose *finding themselves*

aprovecharlas *to take advantage of them*

inversión *investment*

baratos *cheap*
dispuestos *ready*

consumo *consumption*

exigir *to demand*

Comprensión

A. Complete las siguientes frases según el texto.

    1. La causa de la guerra del Chaco fue _____ .
    2. El producto básico de la economía boliviana era _____ .

[7]tecnología *As frequently happens, much of the technical personnel consists of foreign-born or trained people who tend to leave when the companies are nationalized.*

3. Al recibir tierra, los campesinos no la utilizaban porque les faltaba
_____ .

4. Cuando la producción de comestibles bajó, el gobierno expropió
_____ .

5. Pero los mineros no estaban dispuestos a _____ .

B. Responda a las siguientes preguntas.

1. ¿Por qué cree Ud. que no hay movimientos revolucionarios en los Estados Unidos?
2. ¿Está Ud. de acuerdo con la idea de que los ricos se están enriqueciendo más *(getting richer)* en los Estados Unidos? Explique.
3. ¿Cree Ud. que debemos redistribuir la tierra en los Estados Unidos?

IV. LA REVOLUCIÓN CUBANA DE 1959

De todas las revoluciones hispanoamericanas de este siglo, la que despertó más atención en los Estados Unidos ha sido la revolución cubana del 26 de julio[8] encabezada por Fidel Castro con la ayuda de Ernesto
5 «Che» Guevara. Hubo una diferencia importante entre la experiencia cubana y la boliviana: en Cuba el movimiento ya estaba en la conciencia del pueblo — conciencia *consciousness* antes de llegar al poder. Cuando Castro entró victorioso en La Habana, el primero de enero de 1959,
10 todos sabían lo que se proponía. Además, la perso- — se proponía *was planned* nalidad de Fidel y ciertas acciones suyas contribuyeron a atraerle el apoyo popular. La barba, la gorra — barba *beard* / gorra *cap* militar, el rechazo del lujo asociado con su puesto, lo — rechazo *rejection* identificaron—sinceramente o no—con el pueblo. El
15 «Che» Guevara le ayudó a reforzar esta identificación y la llevó aún más lejos cuando fue a Bolivia a participar en la lucha guerrillera que estalló allí — estalló *broke out* cuando la revolución no dio resultado. Al morir heroicamente en 1967 en esa lucha, el «Che» aumentó
20 aún más la imagen algo sobrenatural o mística que tenían los líderes del 26 de julio.

[8]26 de julio   *This is the date, in 1953, of the first attack by the rebels and so became the name of the movement.*

El problema básico de Cuba ha sido su producto
principal: el azúcar. Antes de la revolución gran
parte de la industria azucarera—tanto el cultivo de la
25 caña como la maquinaria para refinarla—estaba en
manos de compañías norteamericanas. El azúcar se
vendía a los Estados Unidos a precio elevado por
acto del congreso norteamericano. Cuando el go-
bierno cubano expropió esta industria, el mercado se   se hundió   *collapsed*
30 hundió y desapareció el apoyo al precio. Entonces,
Castro buscó mercado en la Unión Soviética, lo cual
causó una reacción poco favorable de parte del gobierno norteamericano. Sin embargo, la revolución
cubana ha podido mantenerse en el poder a pesar de
35 tener muchos problemas similares a los de otros
movimientos revolucionarios. La falta de tecnología
local, el problema de la maquinaria industrial y, por
razones políticas, la disminución del mercado exterior han dificultado el proceso.
40   En los últimos años Castro ha comenzado a participar en los movimientos revolucionarios de otros
países—en África y en Centroamérica principalmente. Muchos creen que su apoyo fue muy importante en el éxito de los sandinistas en Nicaragua.[9]
45 Los críticos de Castro alegan que manda tropas cu-   alegan   *charge*
banas a otros países para disminuir el problema del
desempleo interno.

Comprensión

A. Responda según el texto.

   1. ¿Qué hombres famosos se asocian con la revolución cubana?
   2. ¿Dónde murió el «Che» Guevara?
   3. ¿Qué producto dominaba la economía cubana antes de la revolución?
   4. ¿Quiénes eran los dueños de la industria azucarera?
   5. ¿Qué hizo el gobierno con ese problema?

[9]sandinistas   *This group was known as the "Frente Sandinista de Liberación Nacional." The name is derived from Augusto César Sandino (1895–1934) who headed the resistance in Nicaragua to the U.S. occupation (1927–1933) and was thus a national hero.*

B. Responda a las siguientes preguntas.

1. ¿Cree que Castro apoya otros movimientos revolucionarios en este hemisferio? ¿Cuáles?
2. ¿Cree Ud. que los movimientos revolucionarios son necesarios a veces o que todo se debe hacer sin violencia? ¿Por qué?
3. ¿Por qué salieron tantos cubanos de su país después de la revolución?
4. ¿Dónde vive la mayoría de los cubanos en los Estados Unidos? ¿Por qué?
5. ¿Qué piensa Ud. de la cuestión de la inmigración a los Estados Unidos?

V. LOS GUERRILLEROS

Uno de los héroes del movimiento del 26 de julio en Cuba fue Ernesto «Che» Guevara (1928–1967), prototipo del guerrillero hispanoamericano. Los rebeldes cubanos pasaron varios años en la sierra sir-
5   viendo como símbolo de la oposición a la dictadura de Fulgencio Batista, el presidente cubano. «Che» Guevara sirvió en esa época como maestro material y espiritual en los métodos de la guerra de guerrillas. La base de esta guerra, tan común en la época con-
10 temporánea, es el ejército popular, secreto y móvil, que cuenta con el apoyo del pueblo para obtener   cuenta con   *depends on* provisiones. Guevara, en su manual sobre la organización de los guerrilleros (libro que forma parte de la lectura básica sobre el asunto), dice acerca de las
15 posibilidades de éxito: «Donde un gobierno haya subido al poder por alguna forma de consulta po-   consulta   *consent* pular, fraudulenta o no, y se mantenga al menos una apariencia de legalidad constitucional, el brote gue-   brote (m)   *outbreak* rrillero es imposible de producir por no haberse ago-   haberse agotado   *having*
20 tado las posibilidades de la lucha cívica.» Es decir que   *exhausted* la guerrilla no puede funcionar sin el apoyo del pueblo ni puede funcionar contra un gobierno que mantenga la apariencia de libertad.

Guevara creyó que las guerrillas debían limitarse
25 al campo por ser éste el elemento más favorable a sus actividades. Otro hombre, Carlos Marighela, del Brasil, estableció las bases de la guerrilla urbana, la cual ha atraído la atención de todo el mundo a través de secuestros y de las grandes cantidades de dinero que

En 1960 Che Guevara se reunió con Fidel Castro para observar un desfile militar en San Julián, Cuba. ¿Qué otras posibles explicaciones podría dar usted para esta reunión?

30 ha recibido de rescate. Marighela abandonó el Partido Comunista tradicional y formuló la táctica del guerrillero urbano en un manual semejante al de Guevara.

rescate *(m)* *ransom*

Otro caso en que han tenido éxito los guerrilleros 35 es el de Nicaragua. El movimiento sandinista logró derrocar a un dictador cuya familia había ocupado el gobierno durante casi todo este siglo, Anastasio Somoza. La represión y corrupción del gobierno de Somoza hicieron posible el triunfo de un grupo gue- 40 rrillero al estilo cubano. El gobierno no mantenía ni la apariencia de democracia y casi toda la riqueza del país quedaba en manos de muy pocas familias—parientes y amigos del dictador. El nuevo gobierno sandinista comenzó inmediatamente un proceso revolu-

derrocar *overthrow*

45 cionario pero se encontró con otra fuerza guerrillera
de la oposición somocista. Si logra llevar a cabo todas
las medidas revolucionarias constituirá la cuarta verdadera revolución en Hispanoamérica.

Según muchos observadores, los sandinistas y el
50 gobierno de Castro apoyan a otros grupos guerrilleros en los otros países centroamericanos. Guatemala,
Honduras, El Salvador y Costa Rica han sentido la
amenaza guerrillera.   **amenaza** *threat*

Existen grupos guerrilleros en muchos países del
55 mundo. Como vemos, en algunos casos han tenido
éxito en su propósito de efectuar un cambio radical
en el gobierno. En otros casos sólo han logrado hacer
incómoda la vida de los ricos y de las autoridades.

Por motivos propagandísticos los grupos guerri-
60 lleros por lo general se llaman a sí mismos «frente de
liberación» o «ejército popular» mientras los gobiernos amenazados los denominan «terroristas».   **denominan** *call*

El caso de España muestra la dificultad que pre-
sentan tales grupos. La región vasca del norte de Es-   **vasca** *Basque*
65 paña tiene una larga historia de sentimiento separa-
tista. Los vascos tienen una cultura algo distinta y su
lengua es de origen desconocido.[10] Han luchado contra del dominio del gobierno de Madrid por muchos
años, pero últimamente esta lucha ha resultado en
70 una trágica violencia de tipo guerrillero. Los vascos
rebeldes exigen la separación completa del país vasco
para crear una nación independiente. La nueva constitución española, adoptada en 1979, hace posible
cierto grado de autonomía para las regiones españo-   **grado** *degree*
75 las,[11] pero esto no parece satisfacerles. Sus métodos
incluyen ataques de sorpresa contra la policía na-
cional en la región, bombas que estallan en lugares   **estallan** *explode*
públicos, secuestros de personas ilustres y poderosas   **ilustres** *famous*
y otros actos de violencia. Su influencia en los sindi-   **sindicatos** *unions*
80 catos vascos es tan grande, que los empresarios se

[10]origen desconocido *Basque, unlike the other regional languages of Spain, is not a romance language. The region is called "Euzkadi" in Basque.*

[11]las regiones españolas *Spain has fourteen traditional regions: Galicia, Asturias, León, Navarra, Cataluña, Aragón, Castilla la Vieja, Castilla la Nueva, Extremadura, Andalucía, Murcia, Valencia, Canarias (islands in the Atlantic), and Baleares (islands in the Mediterranean of which Mallorca is the largest). The regions have not had official status for some time, but the 1979 constitution allows those wishing it to acquire some autonomy similar to that enjoyed by the states in the U.S.*

85 ven obligados a pagar un «impuesto revolucionario»
a los rebeldes para evitar que llamen a una huelga.
Así los rebeldes ganan dinero para sus otras actividades. El gobierno ha hecho esfuerzos para poner
fin a la violencia pero los vascos se refugian en el sur   se refugian *take refuge*
de Francia donde hay otra región vasca. Esto ha
creado tensión entre los dos países. Las actividades
parecen destinadas en gran parte a provocar medidas represivas por parte del gobierno, lo cual aumen-
90 taría la oposición del pueblo vasco hacia el gobierno
central. Es obvio que esta situación presenta un di-
lema muy difícil para el gobierno español. De hecho,   de hecho *in fact*
algunos gobiernos han cedido a la presión y han for-   cedido *given in*
mado grupos «antiterroristas» entrenados especial-   entrenados *trained*
95 mente en los métodos de los guerrilleros. Desgracia-
damente, estos grupos oficiales abusan de su
posición. Existen varios países en que esta policía especial (frecuentemente secreta) practica sus propias
atrocidades en la población en general. Parece de-
100 pender del tipo de gobierno: el gobierno autocrático
utiliza esta fuerza para su propio beneficio y esto
conduce al abuso. Los gobiernos que tienen verdadero apoyo popular pueden usar métodos extraor-
dinarios sin causar una reacción negativa entre los
105 ciudadanos. Sin embargo la solución no es fácil.

Comprensión

A. Responda según el texto.

1. ¿Qué manual escribió Che Guevara?
2. ¿A quién derrocaron los Sandinistas? ¿Dónde?
3. ¿Qué exigen los terroristas vascos? ¿Dónde?
4. ¿Cómo consiguen su dinero?
5. ¿Dónde se refugian los vascos después de un ataque?

B. Responda a las siguientes preguntas.

1. ¿Ha participado Ud. en una manifestación? ¿A favor o en contra de qué?
2. ¿Cree que valen la pena las manifestaciones?
3. ¿Va a votar Ud. para el próximo presidente?
4. ¿Le gusta participar en la política de la universidad? Explique.
5. ¿Presta mucha atención a la política nacional? ¿Por qué sí o por qué no?

Práctica

I. Ejercicios de vocabulario

A. Indique la palabra que corresponde a la definición.

1. un sistema de pensamiento político
2. un grupo basado en afinidad de ideologías
3. un partido de rebeldes secretos
4. táctica de los guerrilleros
5. lo que exigen para devolver a un secuestrado
6. los soldados como grupo
7. una actividad del ejército
8. opuesto a la guerra
9. método de un gobierno tiránico
10. un gobierno que usa represión

a. partido
b. secuestros
c. ideología
d. guerra
e. dictadura
f. represión
g. guerrilleros
h. paz
i. ejército
j. rescate

B. Complete con la forma apropiada de la palabra entre paréntesis.

1. (economía)   las condiciones _____
2. (violencia)   una rebelión _____
3. (espíritu)   el héroe _____
4. (constitución)   poderes _____
5. (revolución)   las tácticas _____

C. Indique los sinónimos.

1. cambios
2. diferencia
3. jefe
4. guerrilleros
5. suficiente
6. obrero
7. baja
8. país

a. nación
b. líder
c. rebeldes
d. modificaciones
e. disminución
f. distinción
g. bastante
h. trabajador

II. Puntos de contraste cultural

1. ¿Cuáles son las diferencias en la importancia de la agricultura entre los Estados Unidos e Hispanoamérica?
2. ¿Por qué no ha habido necesidad de una reforma agraria en los Estados Unidos?
3. Últimamente han existido grupos de guerrilleros en los centros urbanos de los Estados Unidos, pero nunca en el medio rural. ¿Por qué es distinta la situación en Hispanoamérica y los Estados Unidos?

III. Debate

Un país debe ayudar un movimiento revolucionario en un país vecino si es ideológicamente atractivo.

IV. El arte de escribir: exposición (primera parte)

La exposición es esencialmente una explicación o una declaración de algo. Frecuentemente es algo abstracto o literario pero puede ser cualquier cosa.

En un ensayo el objetivo es hacer que entienda el lector la idea, de modo que por lo general se dirige a su inteligencia y no a sus sentimientos.

Para escribir una exposición es necesario formular una pregunta y responder a esa pregunta en el ensayo. La extensión y la complejidad del ensayo resultarán de la complejidad del tema. Si se hace una pregunta como *¿De qué tratan las obras de Borges?*, se tendría que escribir un libro entero para agotar el tema. Pero, si se pregunta, *¿De qué trata el cuento «Espuma y nada más» del colombiano Téllez?*, se podría contestar así:

Téllez presenta uno de los mejores estudios que se han hecho del culto al coraje. El problema se dramatiza por medio de dos personajes que se encuentran en un momento de crisis y por medio del doble nivel del conflicto: el social y el psicológico.

Claro, en cualquier ensayo puede variar la cantidad de puntos que se incluyen.

Ahora, lea estas preguntas posibles y con unos compañeros de clase decida cómo se puede reformularlas para hacer una exposición más corta.

1. ¿Qué ideología tenía la Revolución mexicana?
2. ¿Qué querían los sandinistas?
3. ¿Por qué se va a la universidad?
4. ¿Qué es la literatura?
5. ¿Qué hace un presidente?
6. ¿Quién es Fidel Castro?

Ahora, escriba una exposición sobre algo que ha aprendido en otra clase. No se olvide de poner atención en el proceso de limitar el tema.

V. Ejercicio de composición dirigida

Dé su opinión personal, utilizando las palabras apropiadas de la lista.

1. las razones por la violencia en la política
   (opresión, frustración, desconfianza, proceso electoral, fraudulento, tortura, libertad)

2. la reacción oficial apropiada frente a los secuestros políticos
   (rescate, asilo político, desalentar, preso, tener éxito, fracasar, animar, cooperación)
3. la violencia política en los Estados Unidos
   (asesinar, presidente, seguridad, policía, candidato, carisma, televisión, campaña electoral)
4. la violencia urbana y la inseguridad personal en los Estados Unidos
   (autoridad, respeto, familia, móvil, ataque, escuela, pobreza, miedo, robo, violación sexual)

VI. Las noticias

Haga Ud. un resumen de este artículo.

El movimiento guerrillero colombiano Diecinueve de Abril (M-19) anunció el lunes 12 que esa agrupación y las Fuerzas Armadas Revolucionarias de Colombia (FARC) acordaron romper la tregua y declarar la guerra en represalia por el asesinato de Jaime Pardo Leal, presidente del partido izquierdista Union Patriótica (UP) y ex-candidato a la presidencia de su país. Pardo Leal murió el domingo 11 víctima de una emboscada cuando circulaba por las afueras de Bogotá.

El anuncio de ruptura del diálogo con el Gobierno fue hecho por Libardo Parra, conocido como comandante Óscar y cuarto en la cadena de mando del M-19, en una llamada telefónica a la cadena de radio Todelar, que transmitió sus declaraciones. No obstante, el secretario general del Partido Comunista de Colombia, Gilberto Vieira, manifestó el lunes 12 que a pesar de la *guerra sucia* impuesta por «sectores del militarismo», la izquierda colombiana insistirá «en el diálogo para buscar salidas políticas al conflicto interno colombiano».

tregua   cease fire
asesinato   murder

emboscada   ambush /
  afueras   outskirts
ruptura   breaking off

El País Internacional

VII. Situación

Imagine Ud. que es víctima de un secuestro político. Los guerrilleros le dicen que lo han hecho para conseguir la libertad de unos presos políticos y que lo(la) van a matar si no cooperan las autoridades. ¿Qué les diría Ud. a los guerrilleros en su propia defensa? Si permiten que Ud. haga una llamada a las autoridades, ¿qué les diría Ud.?

La educación en el mundo hispánico

Estos estudiantes escuchan una conferencia en la Universidad de Madrid. ¿Cómo compara esta clase con las suyas?

VOCABULARIO ÚTIL

Estudie estas palabras antes de leer el ensayo.

abogado, -a   lawyer
contratar   to contract
convenir a   to be convenient
dictar   to teach, lecture
diferir (ie)   to differ, be different
educativo, -a   educational
elección   choice
elegir   to choose
escolar   pertaining to school
especializarse   to major, specialize
estudiantil   pertaining to students
explícito, -a   explicit
gratis *m or f*   free

implícito, -a   implicit
instrucción   instruction, teaching
investigación   research
maestro, -a   teacher
manifestación   demonstration
matrícula   tuition
nota   grade
primario, -a   primary
privado, -a   private
secundario, -a   secondary, high school
superior   higher
título   degree (education)

ENFOQUE

La organización y los métodos de enseñanza reflejan los valores, los ideales y la situación socioeconómica de un pueblo. Además de aumentar los conocimientos tecnológicos, el sistema de enseñanza se dedica a transmitir la cultura de una generación a otra.

Esto se hace explícitamente en las clases de historia, de política o de religión; pero el sistema de enseñanza también tiene una influencia implícita en la sociedad a través de los métodos usados en la enseñanza, los cursos ofrecidos, o la selección de alumnos.

Este ensayo se dedica a la explicación de las grandes diferencias entre el sistema de enseñanza del mundo hispánico y el norteamericano.

Anticipación

Trate Ud. de adivinar el significado de las palabras subrayadas dentro del contexto de la educación.

1. Durante la primera época árabe España fue el centro de la enseñanza su-perior en Europa.
2. La meta final era el ingreso a la universidad.
3. Hasta el siglo XIX la facultad de teología era la más importante, después la facultad de derecho o de jurisprudencia comenzó a prevalecer.
4. Para pasar de un año a otro el alumno tiene que aprobar los exámenes fi-nales.

I. HISTORIA DE LA ENSEÑANZA HISPÁNICA

Durante la primera época árabe (siglos VIII-XIII) España fue el centro de la enseñanza superior en Eu-ropa. La tradición griega, traída por los moros, se extendió por todo el continente desde Córdoba. La
5 conocida tolerancia de los moros hacia las ideas he-terodoxas les colocó al frente de los impulsos reno-vadores de la época. Sobre esta tradición fueron es-tablecidas las primeras universidades españolas: las de Salamanca, Palencia y Sevilla en el siglo XIII. Es-
10 tas universidades, como también sus contemporáneas de Oxford, Bolonia (Italia) y París, tenían una estruc-tura bastante floja—consistían en un grupo de profe-sores privados que se ponían de acuerdo para dar sus clases en un sitio común. Su categoría oficial venía
15 de una carta real y de una autorización del Papa. En la Universidad de París el profesorado tenía el poder mientras que en la de Bolonia el poder estaba en manos de los estudiantes. Las universidades españo-las, y las hispanoamericanas, siguieron el modelo
20 italiano. Las universidades del resto de Europa y de los Estados Unidos prefirieron el modelo francés. Esto, en parte, explica algunas diferencias básicas en las actitudes de los estudiantes aún hoy día. El con-cepto principal de Bolonia era que un grupo de es-
25 tudiantes contrataba a un profesor para que éste les dictara una clase de filosofía, por ejemplo. En París, los estudiantes tenían que pagar la matrícula de las clases que les recomendaban los profesores. Esta dis-tinción todavía se mantiene hasta cierto punto, pero
30 con la diferencia de que en la mayoría de los casos es

se extendió   *spread*

heterodoxas   *heretical*

les... frente   *situated them in the forefront* / impulsos renovadores   *impulses toward change*

floja   *loose*

categoría   *status*

carta real   *royal decree* / Papa *(m)*   *Pope* / profe-sorado   *faculty*

les...clase   *would teach them a class*

el gobierno o un grupo religioso el que paga a los profesores.

Durante el Renacimiento (siglos XV-XVII) aumentó la importancia de la educación y en esta época
35 se fundaron en España la Universidad de Alcalá de Henares—hoy de Madrid—y la mayoría de las americanas: Santo Domingo en 1538; México y Lima en 1551; Bogotá en 1563; Córdoba, en la Argentina, en 1613; Quito en 1622; Sucre, Bolivia, en 1624; Gua-
40 temala en 1676, etc. Casi todas estas instituciones fueron fundadas por órdenes religiosas, principalmente por los dominicos y los jesuitas.

Estas universidades tenían cuatro facultades:[1] teología, leyes, artes y medicina. La primera, dedicada a
45 la formación de sacerdotes, era la más importante hasta el siglo XIX, cuando la facultad de derecho o de jurisprudencia comenzó a prevalecer. La facultad de medicina también creció en importancia en ese siglo. Las facultades de artes (hoy llamadas más fre-
50 cuentemente de Filosofía y Letras) tenían dos funciones tradicionales: 1) preparación para las otras facultades y 2) preparación de maestros de enseñanza secundaria.

No es hasta la segunda mitad del siglo XIX que las
55 universidades asumen su segundo papel: el de ser centros de investigación científica apoyados por el gobierno. También comienza a aumentar el número de facultades: las de ingeniería, de comercio, de farmacia, etc.
60 Durante toda esta época la enseñanza primaria y secundaria era una actividad exclusivamente religiosa o privada. La actitud era que este aspecto de la vida era una responsabilidad personal. La entrada a la universidad se obtenía mediante un examen abierto.
65 El joven se preparaba por medio de una escuela secundaria o de maestros privados, o por sus propios estudios y lecturas. La meta final era el examen de

derecho law

mitad half

ingeniería engineering

mediante by means of

meta goal

---

[1]facultades *The word* facultad *means "faculty" only in the specialized sense of the professors of a "school" or "college." The more usual translation for the* Facultad de Medicina *would be the School of Medicine. Faculty in its most common sense in English is* profesorado *(professoriate) or* cuerpo docente *(teaching corps).*

ingreso a la universidad. Hasta el siglo XIX no existía el concepto de la educación como bien nacional. Las
70 ideas económicas del siglo XIX comenzaron a dar valor monetario a un pueblo educado. Además, los ideales democráticos dieron doble impulso al desarrollo de sistemas públicos de enseñanza: 1) la igualdad de oportunidad exigía escuelas pagadas por el
75 gobierno; 2) para poder ejercer sus nuevas obligaciones cívicas, el pueblo necesitaba alcanzar cierto nivel de conocimientos.

En el siglo XX aparece la idea de asistencia obligatoria, aunque por lo general ésta era más un ideal
80 que una realidad. La falta de recursos impedía que la enseñanza llegara a los niños rurales. Hoy día la asistencia es obligatoria hasta los 12 o 14 años en la mayoría de los países hispanos, pero la instrucción también es gratis.
85 Otra idea que ha ganado apoyo en los últimos años es la educación vocacional—la agricultura, la mecánica y el comercio se enseñan cada vez más. Estas materias, sin embargo, se enseñan solamente en escuelas especiales que admiten alumnos que ya
90 hayan terminado la escuela primaria. Las demás escuelas todavía ofrecen las mismas materias de antes y preparan a los alumnos para la universidad y para las profesiones tradicionales.

ingreso *entrance*
bien *good*

exigía *demanded*

alcanzar *to reach*

asistencia *attendance*

impedía *prevented*

cada vez más *more and more*

Comprensión

A. Responda según el texto.

1. ¿Cuáles fueron las tres primeras universidades de España?
2. ¿Cuál era la diferencia entre la organización de las universidades de París y Bolonia?
3. ¿Cuándo comenzaron a ser importantes las facultades de derecho y de medicina?
4. ¿Cuándo apareció el concepto de la educación como bien nacional?
5. ¿Cuándo apareció la idea de asistencia obligatoria?

B. Responda a las siguientes preguntas.

1. ¿Cree Ud. que la universidad debe ser gratis como la escuela secundaria?
2. ¿Cuánto cuesta matricularse en su universidad? ¿Le parece mucho?
3. ¿Tienen los estudiantes mucho poder en la dirección de su universidad? ¿Cree que deben tenerlo?
4. ¿Cree Ud. que la educación va a tener mucha importancia en su vida futura? ¿Por qué?
5. ¿Cree que la universidad debe proporcionar más o menos materias electivas en su programa? Explique.

II. «EDUCACIÓN» Y «ENSEÑANZA»

Para entender algo del concepto de la enseñanza en el mundo hispánico y de cómo difiere del de los Estados Unidos es necesario aclarar algunas cuestiones de terminología. La palabra «educación» tradicional-
5 mente se refiere al proceso total de formar un adulto de un niño. Incluye, pero no se limita a la instrucción recibida en la escuela. El niño también recibe su educación de su familia, de la iglesia y de sus experiencias. El proceso académico es la «enseñanza». La
10 palabra deriva de «enseñar», la tarea del maestro. Sólo recientemente se encuentra la palabra «educación» usada en el sentido del proceso escolar.

Los niveles de la instrucción académica son la enseñanza pre-escolar, la enseñanza primaria o elemen-
15 tal, la enseñanza media o secundaria y la enseñanza superior o universitaria. Como se verá, estos niveles no son exactamente iguales a sus equivalentes del sistema norteamericano.

Otros términos pueden confundir al estudiante
20 norteamericano. La palabra «curso» significa todo un año escolar: por ejemplo, «el sexto curso de medicina». «Materia» es una serie de clases dedicadas a un curso. El curso, entonces, consiste en varias materias que por lo general están prescritas sin que el estu-
25 diante tenga ninguna elección. El concepto de «requisitos» apenas existe puesto que casi todas las materias dentro del curso son obligatorias. Hay casos en que el alumno puede elegir entre secciones: por ejemplo, el curso de lenguas modernas ofrece elec-

aclarar *to clarify*

tarea *task*

curso *degree program*

materia *course*

prescritas *prescribed, required* / requisitos *requirements*

Estos estudiantes asisten a la Academia San Jorge en Puerto Rico. Describa a los estudiantes de la foto.

30 ción entre varias lenguas, pero en cualquier caso se estudia la misma serie de materias—gramática, cultura, literatura, etc.

El «bachillerato» es más o menos equivalente al diploma secundario en los Estados Unidos y no al tí-
35 tulo universitario. Éste, por ser más especializado, no tiene nombre genérico sino que se le llama por el título profesional: profesor para los graduados de la Facultad de Filosofía y Letras, médico para los de Medicina, ingeniero para los de Ingeniería, abogado
40 o licenciado para los de Leyes (Derecho)[2], etc. Las «facultades» equivalen más o menos a las «escuelas» profesionales de las universidades norteamericanas con la diferencia de que se hacen responsables de la

genérico *general*

[2]leyes (derecho) *These two terms are used interchangeably to refer to law. Licenciatura, properly a law degree, has come to be used in some areas to refer to what is the equivalent of a master's degree in the United States.*

enseñanza total del alumno. Esto quiere decir que
45 hay profesores de inglés o de castellano en la Facultad de Medicina y otros en la Facultad de Ingeniería.
Esto muestra dos contrastes muy importantes con el
sistema norteamericano: la especialización que, en algunos países, comienza temprano, y la falta de posi-
50 bilidad de elección de las materias por el alumno. Es
posible, por lo general, tomar clases en otras facultades pero no cuentan para el título.

Comprensión

A. Complete según el texto.

1. El proceso total de formar a un individuo se llama _____ .
2. Un curso consiste en varias _____ .
3. Cuando un individuo termina su enseñanza secundaria, recibe un _____ .
4. Al graduarse de la Facultad de Filosofía y Letras, uno lleva el título de _____ .
5. En las universidades hispánicas comienza temprano la _____ .

B. Responda a las siguientes preguntas personales.

1. ¿Cuántos años va a tardar Ud. para completar su educación superior? ¿Cuatro? ¿Más? ¿Por qué?
2. ¿Cuándo va a graduarse?
3. ¿Cree Ud. que es mejor especializarse temprano o esperar para estar más seguro?
4. ¿Le parece su universidad muy, poco o nada difícil?

III. LA ORGANIZACIÓN DE LA ENSEÑANZA HISPÁNICA

Aunque sería imposible describir en detalle todos los
sistemas de enseñanza de los países hispánicos, se
puede dar una idea general de éstos.

Hay jardines de infancia que aceptan alumnos
5 desde los dos o tres años hasta los seis. Esta etapa no
es obligatoria y relativamente pocos niños asisten.

jardines de infancia *(m)*
kindergartens / etapa
level, stage

La enseñanza primaria abarca desde los seis años hasta los doce. En la mayoría de los países hispánicos es obligatoria y gratuita. Termina con un certificado
10 de sexto grado.

La próxima etapa es la de los «colegios» o «liceos».[3] La enseñanza media o secundaria en Hispanoamérica generalmente se divide en dos ciclos que suman cinco o seis años en total. Por lo general el
15 primer ciclo, o ciclo básico, termina en el bachillerato elemental o general y el segundo en el bachillerato. Este segundo ciclo representa una preparación más especializada para una carrera profesional y sólo los alumnos que piensan entrar en la universidad siguen
20 hasta ese punto. Muchas veces se hace distinción entre el bachillerato de humanidades o de ciencias.

En España la división es distinta: hay cuatro años de enseñanza primaria y cuatro más de enseñanza media que son obligatorios y que terminan en el
25 bachillerato elemental. Con dos años más se gana el bachillerato general superior y luego hay un año de enseñanza pre-universitaria en ciencias o en humanidades.

En muchos sistemas existen escuelas separadas es-
30 pecializadas para comercio, para maestros, y para las fuerzas militares. Estas escuelas comienzan por lo general después de la escuela primaria, o sea a los 13 o 14 años. Esto requiere una decisión relativamente temprana sobre el destino del alumno. También es
35 interesante notar que los maestros de las escuelas primarias se especializan desde los 12 o 14 años en las escuelas normales de magisterio y a los 17 o 18 años pueden comenzar a ejercer su profesión. Sólo los maestros o profesores de enseñanza secundaria tie-
40 nen que preparase en la universidad o en institutos normales más avanzados que la escuela secundaria.

Las materias de la escuela primaria son las mismas que en los Estados Unidos: idioma, matemáticas elementales, estudios sociales (historia y geografía, na-

abarca *covers*

gratuita *free*
sexto *sixth*
colegios *high schools /*
liceos *high schools*

normales *teacher-training*
ejercer *to practice*

idioma *language*

---

[3]«colegios» o «liceos» *The European system of names is used both in Spain and Spanish America. Many universities have their own* colegios *to prepare students for entrance. The* «bachillerato» *is difficult to compare to the U.S. system. In most Hispanic countries, it represents approximately the equivalent of two years of college.*

45 cional y mundial), ciencias naturales, ciudadanía, higiene y estética (arte y música). Hay generalmente también cursos de desarrollo moral y social que tienen el propósito de transmitir valores personales a los niños.

50 El día escolar en la escuela primaria es generalmente más corto que en los Estados Unidos: dura cinco horas en vez de seis. Sin embargo, la eseñanza tiende a ser más concentrada durante este tiempo. Algunas materias como la gimnasia o la práctica de
55 la música y del arte no se incluyen en el curriculum general.

Para pasar de un año a otro el alumno tiene que aprobar los exámenes finales, generalmente orales. Si no aprueba tiene que volver a cursar la materia sus-
60 pendida el año siguiente. El alumno tiene la responsabilidad de su propio progreso. En la escuela primaria por lo general es necesario aprobar todas las materias, pero en la secundaria son consideradas por separado.

65 En la mayoría de los países hispánicos las escuelas primarias privadas y muchas veces las secundarias mantienen la separación entre los sexos. Se mezclan sólo en aquellos lugares en donde no es factible tener dos escuelas separadas.

70 La enseñanza media o secundaria generalmente inicia la especialización del alumno. Después de recibir el certificado de la escuela primaria, los jóvenes eligen entre varios campos de estudio: las humanidades, para los que piensen cursar la carrera de ma-
75 estro o profesor en la universidad; las ciencias para la ingeniería o la medicina; la escuela vocacional, etc. Por lo general tienen que aprobar un examen de ingreso o de selección antes de ser aceptados en la escuela elegida.

80 Existe en los países hispánicos un número relativamente grande de escuelas secundarias militares que dan el título de bachiller y también un nombramiento a la categoría de oficial en las fuerzas armadas. Esto casi nunca se hace en el nivel universitario
85 como en los Estados Unidos.

---

ciudadanía *civics*

propósito *purpose*

en vez de *instead of*

aprobar *to pass (a course)*
cursar *to take (a course)* /
suspendida *failed*

por separado *separately*

factible *practical*

En muchos países hispanos los exámenes finales en las escuelas secundarias se dan por materia y el alumno recibe una nota final entre 0 y 10. Generalmente el 6 es la nota mínima de aprobación. Si recibe
90 menos de 6 en cualquier materia, tiene que repetirla, pero puede seguir al próximo nivel en las materias aprobadas. Un 10 se califica de «sobresaliente» y un 9 de «notable» en muchos casos. En algunos países no se acostumbra mucho dar exámenes parciales
95 durante el año —el alumno se juega todo en la nota recibida en el examen final. Este examen casi siempre tiene al menos una parte oral, en la que el alumno se presenta ante un tribunal de profesores que le hacen preguntas sobre la materia en cuestión.
100 Por lo general el alumno tiene muy poca idea del nivel de sus conocimientos antes de ese momento. No es necesario decir que la época de los exámenes, que dura dos o tres semanas debido al tiempo requerido para los exámenes orales, inspira cierto
105 miedo en el alumno.

En casi todos los países hispánicos el sistema escolar se organiza a nivel nacional. Hay, por lo general, un ministerio de educación que, con sus consejeros profesionales, determina la forma que tendrá
110 el sistema en todos los niveles. La gran mayoría de las escuelas son oficiales y las que no lo son—las escuelas privadas y las religiosas—tienen que seguir el mismo currículum para que sus títulos sean válidos. Sólo las universidades tienen cierto grado de auto
115 nomía en los países hispánicos. Esto procede de su larga tradición de prestigio e importancia en la vida nacional y del poder político de los estudiantes.

sobresaliente   *excellent*
notable   *very good*
exámenes parciales *(m)*
   mid-term exams / se juega
   todo   *everything rides on*

tribunal *(m)*   *panel*

autonomía   *autonomy*

Comprensión

A. Decida si las siguientes frases son verdaderas o falsas. Corrija las falsas.

1. En los países hispánicos la enseñanza primaria jamás es obligatoria.
2. Es común en Hispanoamérica hacer una distinción entre el bachillerato de humanidades y el de ciencias.

3. Los maestros de las escuelas primarias tienen que prepararse en la universidad.
4. Por lo general, un estudiante hispano empieza a especializarse antes que un estudiante norteamericano.
5. Las escuelas primarias y secundarias siempre son controladas localmente.

B. Responda a las siguientes preguntas.

1. ¿Qué opina Ud. de la práctica de los exámenes orales en el sistema hispánico?
2. ¿Qué piensa Ud. del concepto de dar clases sobre el desarrollo moral y social?
3. ¿Piensa Ud. que el fútbol, el arte y la educación física deben ser parte del «currículum» de la universidad?
4. ¿Cree que debemos tener un «currículum» nacional uniforme? ¿Por qué?
5. ¿Le gustan sus clases generalmente? Explique.

IV. LAS UNIVERSIDADES EN EL MUNDO HISPÁNICO

Desde el establecimiento de la Universidad de Salamanca en el siglo XIII hasta la actualidad, la universidad ha ocupado una posición de importancia en la sociedad hispánica. El título universitario de doctor
5 en medicina o licenciado en derecho es muchas veces un símbolo de prestigio más que una preparación práctica. Así que se encuentran en todas las carreras personas que poseen un título profesional que no tiene mucha relación con su verdadera profesión.
10 Además de esto, las facultades se componen en gran parte y a veces casi exclusivamente de profesionales. Invitar a un médico de la comunidad a dar una clase en la facultad de medicina es uno de los honores más grandes que se le puede hacer.
15 Esta costumbre tiene la ventaja de proveer instrucción práctica especializada y variada. La desventaja es que el médico o abogado que sólo se presenta en la universidad tres o cuatro veces a la semana para dictar sus clases tiene poca oportunidad para el contacto

ventaja *advantage*

20 fuera de clase, que forma parte importante de la experiencia educativa.[4]

En las sociedades menos desarrolladas las universidades son muy importantes en todos los campos—
la tecnología, la medicina, las ciencias sociales y las
25 artes. La universidad proporciona un lugar conve-   proporciona *provides*
niente para construir laboratorios, institutos de in-
vestigación y teatros o salas de conciertos.

El resultado es que en las universidades se concen-
tra el talento del país. Es costumbre asentar las uni-   asentar *to locate*
30 versidades en las ciudades más importantes, especial-
mente en las capitales. De esta manera, se crea una
organización fácilmente controlada por el gobierno y
se atrae hacia la ciudad a las personas más hábiles.

La mayoría de las universidades mantienen cierta
35 autonomía sobre sus asuntos internos aunque, como
en cualquier país, existen presiones sociales. Por lo   presiones (f) *pressures*
general el sistema de universidades se encuentra bajo
la jurisdicción del gobierno nacional, y no de los estados o provincias. Aun cuando hay centros provin-
40 ciales, están obligados a seguir el curriculum de la
universidad nacional si quieren que sus títulos sean
legalmente válidos. Esta práctica refuerza el control   refuerza *reinforces*
que ejerce el gobierno federal sobre el sistema en-
tero. Sólo las universidades privadas, que casi
45 siempre son religiosas, tienen algo de libertad en el
campo de la experimentación educativa. En la última
década esto ha resultado en la creación y expansión
de las universidades católicas en el mundo hispánico.
Éstas han sido centros de innovación y moderniza-
50 ción en muchos de los países.[5]

[4]*Most administrators feel that the widespread practice of part-time teaching is undesirable; salaries are kept
low, teacher-student contact is minimal, rational curriculum planning is difficult, faculty communication is
poor, etc. Typically, universities outside large cities have made progress toward establishing a full-time faculty
since they have fewer community resources to draw on. The same prestige factor which induces eminent physi-
cians and attorneys to teach for very little pay makes eliminating the practice difficult. In the humanities it is
not uncommon for a professor to have three or four different schools to go to each day.*

[5]*Many administrative and curricular reforms are impossible in the traditional universities due to several factors
mentioned. The tenure system in which one professor is chosen in each subject for a life term stifles change.
The private universities can avoid some of these problems as can new public institutions.*

Comprensión

A. Elija la respuesta que mejor complete la frase según el texto.

1. La Universidad de Salamanca fue creada...
   a. en el siglo XX.   b. antes de Cristo.   c. en el siglo XIII.
2. Los profesorados hispanas se componen en gran parte de...
   a. profesores.   b. mujeres.   c. profesionales.
3. Últimamente las universidades católicas han sido centros de...
   a. desestabilización.   b. experimentación educativa.   c. control monetario.
4. Generalmente las universidades son controladas a nivel...
   a. local.   b. nacional.   c. católico.

B. Responda a las siguientes preguntas.

1. ¿La universidad a la que Ud. asiste queda bajo el control del gobierno o de una organización nacional, estatal o local? Explique.
2. ¿Qué ventajas y desventajas tiene su sistema?
3. ¿Es fácil o difícil ingresar en su universidad? ¿Por qué?
4. ¿Cuál es el departamento más famoso de su universidad? ¿Por qué?
5. ¿Cuáles son las ventajas y desventajas de una universidad privada?

V. LA VIDA ESTUDIANTIL

En la mayoría de las universidades hispánicas la matrícula es casi gratis y por eso teóricamente accesible a todos. En la práctica, sin embargo, los jóvenes pobres tienen que trabajar para ganarse la vida. Además, los exámenes de ingreso muchas veces requieren preparación especial que sólo puede ser alcanzada por medio de escuelas privadas relativamente caras.

Se puede decir que los estudiantes universitarios componen una clase aparte. Tienen más contacto que el resto de la población con las actividades políticas de la nación y del mundo. Están más conscientes de los problemas y de sus posibles soluciones. Durante el siglo XX esta conciencia a veces se ha manifestado en forma de actividades importantes para la política nacional. En algunas ocasiones el re-

sultado ha sido la violencia, como ocurrió durante las manifestaciones de los estudiantes mexicanos en Tlatelolco en 1968.[6] En Hispanoamérica los estudiantes
20 universitarios participan activamente en el gobierno de la universidad; por lo general mucho más que sus colegas norteamericanos. La primera manifestación estudiantil del siglo XX fue el movimiento de la reforma universitaria iniciado en la Universidad de
25 Córdoba, Argentina, en 1918. Rápidamente se extendió por el continente y en muchos centros se convirtió en un nuevo sistema de gobierno universitario con mucho poder en manos de las juntas estudiantiles.

> manifestaciones (f) *demonstrations*

> juntas estudiantiles *student councils*

30 Es importante recordar que el sistema de exámenes finales donde el candidato se presenta a fin de curso y el hecho de que la asistencia a clases no es obligatoria dejan al individuo el tiempo necesario para la política. Aunque la mayoría de los cursos son
35 de cuatro o seis años, es bastante común encontrar estudiantes que llevan el doble de ese tiempo sencillamente porque no han querido presentarse a los exámenes.

> presentarse a *present themselves for*

Debido a la división de la universidad en facul-
40 tades especializadas, los centros hispánicos muchas veces no tienen un solo «campus» como en los Estados Unidos. Los estudiantes que asisten a la Facultad de Ingeniería, por ejemplo, no toman clases en otras facultades. Frecuentemente las facultades están en
45 varias partes de la ciudad y por eso la vida estudiantil es distinta.

> debido *due*

La mayoría de los estudiantes viven en casas particulares o en pensiones porque pocas universidades hispánicas tienen residencias oficiales para estu-
50 diantes. Esto también disminuye el sentido de pertenecer a un grupo social que caracteriza la vida estudiantil en las universidades tradicionales en los Estados Unidos.

> pensiones *boarding houses*

> sentido *sense*

Sin embargo, los estudiantes hispánicos también

[6]Tlatelolco *A historical plaza in Mexico City where a student demonstration was stopped by the military. A large number of students died—some people claimed as many as 500, although the government vigorously denied it.*

55 tienen sus actividades sociales—bailes, fiestas, grupos
    dedicados a intereses especiales. Estas actividades son
    casi siempre funciones de los estudiantes de una fa-
    cultad porque se identifican más fuertemente con su
    facultad que con la universidad total. Los grupos
60 musicales, por ejemplo, llamados «tunas» o «estu-
    diantinas» siempre representan una facultad.

    Algunas universidades modernas y otras que han
    sido reconstruidas en el siglo XX sí tienen un centro   sí tienen *do have*
    geográfico donde se encuentran todas las facultades.
65 La Universidad Nacional de México es un ejemplo
    de esta nueva tendencia. Pero el concepto de resi-
    dencias como los «dormitories» norteamericanos no
    es una idea muy común. Básicamente la universidad
    no tiene una función social en la vida del estudiante.
70 Se limita a la función pedagógica.

    El sistema de enseñanza se crea como reflejo de los
    valores sociales del país, pero puede constituir una
    fuerza que actúa sobre esos mismos valores para
    cambiarlos o para modificarlos. Aunque la organiza-
75 ción y la tradición del sistema son básicamente con-
    servadoras, el proceso de educar a los jóvenes es re-
    volucionario y crea las condiciones propias para el
    cambio.

Comprensión

A. Responda según el texto.

1. ¿Por qué no es necesario tener un «campus» central en las universidades
   hispánicas?
2. ¿Por qué es solamente teórico que todos pueden asistir a una universidad?
3. ¿Cuándo y dónde ocurrió el primer movimiento de reforma universitaria
   de este hemisferio?
4. ¿Por qué tienen los alumnos hispánicos más tiempo para participar en el
   gobierno de la universidad?
5. ¿Qué cosas contribuyen al hecho de que la universidad no forma parte
   importante de la vida social de los estudiantes hispánicos?

B. Responda a las siguientes preguntas.

1. ¿Cree Ud. que es bueno tener residencias para estudiantes en las universidades? ¿Por qué?
2. ¿Dónde y cómo vive Ud. mientras asiste a la universidad?
3. ¿Por qué vive donde vive?
4. ¿Está contento(a) o quisiera mudarse?
5. ¿Cree que es mejor que un(a) estudiante universitario(a) viva en casa con sus padres? Explique.

Práctica

I. Ejercicios de vocabulario

A. Indique la palabra que corresponda a la definición.

1. una sección profesional de la universidad	a. bachillerato
2. los profesores	b. colegio
3. curso de estudios secundarios	c. aprobar
4. el conjunto de materias que llevan al título	d. profesorado
5. la escuela secundaria	e. educar
6. lo que estudian los abogados	f. facultad
7. salir bien en el examen final	g. autonomía
8. grupo de profesores que juzgan el examen	h. curso
9. el control sobre sus propios asuntos	i. derecho
10. proceso de formar un adulto	j. tribunal

B. Dé la forma apropiada de la palabra entre paréntesis.

1. el día (escuela) _____
2. la asistencia (obligar) _____
3. la enseñanza (segundo) _____
4. un grupo (estudiante) _____
5. la investigación (ciencia) _____

C. Indique los sinónimos.

1. colocar	a. derecho
2. leyes	b. lugar
3. crecer	c. aumentar
4. enseñanza	d. asentar
5. excelente	e. por separado
6. entrada	f. ingreso
7. aparte	g. instrucción
8. sitio	h. sobresaliente

D. Complete con una palabra relacionada a la palabra entre paréntesis.

1. (conocer)
   a. Es el _____ profesor de español.
   b. Se dedica a aumentar los _____ tecnológicos.
   c. Yo lo _____ en la escuela secundaria.
2. (autorizar)
   a. Necesita la _____ del profesor.
   b. Es un acto _____ ante la ley.
   c. ¿Quién _____ este movimiento?
3. (educar)
   a. Hay necesidad de reforma _____ .
   b. Los padres tienen la responsabilidad de _____ al niño.
   c. Muestra su mala _____ .
4. (obligar)
   a. Cumple con sus _____ .
   b. Es una clase _____ .
   c. Se vio _____ a repetirla.

II. Puntos de contraste cultural

1. ¿Cuáles son algunas implicaciones de la diferencia de modelos universitarios entre el mundo hispánico y el mundo anglosajón?
2. ¿Qué diferencia implica el hecho de que se distingue entre educación y enseñanza en la cultura hispánica mientras que *education* abarca las dos cosas en inglés?
3. ¿Qué diferencias hay en el «currículum» secundario de los dos sistemas?
4. ¿Qué diferencias hay entre el método de control oficial de los sistemas hispánicos y el sistema norteamericano? ¿Cuáles son algunas ventajas y desventajas de cada uno?

III. Debate

Las universidades no deben cobrar la matrícula sino que deben ser mantenidas por el estado.

IV. El arte de escribir: exposición (segunda parte)

Este segundo tipo de exposición no es muy diferente al tipo que vimos en la unidad anterior. Es cuestión de explicar su opinión o su visión de algún tema. Frecuentemente se pueden usar las técnicas siguientes: los ejemplos aclaran las ideas, la descripción es más detallada, hay una comparación o un contraste con algo que el lector ya conoce, etcétera.

Generalmente la exposición es un modo de escribir algo formal. Por eso requiere alguna distancia de la personalidad del autor y es común el uso de la voz pasiva y de las expresiones impersonales. Es de notar que la exposición no trata de convencer al lector que acepte su opinión sino claramente explicarla. Sugiere también el uso de un tono neutral y una actitud objetiva de parte del autor.

Ahora, con unos compañeros de clase escoja las oraciones que son y las que no son apropiadas para una exposición. En el caso de las que no son apropiadas trate de cambiarlas.

1. ¡Ojalá que creas lo que te voy a decir!
2. Es obvio que se trata de una opinión personal.
3. Siempre he pensado que eso es indudable.
4. No dejes de leer ese libro.
5. ¡Qué película más fenomenal!
6. Muchas personas comparten esta opinión.
7. Es necesario entender el origen de esta idea.
8. Esta pintura es muy divertida en su tema.

Ahora, escriba Ud. una exposición sobre una opinión o una interpretación suya de una obra de arte, una película o una novela.

V. Ejercicio de composición dirigida

Dé su opinión personal, utilizando las palabras apropiadas de la lista.

1. la elección de la carrera a los 16 años
   (temprano, arrepentirse, decidirse, joven, maduro, equivocarse, malgastar)
2. la educación vocacional y el estudio de filosofía y letras
   (útil, trabajo, dinero, moralidad, desarrollo, ampliar, mundo)
3. el poder estudiantil contra el poder del profesorado
   (equilibrio, contribución, joven, anciano, exámenes, notas, sistema, democrático)
4. el costo de la educación superior
   (público, privado, impuestos, matrícula, bien social, mejora personal, gratuito, gobierno)

VI. Las noticias

Haga Ud. un resumen de este artículo.

Educación física para EGB

El próximo curso se pondrá en marcha un programa de Educación Física para escolares, contratando a 600 profesores de esta modalidad para la etapa de Educación General Básica y

modalidad *area*

para los centros oficiales. El mencionado programa, conjuntamente elaborado por el Consejo Superior de Deportes y el Ministerio de Educación, tendrá un alcance de cuatro años y al final su intención es lograr tres horas de clase de gimnasia por semana. Asimismo, se van a abrir cuatro nuevos INEF en territorio nacional, en La Coruña, Las Palmas de Gran Canaria, León y Valencia. Se pretende con ello contar con un mayor número de licenciados en Educación Física para crear una base deportiva en los centros escolares.

Asimismo *Also*

INEF Instituto Nacional de Educación Física

«Información cultural» Ministerio de Cultura de España

VII. Situación

Imagine Ud. que puede cambiar de lugar con uno(a) de sus profesores(as). ¿Con cuál cambiaría? ¿Por qué? Ahora, su profesor(a) es un(a) «estudiante». ¿Cómo lo(la) va a tratar? ¿Cómo va a tratar a los estudiantes en general? ¿Da Ud. muchos exámenes? ¿Qué les va a decir el primer día de clase?

UNIDAD 10
La ciudad en el mundo hispánico

Los grandes centros urbanos en Hispanoamérica reflejan el progreso y el desarrollo económico que se han hecho en estos países en las últimas décadas. ¿Qué aspectos tiene Bogotá en común con las grandes ciudades estadounidenses?

VOCABULARIO ÚTIL

Estudie estas palabras antes de leer el ensayo.

almorzar (ue)   to eat lunch
almuerzo   lunch
antiguo, -a   old, antique
asociar   to associate
atracción   attraction
atraer   to attract
banco   bank, bench
barrio   neighborhood, area of a city
campestre   rural
compra   purchase;
   hacer compras   to shop;
   ir de compras   to go shopping
centro   center;
   el centro   downtown
charlar   to chat, converse
edificio   building
esquina   corner (outside)
fuera (de)   out, outside

fundar   to found, create
lazo   tie, connection
museo   museum
núcleo   nucleus, center
piso   floor, story (of a building)
población   population
provenir   to come from
recordar (ue)   to recall, remember
recuerdo   memory
reunirse   to meet, join with
rodear   to surround;
   rodeado de   surrounded by
sabor *m*   flavor, taste
soledad   solitude, loneliness
tesoro   treasure
vecino, -a   neighbor, resident of a "barrio"

ENFOQUE

Según los historiadores, las primeras ciudades de la región mediterránea nacieron de la alianza de varias tribus motivadas por necesidades económicas, sociales y religiosas. Las descripciones de la fundación de las grandes ciudades como Atenas y Roma siempre hacen hincapié en el aspecto religioso: se consultaba con los dioses para saber dónde se debía construir la ciudad. Lo primero que se hacía era consagrar el lugar a un dios cívico, lo que creaba lazos permanentes para la gente, que así no podía abandonar la ciudad. El templo, las ceremonias, los sacerdotes, todo se relacionaba con el lugar. Para los pueblos antiguos la ciudad era el centro de su religión y la razón principal de su existencia. Ésta es la tradición en que se formó la sociedad española.

hacen hincapié en *emphasize*

consagrar   *to consecrate*

Las grandes ciudades indígenas de América tenían orígenes semejantes. Tenochtitlán, el centro de la civilización azteca, fue establecido en el lugar indicado por un dios. Los aztecas eran una tribu del norte, que había vagado por el valle de México, llamado Anáhuac («cerca del agua»), hasta que recibieron la visión maravillosa de un águila, con una serpiente en la boca, posada sobre un nopal. Allí se pararon y construyeron su ciudad sobre un lago, poniendo las casas sobre largas estacas.

vagado *wandered*

águila *eagle*
posada *perched /*
  nopal *(m) cactus*

estacas *stakes, sticks*

La ciudad ejerció siempre una gran atracción sobre el pueblo como el centro de lo bueno de la vida. Esta atracción aumentó durante el Renacimiento europeo[1] con el nuevo papel comercial que asumieron las grandes ciudades mediterráneas.

En esta lectura vamos a examinar algunas de las grandes ciudades hispánicas y las actitudes de los hispanos hacia la vida urbana.

Anticipación

¿Conoce Ud. una ciudad hispánica? Con un(a) compañero(a) de clase, haga una lista de todas las ciudades hispánicas posibles. ¿Cuáles son algunas características de cualquier ciudad grande? ¿Cuáles son las ventajas y las desventajas de la vida urbana?

I. LAS CIUDADES EN EL MUNDO HISPÁNICO

Desde la dominación romana, la historia de España ha sido una historia de ciudades. El concepto romano—y por lo tanto occidental—de civilización se ve en la raíz de la palabra misma: *civitas*, que se re-
5 fería a las asociaciones religiosas y políticas que formaban las asambleas de familias y tribus. En otras palabras, la «civilización» es el resultado de la ciudad.

---

[1]Renacimiento europeo *The Renaissance (or rebirth of classical culture after the Middle Ages) during the 14th and 15th centuries also marked the rise of the city in Western civilization. Cities were centers of culture and, because of the rise of the banking and export-import systems, they became commercial centers of great economic power.*

El espacio en el cual se juntaban las asambleas se lla- | se juntaban *gathered*
maba *urbs*, de donde proviene la palabra urbano.

10   En la península Ibérica, los romanos utilizaron los
centros de población ya existentes y éstos vinieron a
ser los lugares más importantes. Allí se situaron pri- | situaron *situated*
mero las autoridades romanas y después el senado y | senado *senate*
los centros culturales y recreativos.

15   Las invasiones germánicas no cambiaron mucho
esta situación. Los visigodos se adaptaron a la forma
de vida romana, aunque tenían más interés en la sociedad rural del feudalismo. La única ciudad importante de la época visigoda era Toledo, que fue la pri-
20 mera capital de la península. Esta ciudad simboliza la
gloria medieval de España. Fue también el lugar elegido por El Greco[2] cuando éste llegó a España en
1577. Todavía existe su casa, que hoy es un atracción
turística.

25   Cuando los árabes invadieron España, ocuparon
las ciudades que encontraron, pero establecieron su
centro en la ciudad sureña de Córdoba. Gran parte | sureña *southern*
de esta culta y brillante ciudad fue destruida durante | culta *cultured*
la Reconquista por ser símbolo del poder islámico.
30 Sólo queda la mezquita principal como recuerdo de | mezquita *mosque*
su pasado glorioso. Un poco más al sur de Córdoba
está la ciudad de Granada, donde se encuentra la Al-
hambra, el magnífico palacio de los reyes moros. Via- | viajeros *travellers*
jeros extranjeros, entre ellos Washington Irving, se
35 han maravillado ante esta creación de formas geo- | maravillado *marveled*
métricas y abstractas comparable sólo al Taj Mahal
de la India.

La capital actual, Madrid, recién comenzó a ocupar un lugar de importancia en la vida española en
40 el siglo XVI. Fue Felipe II el que trasladó la corte de
Toledo a la comunidad de Majrit en 1560, a fin de
observar la construcción de su propio monumento,
El Escorial.[3] Felipe quería situar la capital en el centro para afirmar la unidad nacional, concepto bas-
45 tante tenue en aquella época. En poco tiempo Ma- | tenue *tenuous*
drid se convirtió en el núcleo de la vida nacional.

[2]El Greco (1541–1614)   *One of Spain's greatest artists, El Greco was born in Crete but came to Spain as a youth.*

[3]El Escorial   *The Moorish name for Madrid was Majrit. Felipe II ordered the construction of El Escorial, a group of buildings containing a church, a monastery and a palace, because of a vow made to St. Lawrence (San Lorenzo) prior to an important victory over the French in 1557.*

Hoy día Madrid es una ciudad de 4.1 millones de habitantes que sintetiza la cultura moderna española. La historia de España se refleja en la Plaza Mayor[4],

50 que recuerda los primeros años de la ciudad, en el Palacio Nacional (antes Palacio Real), en el monumento del Siglo de las Luces, y en la Plaza de España, rodeada de rascacielos modernos. En el Museo del Prado y en el Escorial se encuentra el tesoro ar-

55 tístico de España: obras no sólo de artistas españoles sino también de los holandeses e italianos de los siglos XVI y XVII cuyos países formaban parte del Imperio español.

Otra ciudad española que floreció en el siglo XVI

60 fue Sevilla. Ésta simboliza la España romántica de Carmen, de Don Juan, de los gitanos. La imagen española más conocida en el resto del mundo, y que generalmente se reproduce en los afiches de viajes corresponde a la región de Andalucía en el sur y a

65 su capital, Sevilla. Esta ciudad, que perteneció al reino árabe desde 712 hasta 1248, experimentó su verdadero florecimiento en el siglo XVI, época en que fue el principal puerto fluvial de España. Después del descubrimiento de América, Sevilla se con-

70 virtió en el centro de las grandes casas comerciales que financiaban las nuevas expediciones. Atrajo a gente de toda Europa y su nombre se llegó a asociar con lo exótico, lo romántico y lo misterioso.

Sevilla ha mantenido esa personalidad hasta hoy.

75 La Triana, barrio gitano, el espectáculo de la Semana Santa[5], la famosa feria[6], traen el recuerdo del pasado romántico. Velázquez y Murillo nacieron en Sevilla y la catedral del siglo XV, uno de los mayores edificios

sintetiza synthesizes

Siglo de las Luces Age of Enlightenment / rascacielos (m) skyscrapers / tesoro treasure

floreció flourished

gitanos gypsies

afiches (m) posters

puerto fluvial river port

atrajo it attracted

---

[4]Plaza Mayor *Virtually all Hispanic cities have a main* plaza *or open space surrounded by government buildings and usually the cathedral. It may be called the* Plaza Mayor *or it may bear the name of some national hero or in Mexico it may be called the* Zócalo. *The* Palacio Nacional *is the equivalent of the White House in Washington, D.C. In Buenos Aires it is called the* Casa Rosada *or "Pink House" because of its traditional color.*

[5]la Semana Santa *Holy Week is traditionally one of the more elaborate spectacles in Spain, with religious processions and ceremonies. In Sevilla the passion and fervor of this period are considered to be unequaled anywhere in the world.*

[6]famosa feria *Just as Holy Week is observed with religious fervor, the* feria *or fair of Sevilla which follows it is characterized by a similar, though secular, intensity. Ten square blocks of colorful private booths, a large carnival and numerous restaurants are constructed and serve as the scene of ten days of constant partying. By day the grounds are filled with men and women on horseback or in horse-drawn carriages, dressed in typical costumes. The origin of the* feria *was a stock show, but it has become the major festival of the year for the* sevillanos.

Estos madrileños
pasan la tarde en
un café en la Plaza
Mayor. ¿Cómo pasa
usted la tarde?

góticos del mundo, contiene muchos de los tesoros | góticos *Gothic*
80 traídos del Nuevo Mundo.

    Otra ciudad importante de España es Barcelona,
puerto comercial mediterráneo. A diferencia de Sevilla, Barcelona ha sido siempre el punto de contacto
entre Europa y España. Es considerada hoy día la
85 ciudad más europea de la península. Debido a que
tuvo menos influencia árabe—sólo un siglo—mantiene aún sus lazos romanos y góticos, pero Barcelona es en realidad producto del siglo XIX y de la
revolución industrial. Balenciaga, uno de los crea-
90 dores de la moda femenina, nació allí.

    Barcelona se encuentra en la provincia de Cata-
luña. Esta provincia simboliza la independencia e
individualismo del carácter español. A pesar de los | a pesar de *in spite of*
esfuerzos del gobierno del dictador Franco por im-
95 poner el idioma castellano, el catalán, que es una lengua distinta, todavía dominaba en las calles de Barcelona. Los conocidos pintores Miró y Dalí se
consideraban catalanes antes que españoles. Hoy,

con un gobierno democrático, el catalán se habla
100 oficialmente en toda Cataluña.

Barcelona se enorgullece de su modernidad, mientras que Sevilla pone énfasis en su pasado romántico
y Madrid en sus tradiciones reales e imperiales. Son
tres ciudades que muestran claramente la diversidad
105 de la España de hoy.

Con la importancia de la ciudad, tanto en la península ibérica como en las culturas indígenas, era natural que durante la colonización se pusiera mucho
énfasis en los centros urbanos del Nuevo Mundo.
110 México y Lima eran las ciudades principales de las
colonias, pero Buenos Aires no tardó en cobrar suma
importancia comercial. La Habana, Caracas, Bogotá
y Santiago de Chile asumieron su verdadera importancia en el siglo XIX pero México, Lima y Buenos
115 Aires contienen el pasado colonial.

Como se ha visto, México fue construida sobre la
ciudad imperial azteca de Tenochtitlán. En un acto
simbólico, los españoles construyeron su capital encima de la de los aztecas, esperando reemplazar a éstos
120 como pueblo dominador de Anáhuac. El templo
de forma circular que se descubrió al excavar la ruta
del tren subterráneo, en la década del sesenta, se encuentra conservado en medio de una parada del
metro—lo nuevo y lo antiguo de la ciudad de México.
125 Por ser el centro original de la colonia de la Nueva
España, México siempre ha sido la principal ciudad
del país. Demuestran esta permanencia los edificios
identificados con cada época de su historia: hay una
serie de casas de hidalgos coloniales en la calle Pino
130 Suárez que conduce a la Plaza Mayor, llamada también el Zócalo, donde se encuentra la catedral principal. Al norte se encuentra La Plaza de las Tres Culturas—Tlatelolco—que incluye una plaza azteca, una
iglesia católica y muchos edificios modernos de viviendas públicas.
135 viendas públicas.

Yendo hacia el oeste desde el Zócalo se ve la parte
más moderna de la ciudad, casas del siglo XIX y construcciones modernas. Uno de los edificios más altos
es la Torre Latinoamericana. Lo notable no es su altura—tiene apenas 43 pisos—sino el hecho de que
140

se enorgullece de *takes pride in*

suma *extreme*

encima *on top of*

excavar *to excavate*
tren subterráneo *(m)*
 subway
parada *stop*
metro *subway*

viviendas *housing*

yendo *going*

altura *height*
apenas *only*

contiene un sistema hidráulico que mantiene la presión del agua en que flota el edificio, para que no se
hunda.[7] Con este fondo de lodo mojado el edificio
también sobrevivió los temblores de 1957.

presión pressure
se hunda sink
lodo mud / *mojado* wet
temblores (m) earthquakes

145   Más al oeste se encuentra un recuerdo de la época
del Emperador Maximiliano,[8] el Paseo de la Reforma, una calle ancha con grandes árboles al estilo
europeo. El paseo conduce al Parque de Chapulte-
pec, donde muchos mexicanos van a pasear los do-
150 mingos. En este parque está el magnífico Museo Nacional de Antropología, construido en el siglo XX
para honrar y recordar el pasado indígena.

    Al sur de la ciudad se encuentra la Ciudad Uni-
versitaria, un conjunto de edificios modernos que
155 abarca tres millas cuadradas. Dedicada en 1952, ostenta pinturas murales dentro de la famosa tradición
de Rivera, Orozco y Siqueiros, lo cual crea una vista
impresionante para los casi 200.000[9] estudiantes y
sus 26.000 profesores y representa la visión hacia el
160 futuro de esta ciudad antigua.

ostenta it boasts

    La capital del Perú moderno, Lima, también
muestra el pasado lejano pero con una importante
diferencia: los incas establecían sus centros urbanos
en las montañas y los españoles preferían la costa.
165 Por eso en 1535 abandonaron Cuzco, en los Andes,
que había sido la primera capital. Lima, entonces, no
fue construida sobre las ruinas de una ciudad indígena. Lima fue llamada la Ciudad de los Reyes por
el conquistador Pizarro. Su nombre actual deriva de
170 *Rimac,* nombre quechua del río cercano.

quechua language of the Incas / *cercano* nearby

    Lo que distingue a Lima hoy es su sabor colonial.
La Plaza de Armas, la más importante de la ciudad,
está rodeada de antiguos edificios e iglesias, y la Plaza

---

[7]*para que no se hunda.* *The water-filled subsoil of Mexico City has allowed many buildings to sink—up to fifteen feet in some cases.*

[8]*el Emperador Maximiliano* *Maximilian of Austria was emperor of Mexico for a short time in the 1860s as a result of a French move to acquire a colony with the help of some misguided Mexican conservatives who were disenchanted with the liberalism of the government. Maximilian naively thought the people supported him until he died in front of a firing squad. His beautiful wife, Carlota, who had urged him to assume the position, went insane. The story is one of the great romantic tragedies of world history.*

[9]*200.000 estudiantes* *In Spanish, the functions of the period and comma in cardinal numbers are the reverse of English: e.g., $100.000,00 in Spanish is $100,000.00 in English.*

de la Inquisición[10] recuerda que Lima fue el centro
175 de esa institución en la colonia. La iglesia de Santo
Domingo, construida en 1549, contiene los restos de
Santa Rosa de Lima, la primera religiosa canonizada
del Nuevo Mundo. Esta mujer, Isabel de Flores y de
Oliva, pasó la vida ayudando a los pobres y es consi-
180 derada la creadora del servicio social en el Perú.

    La capital de la República Argentina, Buenos
Aires, fue fundada en 1536 con el nombre de Puerto
de Nuestra Señora de los Buenos Aires—la santa pa-
trona de los marineros sevillanos—y fue destruida
185 poco después por los indios. Aunque fue fundada
por segunda vez, la ciudad no tuvo gran importancia
hasta el siglo XVIII, porque España no permitió que
los productos salieran sino por Lima hasta fines de
ese siglo. Cuando el puerto de Buenos Aires fue
190 abierto al comercio, su posición geográfica le aseguró
un crecimiento continuo. Además la ciudad fomentó
la inmigración de europeos, que continuó durante
un siglo y medio y que dio a Buenos Aires el carácter
único de ser la ciudad más europea de América. In-
195 gleses, alemanes, italianos, franceses y otros europeos
vinieron en grandes números y se establecieron en
diferentes barrios donde mantienen hasta hoy muchas costumbres étnicas y también su lengua nativa.
Las lenguas europeas, especialmente el italiano, han
200 influido mucho en el español que se habla en Buenos
Aires.

    La ciudad actual es uno de los grandes centros
comerciales de todo el continente. Es muy industria-
lizada y tiene las dársenas más grandes de Hispa-
205 noamérica. Muchos de los edificios son relativamente
nuevos porque el crecimiento rápido en el siglo XIX
trajo la destrucción de los edificios viejos a fin de ampliar las calles para el automóvil que comenzaba a
llenar la ciudad. En 1913 se inauguró el servicio de
210 subterráneos, uno de los primeros del mundo. La
Avenida 9 de Julio con sus 480 pies de ancho es la
mayor del mundo. El Centro, o sea el centro finan-

creadora *creator*

marineros *sailors*

sino por *except through*

crecimiento *growth*

dársenas *docks, wharves*

a fin de *in order to* / **ampliar** *to widen*

480 pies de ancho *480-foot width* / **financiero** *financial*

[10]Inquisición *The Holy Inquisition was a major instrument of the Catholic Church in the Counter-Reformation. Its function was to seek out heretics, and it was frequently marked by violence.*

En la Plaza de Mayo, Buenos Aires, se puede ver la Casa Rosada, la residencia
oficial del presidente de la Argentina. Su diseño está basado en el de la Casa
Blanca en Washington, D.C. ¿Por qué usarían la Casa Blanca como modelo?

ciero, es donde están los bancos nacionales y extranjeros, las casas de comercio y las oficinas más impor-
215   tantes.
    Buenos Aires es el ejemplo perfecto de la ciudad
que sintetiza la nación y la domina con su poder económico y su energía perpetua.

Comprensión

A. Responda según el texto.

1. ¿Cuál de las tres ciudades españolas es la más romántica? ¿la más
    grande? ¿la más comercial?
2. ¿Qué palacio se encuentra en Granada?
3. ¿Cuál fue el centro de los árabes en España?
4. ¿Por qué se construyó la ciudad de México sobre Tenochtitlán?

5. ¿Por qué no se hizo lo mismo en el Perú?

6. Cuáles son las ciudades más grandes de Hispanoamérica?

B. Responda a las siguientes preguntas.

1. ¿Piensa viajar por el mundo hispánico? ¿Adónde quisiera ir primero? ¿Por qué?

2. ¿Cuál de las ciudades descritas le parece más interesante? ¿Por qué?

3. ¿Prefiere viajar en avión de una ciudad a otra? ¿en tren? ¿haciendo autostop *(hitchhiking)*? ¿Por qué?

4. ¿Le gusta más viajar principalmente por centros urbanos o prefiere el campo y los pueblos pequeños? Explique.

5. ¿Qué elementos de la ciudad atraen al turista? Explique.

II. EL ASPECTO FÍSICO DE LA CIUDAD HISPÁNICA

Hay ciertos aspectos físicos casi universales en la típica ciudad hispánica. En primer lugar, las grandes ciudades son más antiguas que las ciudades norteamericanas y retienen por lo tanto un sabor más antiguo. Aun las del Nuevo Mundo fueron fundadas en el siglo XVI. Tienden a tener calles estrechas con los edificios muy juntos a la calle. Claro que existen secciones nuevas con calles anchas construidas para el automóvil, pero esto es más típico de las afueras que del centro de la ciudad. Por lo general, ha habido menos tendencia a derribar los edificios antiguos que en los Estados Unidos: se reforman por dentro y por fuera mantienen su apariencia original.

Otro aspecto notable de muchas ciudades hispánicas es la falta de simetría de las calles: corren en todas direcciones sin preocuparse por los ángulos rectos, lo cual crea cruces de una complicación formidable donde se cruzan seis u ocho calles en un mismo punto. Tanto en España como en América continúan el plan europeo de usar círculos para el tránsito de estos cruces. Los círculos frecuentemente contienen monumentos, fuentes, estatuas u otros elementos decorativos.

estrechas *narrow*

afueras *outskirts*

derribar *to tear down*
se reforman *they are remodelled*

ángulos rectos *right angles* / cruces *intersections*
cruzan *cross*

estatuas *statues*

En general, las ciudades han crecido alrededor de
25 una plaza central donde se encuentra la catedral, la
casa de gobierno, los bancos, los negocios grandes y
los mayores hoteles. Se han añadido otras plazas menores en un patrón al azar, que forman los centros
de los barrios residenciales de la ciudad.

30 Lo más típico es encontrar alrededor de las plazas
menores una iglesia, varias tiendas pequeñas, un café
al aire libre, el quiosco de diarios y revistas y otras
necesidades de la vida de los vecinos. Cada habitante
de la ciudad vive a poca distancia de una de estas
35 plazas y es allí donde hace sus compras diarias. La
plaza del barrio es también un lugar de mucha actividad social—allí la gente se pasea, los ancianos jubilados se reúnen para charlar con sus amigos y es el
lugar preferido de los vendedores ambulantes. La
40 plaza generalmente tiene árboles y bancos públicos y
a veces un quiosco de música donde la banda local
ofrece conciertos casi todas las noches.

La gente en su gran mayoría vive en grandes edificios de apartamentos—frecuentemente «condomi-
45 nios», lo que produce una concentración de población relativamente alta. De esta manera las ciudades
no se desarrollan como las ciudades norteamericanas
de igual población. Esta concentración resulta en
ciertas ventajas y ciertas desventajas. Las distancias
50 son cortas, el transporte público es muy eficaz y muy
usado y es menor la necesidad de un automóvil particular. En cambio el amontonamiento de gente en
todas partes, el tráfico abrumador y el ruido callejero pueden ser desagradables. Sin embargo, los
55 habitantes se acostumbran a los aspectos negativos y
gozan de una vida activa e intensa.

alrededor de   around

*patrón al azar   random
pattern*

*café al aire libre   sidewalk
cafe / quioso... revistas
newsstand*

jubilados   retired

*vendedores ambulantes
street vendors*

amontonamiento   crowding
*abrumador   overwhelming /
ruido callejero   street
noise*

Comprensión

A. Complete según el texto.

1. Tres cosas que se encuentran con frecuencia en los círculos de tráfico
   son _____ .

2. Por lo general, un edificio que se suele ver en la plaza central es _____ .

3. Mucha de la actividad social de un barrio ocurre en _____ .

4. Las ventajas de concentrar la población en relativamente poco espacio son _____ .

5. Las desventajas son _____ .

6. Los habitantes de las ciudades típicamente gozan de una vida _____ .

B. Responda a las siguientes preguntas personales.

1. ¿Piensa Ud. vivir en una ciudad después de terminar los estudios? ¿Por qué?

2. ¿Prefiere vivir en una casa separada o en un apartamento? ¿Por qué?

3. ¿Qué elementos de las ciudades le atraen más?

4. ¿Le gusta la ciudad en que está su universidad? Explique.

5. ¿Utiliza Ud. el transporte público? ¿Por qué sí o por qué no? ¿Hay un sistema bueno donde Ud. vive?

III. LA VIDA URBANA

La vida diaria del habitante de una ciudad hispánica se concentra en el barrio. Es aquí donde es conocido y donde conoce a sus vecinos. Cuando hace buen tiempo tiene una fuerte tendencia a salir a la calle en
5 busca de contacto humano.

Prefiere hacer sus compras en las pequeñas tiendas especializadas del barrio. Estas tiendas son comúnmente **negocios** familiares que pertenecen a una familia local. Ir de compras, que generalmente se
10 hace a pie, se convierte en una ocasión social. A la persona hispánica—gregaria por naturaleza—no le atrae mucho la anonimidad de los grandes supermercados ni los grandes **almacenes**, aunque sí existen éstos en todas las ciudades. Los dueños de las pa-
15 naderías, carnicerías, pescaderías, fruterías, lecherías, **papelerías**, tabaquerías, **ferreterías**, farmacias, etc. consideran parte de su servicio el conocer los gustos de sus clientes regulares y también a las familias de éstos. Es muy importante charlar un rato con la per-
20 sona que ha llegado a comprar algo, especialmente si

negocios   *stores*

almacenes   *department stores*

papelerías   *stationery stores* / ferreterías *hardware stores*

ha ocurrido un cambio en el gobierno o la política del momento.

Generalmente, las personas que tienen que trabajar fuera del barrio vuelven a casa a almorzar. Puesto que es todavía común en varios países observar la siesta del mediodía, todo se cierra por unas tres horas después de la 1:00. Los niños vuelven de la escuela y es en este período que las familias tienen su comida principal del día. Algunos aprovechan esta oportunidad para pasar un rato en el café charlando con los amigos o para pasearse por la plaza en los días de sol. A las 3:00 o 4:00 de la tarde los niños vuelven a la escuela y los padres al trabajo para completar la jornada—hasta las 7:00 u 8:00 de la noche. Con esta división del día no sorprende que la cena, generalmente una comida ligera, no se coma hasta las 9:00 o 10:00 de la noche.

Lo más importante de este estilo de vida es el sentido de comunidad que mantiene frente a la gran masa impersonal de las grandes ciudades modernas. En las calles del barrio, o en la plaza, o reunida con los amigos en el café de la esquina, la persona no sufre la crisis de identidad. Aun cuando hace las tareas diarias—ir de compras, ir al trabajo, etc.—se siente rodeada de vecinos que saben que uno existe y que se preocupan por su bienestar.

Los grandes edificios con sólo una puerta y largas paredes de ladrillo no son frecuentes en las ciudades hispánicas como en las ciudades norteamericanas. La presencia de tiendas pequeñas en los pisos bajos parece mantener el sentido de una escala humana e invitan al caminante en vez de intimidarlo. La presencia de cafés al aire libre, aun en las calles más congestionadas, y los vendedores, siempre listos a opinar sobre los acontecimientos del día, también favorecen el contacto personal. Y, claro, el hecho de que la gente hispánica vive en la calle por preferencia—de compras, en el café, paseándose—ayuda mucho al habitante de la ciudad hispánica a resistir la soledad tan endémica en la gran ciudad moderna.

jornada *day's work*

bienestar *welfare*

paredes de ladrillo *brick walls*

pisos bajos *ground floors*

caminante *pedestrian*

paseándose *strolling around*

Comprensión

A. Decida si las siguientes frases son verdaderas o falsas. Corrija las falsas.

 1. En la ciudad hispánica los vecinos raramente se conocen.
 2. A la persona hispánica le gustan las tiendas pequeñas.
 3. Para la mayoría de los hispanos la comida más importante se come un poco después del mediodía.
 4. En el mundo hispánico la vida social en la calle no tiene importancia.

B. Responda a las siguientes preguntas personales.

 1. ¿Conoce Ud. a muchos de sus vecinos? Explique.
 2. Cuando Ud. va de compras, ¿prefiere las tiendas pequeñas o los almacenes grandes? ¿Por qué?
 3. ¿Va Ud. de compras frecuentemente? Explique.
 4. ¿Qué cosas le gusta comprar? ¿Qué no le gusta comprar? ¿Por qué?

IV. EL SIGNIFICADO DE LA CIUDAD EN EL MUNDO HISPÁNICO

Como se ha visto, existen grandes ciudades hispánicas, cada una con personalidad distinta. Su importancia se basa en consideraciones económicas y políticas y es claro que cada ciudad funciona como imán para los habitantes del país. Las estadísticas indican que actualmente la tasa de crecimiento de las ciudades llega al doble de la población total. Fuera de los problemas obvios, como la incapacidad de los centros urbanos de asimilar a tantas personas, y el desempleo, la pobreza y el descontento social resultantes, existen otros factores negativos. El éxodo de gente del campo es cada vez más grave: España, antes predominantemente rural, sólo cuenta hoy con una fuerza agrícola del treinta y tres por ciento de los trabajadores. Esta gran migración también efectúa cambios profundos en algunas de las antiguas instituciones de la cultura: la familia, la iglesia y la moral tradicional pierden algo de su importancia cuando las personas cortan sus raíces rurales para mudarse a los centros urbanos.

imán *(m)* *magnet*
estadísticas *statistics*
tasa *rate*

asimilar *to assimilate*
resultantes *resulting*

cortan *cut*
mudarse *to move*

Si estos problemas son graves ahora, el futuro promete algo espantoso. Se anticipa que el porcentaje de
población urbana en Latinoamérica subirá del cuarenta y nueve por ciento actual al ochenta por ciento
25 en el año 2000. En números absolutos irá de
102.000.000 de habitantes urbanos en 1960 hasta
608.000.000 en el año 2000. En ese caso, una ciudad
como México contaría con cerca de 30.000.000 de
habitantes; ¡tres veces más que la población actual de
30 Nueva York! El dilema es obvio. Si el gobierno mejora las condiciones de los servicios sociales, viviendas, trabajos, etc., atraerá a más gente. Además quedaría sólo un 20% de la población del continente
para producir los comestibles necesarios para el otro
35 80%, lo que sería difícil aun con los métodos más
mecanizados de agricultura.

A pesar de estos problemas abrumadores, las ciudades continúan teniendo sus atractivos: la esperanza
de trabajo, la disponibilidad de inventos nuevos para
40 aliviar las tareas de la vida, la proximidad a los centros de poder, las diversiones tanto culturales como
recreativas.

En el siglo XIX un argentino, Domingo Faustino
Sarmiento,[11] formuló una interpretación de la socie-
45 dad hispanoamericana a través del conflicto entre «la
civilización y la barbarie». Con la «civilización», Sarmiento identifica a la ciudad de Buenos Aires y con
la «barbarie» a la pampa argentina. Este concepto
sirvió como base del pensamiento hispanoamericano
50 durante todo un siglo. La actitud hispánica hacia la
ciudad como centro de la civilización todavía existe
como valor básico de la vida y como lo dijo hace más
de un siglo Sarmiento: «... veremos... la campaña
sobre las ciudades, y dominadas éstas en su espíritu,
55 gobierno, civilización, formarse al fin el gobierno
central unitario, despótico, del estanciero Juan Manuel de Rosas, que clava en la culta Buenos Aires el

promete promises
espantoso horrible

disponibilidad availability

barbarie (f) barbarism

campaña countryside

estanciero rancher
clava buries

[11]Domingo Faustino Sarmiento (1811–1888) *Sarmiento was one of Spanish America's greatest essayists.
He felt that the future of Argentina lay in allowing the cities, with their higher level of culture and civilization,
to dominate the provincial areas. His long essay (of 1845) on a brutal gaucho named Juan Facundo Quiroga
showed how the rural element was backward and primitive. Juan Manuel de Rosas was the dictator, from the
provinces, who exemplified the harm done when the gaucho achieved political dominance.*

cuchillo del gaucho y destruye la obra de los siglos,   cuchillo *knife*
la civilización, las leyes y la libertad».

Comprensión

A. Responda según el texto.

1. ¿Qué porcentaje de los trabajadores españoles constituye la fuerza agrícola?
2. ¿Qué instituciones tradicionales sienten el efecto de la migración hacia la ciudad?
3. ¿Cómo crecerá la población urbana de Latinoamérica para el año 2000 si sigue el curso actual?
4. ¿Cuáles son algunas atracciones que ofrece la ciudad?
5. ¿Qué significaba «civilización y barbarie» para Sarmiento?

B. Responda a las siguientes preguntas personales.

1. ¿Cree Ud. que la vida urbana es mejor que la vida del campo? ¿Por qué? ¿Cuáles son algunas ventajas y desventajas?
2. ¿Preferiría criar a sus hijos fuera de la ciudad? ¿Por qué?
3. ¿Dónde nació Ud., en una ciudad o en el campo?
4. ¿Cree Ud. que las computadoras van a cambiar la situación de donde uno tiene que trabajar?
5. En su opinión, ¿cuáles serían las condiciones de vida ideales?

Práctica

I. Ejercicios de vocabulario

A. Complete con una palabra relacionada a la palabra entre paréntesis.

1. (urbano)
   a. El proceso de _____ es constante.
   b. Los centros _____ atraen a la gente.
   c. La población del mundo se _____ cada vez más.
2. (unir)
   a. La ciudad _____ la oportunidad y la dificultad.
   b. La gente de la ciudad está más _____ .
   c. Los Estados _____ es un país norteamericano.
3. (centro)
   a. En las ciudades hispánicas siempre hay una plaza _____ .

    b. La actitud etno- _____ es común.

    c. La ciudad es el _____ de los servicios.

4. (imperio)

    a. La política _____ existe siempre.

    b. La capital de la España _____ fue Madrid.

    c. El _____ hace difícil las relaciones entre países.

5. (descubrir)

    a. Colón fue el _____ del Nuevo Mundo.

    b. Sus _____ sorprendieron a los europeos.

    c. Las islas del Caribe fueron _____ en 1492.

B. Indique los sinónimos.

1. anciano		a. oeste
2. comienzo		b. indicar
3. comercio		c. principio
4. caminante		d. opuesto
5. monarca		e. negocios
6. nativo		f. antiguo
7. sacerdote		g. indígena
8. contrario		h. peatón
9. señalar		i. cura
10. occidente		j. rey

II. Puntos de contraste cultural

1. La tradición anglosajona es de comunidades pequeñas y rurales. La mediterránea es bastante distinta. Hoy día, ¿cuáles son las diferencias entre una y otra tradición?

2. ¿Cree usted que lo más valioso de una sociedad está en los centros urbanos o en el campo? ¿Existe una actitud antiurbana en los Estados Unidos?

3. ¿Qué diferencias existen entre los problemas de urbanización en Hispanoamérica y en los Estados Unidos?

4. ¿Qué diferencias hay entre la orientación de la vida urbana en las dos regiones?

III. Debate

A causa de la contaminación y el crimen es mejor criar a los niños en el medio rural en vez del urbano.

IV. El arte de escribir: repaso

De aquí en adelante esta sección sugerirá algunos temas de composición para que usted utilice todas las estrategias que ha aprendido. También repasaremos los puntos más importantes de las unidades anteriores.

Escriba Ud. una composición que resuma lo que dice el texto sobre dos de las ciudades principales. No se olvide de enumerar lo que dice el texto y poner la lista en orden lógico. Luego decida cuáles de los detalles va a incluir y cuáles no son necesarios.

V. Las noticias

Indique Ud. los puntos principales de este artículo.

La oposición municipal de Sevilla garantiza que no pretende paralizar la Expo (19)92

Los tres portavoces de la oposición municipal de Sevilla garantizaron el miércoles 21 al comisario de la Expo 92, Manuel Olivencia, que sus iniciativas judiciales contra la ordenación urbanística del recinto donde se levantará la muestra no entorpecerán «en ningún caso» el desarrollo de los trabajos de la exposición. Pese a ello, los tres grupos de oposición mantienen el propósito de interponer un recurso contencioso, para conseguir que el Ayuntamiento adquiera competencias sobre los terrenos de la Expo 92 en su opinión invalidadas por la Junta de Andalucía.

portavoces *spokespersons*

ordenación *development*
recinto *area* / muestra
show / entorpecerán
will obstruct

Pese a ello *Despite that*
recurso *appeal*

competencias *authority*
Junta *regional government*

El País Internacional

VI. Situación

Imagine que usted es un gran arquitecto que ha recibido una comisión de planear una ciudad nueva para 100.000 habitantes. ¿Cómo sería su ciudad? ¿Cómo viviría la gente? ¿En casas? ¿apartamentos? ¿condominios? Para usted, ¿qué aspectos serían más importantes en el plan? ¿Las diversiones? ¿los centros comerciales? ¿el transporte? ¿las viviendas?

UNIDAD 11

Los Estados Unidos y lo hispánico

Se ve la presencia de las grandes instituciones bancarias estadounidenses por casi todo el mundo. ¿Por qué querría establecer Citibank una sucursal en la Ciudad de Panamá?

VOCABULARIO ÚTIL

Estudie estas palabras antes de leer el ensayo.

acuerdo accord, agreement;
  ponerse de acuerdo to reach an
  agreement
aliado, -a allied, ally
amenazar to threaten;
  amenaza threat
amistad friendship
caracterizar to characterize
ciudadano, -a citizen
compartir to share
conseguir (i) to acquire, get
enemistad enmity
enfrentarse (a) to confront, face
firmar to sign

hacia toward
imponer to impose, force on
lograr to manage, achieve, get
mutuo, -a mutual
peligro danger
pérdida loss
político, -a political, politician;
  la política policy, politics
proclamar to proclaim, announce
quejarse to complain
reconocer to recognize
rechazar to reject, refuse
tratado treaty

ENFOQUE

Al examinar la historia de las relaciones entre los Estados Unidos y los países hispánicos lo que maś sorprende es la larga tradición de desconfianza y de sospechas mutuas que la han caracterizado. Tal vez sea por las grandes desigualdades económicas, o por las profundas diferencias culturales y religiosas, pero lo cierto es que no se encuentran muchas ocasiones que revelen verdadera amistad o alianza política. En el caso de España sería posible atribuir esto a la falta de intereses comunes y al hecho de que la mayor parte del territorio de los Estados Unidos perteneció en una época al imperio español. Después de todo, España era un país colonizador que se identificaba con Europa, pero ése no era el caso de los países hispanoamericanos. Todos comparten varias tradiciones: el pasado colonial, las guerras de independencia, la proximidad geográfica y el americanismo que ésta produce, un liberalismo fundamental nacido en el siglo XVIII. Sin embargo, lejos de verificar la teoría

desconfianza *distrust /*
sospechas *suspicions*

de Herbert Bolton[1] sobre «el destino común de las naciones americanas», la realidad ha sido otra. El análisis de la historia de las relaciones interamericanas resulta relativamente pesimista.

Esta unidad repasa la historia de esas relaciones y busca algunas causas importantes.

Anticipación

¿Qué sabe Ud. de las relaciones interamericanas? ¿Sabe cuándo ocurrió la guerra entre México y los Estados Unidos? ¿Entre España y los Estados Unidos? ¿Cómo fue que los Estados Unidos logró tener control sobre el canal de Panamá? ¿Qué otras cosas ha estudiado sobre este tema? Con un(a) compañero(a) de clase, haga una lista. Prepárese para presentar su lista a la clase.

I. LOS ESTADOS UNIDOS, ESPAÑA Y LA INDEPENDENCIA AMERICANA

Los primeros contactos importantes entre los Estados Unidos y España ocurrieron en el siglo XVIII. Debido a una larga historia de conflictos entre España e Inglaterra, los españoles apoyaban el movimiento   *apoyaban* supported
5 de independencia en las colonias inglesas. Esta posición se basaba más en el deseo de ver la pérdida de las colonias que en los principios filosóficos. El imperio español compartía una larga frontera con las colonias inglesas y francesas (aproximadamente a lo   *a lo largo* along
10 largo del río Misisipí). Sin duda, España pensaba que sería más fácil defender esta frontera contra la nueva nación pequeña—los Estados Unidos—que contra Inglaterra.

Sea cual fuere el motivo, la realidad es que los es-   *sea cual fuere* whatever
15 pañoles, aliados con los franceses, comenzaron a in-   might have been /
comodar a los ingleses en Europa, especialmente en   incomodar to harass
Gibraltar, la colonia inglesa estratégicamente situada en la península para controlar la entrada al mar

---

[1]Herbert Bolton   *One of the best-known historians of the Southwestern United States.*

Mediterráneo. El ataque español comprometió a la
20 marina inglesa en Europa en el momento más grave
de la guerra en América. No se sabe si esto cambió
el resultado de la lucha pero indudablemente acortó
la guerra y facilitó la victoria de las trece colonias.

Poco después comenzó el largo proceso de pérdi-
25 das coloniales para España, que siguió hasta 1898,
cuando se enfrentó a los Estados Unidos. España cedió el territorio del río Misisipí (conocido como Luisiana) a Francia, y poco después, se vio obligada a
vender la región que ahora es el estado de Florida.
30 Además, inspirados por el ejemplo norteamericano,
los criollos hispanoamericanos también lograron se-
pararse de la madre patria. Ya para 1830 el imperio
español se había reducido a las islas del Caribe, las
Filipinas y algunas colonias pequeñas en la costa de
35 África. Los Estados Unidos fueron uno de los primeros países en reconocer la legalidad de las nuevas
naciones, con expresiones de simpatía ideológica y
moral. Declararon su apoyo en la famosa Doctrina
Monroe (1823) que proclamaba la soberanía del
40 hemisferio sobre su propio destino y decía además
que los Estados Unidos no mirarían con indiferencia
cualquier tentativa de imponer un sistema europeo
en el continente.[2]

Después de esta época, el problema básico en las
45 relaciones entre España y los Estados Unidos hasta
1898 fue el caso de la isla de Cuba. Aunque Cuba
fue parte del imperio, siempre existieron sentimientos de independencia. Los Estados Unidos, al mismo
tiempo, valoraban la isla y no hay duda de que que-
50 rían anexarla a la unión norteamericana. Había más
posibilidades que esto ocurriera si Cuba era independiente y no una colonia española. En 1848, los Estados Unidos se ofrecieron a comprar el territorio ale-
gando como motivo el peligro de que cayera en
55 manos de otro poder europeo. El Presidente Buchanan ofreció $50.000.000, pero en 1854 se llegó a
ofrecer $120.000.000 por la isla. En ese mismo año

comprometió *committed, engaged* / marina *navy*

acortó *(it) shortened*

simpatía *congeniality*

soberanía *sovereignty, rule*

valoraban *valued*

---

[2]Doctrina Monroe *So called because it was expressed by President James Monroe in a message to Congress in 1823.*

el gobierno norteamericano tomó una posición algo
agresiva basada en el peligro que podría representar
60 Cuba para los Estados Unidos: si la isla cayera en
manos de otro poder o si siguiera importando esclavos africanos—que eran ya un problema en los Estados Unidos—los Estados Unidos tendrían el derecho
de tomarla por la fuerza. Esta política, que siguió en
65 efecto hasta fines del siglo, sirvió de base a la invasión de 1898.

En 1895 los Estados Unidos comenzaron a sentirse
suficientemente fuertes como para apoyar la rebelión
iniciada años antes por los patriotas cubanos bajo la
70 inspiración de José Martí. Ya para 1898 el sentimiento a favor de la guerra era tal entre el pueblo
norteamericano que habría sido difícil evitarla.
Cuando el acorazado *Maine* explotó en el puerto de
La Habana, la causa, desconocida hasta ahora, fue
75 atribuida a una mina explosiva colocada por los españoles. En abril de 1898, el Presidente McKinley pidió
al congreso permiso para entrar en la guerra entre
Cuba y España.[3] Alegó como justificación cuatro razones: 1) el deseo humanitario de poner fin a la ma-
80 tanza, 2) la necesidad de proteger a los ciudadanos
norteamericanos residentes en Cuba, 3) la protección
del comercio entre Cuba y los Estados Unidos, 4) la
amenaza que significaba la guerra para los estados
situados a poca distancia de la isla. Es interesante
85 comparar estas razones con las ofrecidas en el caso
más reciente de Granada. La guerra duró menos de
un año, durante el cual la marina norteamericana
tomó Cuba, Puerto Rico y las Filipinas. El tratado de
paz firmado en París en diciembre de 1898 cedió las
90 Filipinas, Puerto Rico y la isla de Guam a los Estados
Unidos y dejó a Cuba bajo el control de una fuerza
norteamericana de ocupación. La guerra marcó el fin
del imperio colonial de España en América. A causa
de ella, surgió en la península un movimiento cul-
95 tural llamado la Generación del 98, que buscaba la

suficientemente fuertes
strong enough

acorazado   *battleship*

matanza   *slaughter*

surgió   *there arose*

[3]guerra entre Cuba y España   *Called the Spanish-American War in U.S. history. It began as a struggle by Cuba for independence. José Martí was one of the inspirational leaders of the movement. The Hearst newspapers were in a circulation war with the Pulitzer papers, and both sent reporters to Cuba to file sensational stories which had the effect of inflaming public opinion in the U.S. The Maine incident was the final factor.*

causa de la decadencia de España y la manera de volver a la grandeza anterior.

En la actualidad las relaciones entre España y los Estados Unidos incluyen cuestiones sobre las bases
100 militares que éstos tiene en España, las relaciones comerciales, ahora que España está en la Comunidad Económica Europea, y la presencia de España en la OTAN.[4]

Comprensión

1, Apoyaban el movimiento de independencia en las colonias inglesas.

A. Responda según el texto.

1. ¿Cómo ayudó España a las trece colonias?
2. ¿A quién cedió España la tierra de Luisiana? *a Francia*
3. ¿Cómo quedó el imperio español después de 1898? *La guerra marcó el fin del imperio colonial de España en América,*
4. ¿Qué es la Doctrina Monroe?
5. ¿Qué quería hacer Buchanan con Cuba? *El quería comprarla,*
6. ¿Quién era José Martí? *Era uno de los líderes de la rebelión.*
7. En la actualidad, ¿en qué se basan las relaciones entre España y los Estados Unidos? *Las relaciones incluyen cuestiones sobre las bases militares, relaciones comerciales, y la presencia de España en la OTAN.*

B. Responda a las siguientes preguntas personales.

1. ¿Sigue Ud. las noticias internacionales? ¿Dónde consigue la mayoría de su información?
2. ¿Cree que hay medios de comunicación libres de prejuicios? ¿Cuáles son?
3. ¿Cree que las cadenas *(networks)* de televisión presentan las noticias sin prejuicios políticos? Explique.
4. ¿Cuáles son los países con los que los Estados Unidos tienen las mejores relaciones tradicionalmente?
5. ¿Con qué otros países tienen los Estados Unidos relaciones importantes?

II. LOS ESTADOS UNIDOS Y LAS NUEVAS NACIONES AMERICANAS

In addition to recognition

Además del reconocimiento diplomático de Cuba, los Estados Unidos se ocuparon durante el siglo XIX de las fronteras con Texas y California, que todavía res-   restringían *restricted*

---

[4]OTAN Organización del Tratado del Atlántico del Norte—*the North Atlantic Treaty Organization or NATO in English.*

tringían la expansión norteamericana, por pertene-
5 cer a México. La Doctrina Monroe fue ampliada para
incluir no sólo una prohibición de la colonización
sino también de cualquier intervención diplomática.
Esto se hizo porque el Presidente Polk temía que los
europeos se metieran en el problema de Texas, pero   se metieran *would meddle*
10 fue el principio de una política dominadora de los
Estados Unidos hacia México. Los Estados Unidos
ayudaron a los texanos y también a los ciudadanos
de California que buscaban la independencia de
México. Al lograr la independencia, Texas pidió in-
15 corporarse a los Estados Unidos. La petición fue
aceptada y México—aunque no se hallaba en condiciones de sostener esta lucha—inmediatamente declaró la guerra contra los Estados Unidos. Por el tratado de Guadalupe Hidalgo (1848),[5] que puso fin a
20 la guerra, los mexicanos se vieron obligados a aceptar la pérdida de casi la mitad de su territorio nacional, incluidos Texas, California, Nuevo México,
gran parte del estado de Arizona y toda la región al
norte de estos estados. Cinco años más tarde, por el
25 Tratado de Gadsden, los Estados Unidos compraron   faja *strip*
otra faja de tierra en el sur del estado de Arizona
porque ofrecía una ruta hacia el Océano Pacífico,
algo que el gobierno consideraba necesario para el
desarrollo de California. Como consecuencia, el go-
30 bierno mexicano quedó en pésimas condiciones, lo   en pésimas condiciones
que preparó la situación para la primera verdadera   *in a terrible situation*
prueba de la Doctrina Monroe.   prueba *test*

Debido al costo de la guerra contra los Estados
Unidos, el gobierno mexicano bajo Benito Juárez se   se... a *had to*
35 vio obligado a suspender el pago de los préstamos   préstamos *loans*
que le habían hecho varios gobiernos europeos. In-
glaterra, Francia y España se pusieron de acuerdo
sobre la necesidad de intervenir con una fuerza militar para proteger sus intereses.[6] En realidad, veían

---

[5]Tratado de Guadalupe Hidalgo *This treaty, signed in 1848, ended the war between the U.S. and Mexico. Most of what is now the western U.S. was ceded by Mexico. The Treaty of Paris ended the Spanish-
American War in 1898. Puerto Rico became a colony of the U.S. and its citizens were granted most of the
rights and privileges of U.S. citizenship, including unrestricted immigration to the mainland.*

[6]para proteger sus intereses *Default on debt payments was mainly an excuse. Napoleon III sent Maximilian, Archduke of Austria, to take over and become Emperor of Mexico. A large group of Mexican conservatives supported this ill-fated move.*

40 la posibilidad de establecer una colonia en América.
El más interesado era Napoleón III, que tramó el
plan y mandó a Maximiliano a México. A pesar de
que la Doctrina Monroe prohibía tal invasión, los Estados Unidos, que en ese momento se hallaban en
45 medio de la Guerra Civil, no pudieron evitarla y los
mexicanos tuvieron que defenderse solos sin la
ayuda de los Estados Unidos.

    Durante la segunda mitad del siglo XIX, los Esta-
dos Unidos siguieron una política de expansión. Una
50 tentativa de conseguir más territorio de México fra-
casó cuando el Congreso rechazó el tratado. El gobierno de la República Dominicana pidió ser incorporado al territorio de los Estados Unidos y éstos
pasaron unos años tratando de conseguir la isla.[7] El
55 Presidente Grant justificó este paso en términos comerciales y humanitarios: quería detener la importación de esclavos africanos en el Caribe. Pero la única empresa que tuvo éxito fue la compra de Alaska
de los rusos.

60   Otra cuestión que interesaba a los Estados Unidos
en esta época era la posibilidad de construir un canal
en Centroamérica. El mejor lugar para el canal era
el istmo de Panamá, que formaba parte de Nueva
Granada, ahora Colombia. El tratado con Nueva
65 Granada en 1846 y el Tratado Clayton-Bulwer con
Inglaterra en 1850 tenían como propósito asegurar
los derechos de los Estados Unidos sobre cualquier
canal o ferrocarril que fuera construido en la región.
El tratado con Inglaterra también buscaba imponer
70 límites al establecimiento de colonias inglesas en la
región y comprometía a los Estados Unidos a garantizar la neutralidad de un futuro canal. Proclamó,
además, que cualquier canal del futuro no sería propiedad de los Estados Unidos.

75   Así era la situación a fines del siglo XIX. Hasta ese
momento las relaciones entre todos los países americanos habían demostrado cierta unidad contra las

---

tramó *conceived*

rechazó *rejected*

paso *step*

empresa *undertaking,
venture* / rusos
Russians

istmo *isthmus*

propósito *purpose, intent*

comprometía *committed*

[7]la isla *The island of Santo Domingo had been divided into Haiti and the Dominican Republic. Haiti, a
former French colony, constituted a base for French colonial incursions. Because of that and the Dominican
Republic's strategic value, interests in the U.S. were continually trying to take it. Also, the island was a slave
port and after the Civil War the U.S. was strongly anti-slavery.*

continuas amenazas europeas. La Doctrina Monroe no parecía ser un documento imperialista, sino uno

80 que afirmaba la independencia de todas las naciones americanas. La última década del siglo, sin embargo, abrió una nueva época en las relaciones interamericanas, caracterizada por declaraciones de unidad cada vez más fuertes y por actos cada vez más agre- *cada... fuertes* *stronger and stronger*

85 sivos de parte de los Estados Unidos.

Comprensión

A. Complete según el texto.

1. El tratado de Guadalupe Hidalgo puso fin a _____ .
2. Los Estados Unidos ganaron una ruta hacia el Océano Pacífico por _____ .
3. Napoleón III era el líder europeo más interesado en _____ .
4. En el siglo XIX los Estados Unidos se interesaban en _____ en Panamá.
5. El Tratado Clayton-Bulwer buscaba imponer límites al _____ en Centroamérica.
6. La Doctrina Monroe parecía afirmar _____ .

B. Responda a las siguientes preguntas.

1. ¿Cree Ud. que las relaciones interamericanas merecen más o menos atención del gobierno? Explique.
2. ¿Cree que las relaciones con México son más importantes que las relaciones con los otros países hispanoamericanos? ¿Por qué?
3. ¿Con qué país hispano parecen ser las relaciones mejores hoy día? ¿peores? ¿Por qué?
4. ¿Cree Ud. que las economías hispanoamericanas van a mejorarse en el futuro cercano? Explique.

III. EL PANAMERICANISMO Y «EL COLOSO DEL NORTE»

En 1889, a petición de los Estados Unidos, tuvo lugar la primera reunión panamericana en Washington. Hubo otras en 1902 en México, 1906 en Río de Janeiro y en 1910 en Buenos Aires. Aunque el go-

5 bierno norteamericano siempre apoyó estas reuniones, sus acciones no contribuyeron a una idea de
amistad y alianza. Primero, los Estados Unidos participaron en la guerra contra España, que resultó en
la adquisición de Puerto Rico por parte de los nor-
10 teamericanos y la ocupación de Cuba por un tiempo
no determinado. Esto, junto con el hecho de que los
Estados Unidos no daban indicios de terminar la
ocupación, aumentó la desconfianza de los estados
hispanoamericanos.

15   Otro aspecto de la política norteamericana hacia
Cuba fue la declaración en 1901 de ciertas prohibiciones contra el gobierno cubano:[8] 1) éste no permitiría fuerzas de otras naciones en la isla, 2) no contraería deudas excesivas, 3) daría a los Estados Unidos el
20 derecho de intervención para proteger la «independencia» del país, 4) vendería a los Estados Unidos la
tierra necesaria para establecer una base en la isla.
En pocas palabras, el gobierno norteamericano pensaba asumir el papel de «protector» del nuevo go-
25 bierno cubano.

    Debido a ciertas reclamaciones de parte de países
europeos sobre deudas del gobierno dominicano,
apareció la amenaza de otra invasión semejante a la
que había ocurrido antes en México. Esta vez los Es-
30 tados Unidos decidieron actuar primero, y en 1905
se apoderaron de la aduana de la isla para distribuir
el dinero a los gobiernos europeos.

    Los recelos hispanoamericanos aumentaron como
resultado de una proclamación del Presidente Theo-
35 dore Roosevelt en 1904 en la que se extendía la Doctrina Monroe para incluir el derecho norteamericano
de intervenir en los asuntos de los otros países en
caso de una amenaza a su estabilidad y orden internos. Esta idea, llamada el «corolario de Roosevelt a
40 la Doctrina Monroe» es clasificada por la mayoría de
los historiadores como la cumbre de la arrogancia
norteamericana en las relaciones interamericanas.

no... de *gave no
indication of*

éste *the latter (the Cuban
government)* / *no
contraería* *would not
contract, acquire*

reclamaciones (f) *claims*

semejante *similar*

se apoderaron de *they
took over* / *aduana
customhouse* / *recelos
suspicions*

cumbre *height*

[8]prohibiciones contra el gobierno cubano *This is known as the Platt Amendment (to the Military Appro-
priations Bill of 1904). It was symbolic of U.S. arrogance for many years in Latin America. It was mentioned
in the Cuban Missile Crisis of 1962 since that case, too, involved threatened intervention. The 1979 U.S.
protest against the presence of Soviet combat troops in Cuba was another invocation of this policy.*

Roosevelt dijo que no había peligro de intervención en los países que «se portaran bien» y que mostraran
45 su capacidad de gobernarse «de una manera eficaz y decente». En casos de «errores crónicos» los Estados Unidos se verían obligados a actuar como «policía internacional» para restaurar el orden y la civilización en el país.
50 Haciendo uso de esta doctrina el Presidente Taft mandó fuerzas militares a varios países centroamericanos que amenazaban sufrir algún problema interior. Uno de los efectos negativos de esta política era que tendía a favorecer a los dictadores en lugar de a
55 los partidos más democráticos.

Taft creó también la «diplomacia del dólar», una tentativa de reemplazar las inversiones europeas en Hispanoamérica con dólares norteamericanos, lo que ayudaría a eliminar la amenaza europea a la sobe-
60 ranía de estos países. Si no pagaban las deudas, los únicos que se quejarían serían los financieros norteamericanos, y el gobierno garantizaría las deudas. Los que se oponían a esta táctica declaraban que los países pequeños llegarían a ser casi propiedad de los
65 Estados Unidos. La intervención resulta mucho más fácil cuando no hay necesidad de ponerse de acuerdo con otros gobiernos acreedores.

Otra, y probablemente la más importante, de las intervenciones de los Estados Unidos fue la construc-
70 ción del canal de Panamá. Hacia fines del siglo pasado el canal asumió gran importancia en la política estadounidense a causa de la atracción comercial del Lejano Oriente y de la necesidad militar de proteger las dos costas de los Estados Unidos. Después de con-
75 seguir de Inglaterra el derecho de construir y dirigir el canal por su propia cuenta, los Estados Unidos tuvieron que entrar en un acuerdo con Colombia, por cuyo territorio iba a pasar el canal. Sin embargo, cuando iba a concluirse el tratado con Colombia el
80 congreso de ese país rehusó aceptar los términos, porque querían aclarar algunos artículos relacionados con los derechos reservados a su propio gobierno. Mientras se debatía el problema, estalló una

---

se portaran bien *behaved well* / eficaz *efficient*

restaurar *to restore*

reemplazar las inversiones *replace investments*

llegarían a ser *would become*

acreedores *creditor*

estadounidense *of the U.S.* / Lejano Oriente *Far East*

por... cuenta *on its own*

rehusó *refused*

revolución en la región de Panamá, una provincia de
85 Colombia, para lograr la independencia. Los colom-
bianos pensaron que los Estados Unidos habían fo-
mentado la rebelión, ya que después de tres días,
Roosevelt reconoció a la nueva república de Panamá
y comenzaron las conversaciones sobre un tratado de
90 concesión por el cual los Estados Unidos conseguían
el derecho de construir el canal, de dirigirlo para
siempre y de incorporar la tierra por la cual pasaba
como territorio nacional. Esta situación prevaleció
hasta 1979 cuando un nuevo tratado comenzó el
95 proceso de dar el control del canal a Panamá.

Esta serie de acciones no hizo más que aumentar
la desconfianza ya existente entre los diplomáticos
hispanoamericanos, a pesar de las bellas palabras
pronunciadas por los representantes de los Estados
100 Unidos en los congresos interamericanos.

Durante la presidencia de Woodrow Wilson la situación mejoró un poco. Wilson disminuyó el poder

no... aumentar *only
increased*

En 2000 Panamá
tomará control del
canal de Panamá.
Ahora está contro-
lado por los Estados
Unidos. ¿Qué im-
portancia militar y
económica tiene el
canal?

de la Doctrina Monroe, rechazando el concepto impuesto por Roosevelt. Además sugirió el principio de
105 que ningún país debería permitir que fuerzas rebeldes de otros países se prepararan en el territorio del país vecino. Wilson también apoyó las fuerzas de la revolución en México, basándose en su idealismo acerca de las formas de gobierno. Hasta entonces, los
110 Estados Unidos habían operado siempre sobre la base de que el gobierno «de facto» sería el aceptado, sin consideración de su derecho legal al poder. La decisión de Wilson en el caso de México fue más o menos popular, pero las implicaciones para otros ca-
115 sos inspiraban cierto recelo, de modo que esta política fue cambiada por el Presidente Hoover unos años después.

Hubo otras intervenciones en la América Central durante la segunda década del siglo y no fue hasta
120 1936, durante la presidencia de Franklin Roosevelt— quien inició la política del «Buen Vecino»—que comenzó a haber cambios notables en las relaciones entre los Estados Unidos e Hispanoamérica. Esta política rechazó varias prácticas del pasado y condujo
125 a algunos tratados: entre ellos, la prohibición de la intervención y de la guerra entre países del continente. Al estallar la guerra en Europa casi todos los países de América se declararon aliados, por lo que durante los años de la Segunda Guerra Mundial
130 hubo paz y amistad entre los Estados Unidos y los países hispanoamericanos.

permitir... prepararan allow rebel forces of other countries to be prepared

«de facto» existing, de facto

«Buen Vecino» "Good Neighbor"

condujo a led to

al estallar upon the outbreak of

Comprensión

A. Decida si las siguientes frases son verdaderas o falsas. Corrija las falsas.

1. La guerra con España y la ocupación de Cuba por parte de los Estados Unidos no les importó a los otros países hispanoamericanos.
2. La República Dominicana experimentó una invasión semejante a la de México.
3. La actitud de los Estados Unidos después de la guerra contra España muestra su compasión.

4. Surgieron casos en que la Doctrina Monroe bajo el Presidente Taft favoreció a los dictadores.
5. En 1979 los Estados Unidos construyeron el canal de Panamá.
6. La situación política entre los Estados Unidos e Hispanoamérica mejoró durante los años 30.

B. Responda a las siguientes preguntas.

1. ¿Cree Ud. que los Estados Unidos se mostraron arrogantes hacia Hispanoamérica? Explique.
2. ¿Cree Ud. que la política actual hacia Hispanoamérica es buena? ¿Por qué?
3. ¿Cómo podrían los Estados Unidos mejorar las relaciones generales en el mundo?
4. ¿Por qué cree Ud. que los hispanoamericanos llaman «coloso del norte» a los Estados Unidos?
5. ¿Cuáles son los elementos básicos que influyen en las relaciones internacionales?

IV. LAS RELACIONES EN LA ÉPOCA DE LA POSGUERRA

Casi todas las relaciones norteamericanas después de la guerra fueron influenciadas por la «Guerra Fría» entre los Estados Unidos y la Unión Soviética. Los aliados hispanoamericanos ocuparon un lugar importante en este juego diplomático porque casi todos tenían gobiernos conservadores, pero al mismo tiempo veían el nacimiento de nuevos movimientos izquierdistas. Por lo general, aunque estos movimientos mostraban una ideología de izquierda, sus lazos con el movimiento comunista internacional eran débiles. Sus intereses tendían a ser nacionalistas, antinorteamericanos y anticapitalistas. Atraían frecuentemente la atención y a veces el apoyo de los partidos comunistas, lo que les ganaba la enemistad del gobierno estadounidense.

En base a los acuerdos y tratados interamericanos, los Estados Unidos comenzaron a formular tratados de seguridad mutua. Los gobiernos conservadores firmaban con gusto estos acuerdos porque contenían

izquierdistas   *leftist*

débiles   *weak*

atraían   *they attracted*

en base a   *based on*

con gusto   *with pleasure*

20 garantías de estabilidad interna e iban acompañados
de ofertas de ayuda económica en forma de armas
modernas. Puesto que estos dictadores generalmente
mantenían su poder gracias a las fuerzas militares,
las armas representaban una ayuda efectiva contra
25 cualquier grupo rebelde. De nuevo, la política norteamericana aparecía como una política dominadora
que exigía cierta conducta de los países vecinos a
cambio de la ayuda económica y la amistad. Esta
nueva actitud fue formalizada en el Tratado de Río
30 de Janeiro[9] de 1947. Se trataba en realidad de una
alianza militar—la primera de este tipo para los Estados Unidos desde 1778 cuando el nuevo gobierno
había aceptado la ayuda francesa.

En 1948 los representantes de 21 repúblicas se
35 reunieron en Bogotá para el Noveno Congreso Internacional de Estados Americanos. En medio de tumultos y violencia[10] se formularon los principios de
un nuevo cuerpo: la Organización de Estados Americanos, que primero se había llamado La Unión de
40 Repúblicas Americanas y luego El Sistema Interame-
ricano. La nueva organización, además de reconocer
el alto nivel de actividad nacida durante la guerra,
creó un consejo permanente de defensa para coordinar la cooperación militar, es decir, la venta de ar-
45 mas y el entrenamiento de oficiales. La Unión Panamericana fue designada como Secretariado de la
organización y el órgano principal de las relaciones
culturales.

Después de la formación de la OEA las relaciones
50 interamericanas sufrieron un largo período de descuido de parte de los Estados Unidos, con excepción
de aquellos casos de crisis. Todos los tratados prohi-
bieron explícitamente la intervención abierta al estilo
de Taft y Coolidge, pero, durante la década de 1950,

iban acompañados de
were accompanied by /
ofertas *offers*

a cambio de *in exchange for*

tumultos *riots*

además de *in addition to*

consejo *council*

entrenamiento *training*

descuido *neglect*

[9]Tratado de Río de Janeiro *Known as the Rio Pact. The full name: Inter-American Treaty of Reciprocal Assistance. It expressed adherence to the recently formed United Nations and declared the intention to settle disputes peacefully. It also declared that an armed attack against any American State constituted an attack against all.*

[10]tumultos y violencia *Known as the* Bogotazo; *rioting and burning broke out when a popular political leader was assassinated. The conference seemed to be part of the motive.*

55 el celo anticomunista del gobierno norteamericano lo
llevó a mezclarse en los asuntos internos de algunos
países para que los comunistas no ganaran ninguna
ventaja.

El caso más notable fue el de Guatemala. El Par-
60 tido Comunista logró alguna influencia en el gobierno de Jacobo Árbenz Guzmán, un presidente reformista con ideología de izquierda. La oposición,
encabezada por el General Carlos Castillo Armas, estaba preparando una revolución en el vecino país de
65 Honduras. Árbenz aceptó la ayuda ofrecida por la
Unión Soviética, y eso despertó el interés de los Estados Unidos. Éstos ofrecieron ayuda secreta a Castillo Armas, en forma de armas y de entrenamiento,
que fue llevado a cabo por la Agencia Central de In-
70 teligencia. Esto hizo posible el triunfo de la revolución en 1955, a la que han seguido 30 años de inestabilidad y violencia. Aunque los Estados Unidos
negaron sus acciones durante diez años, las admi-
tieron después. Con un caso comprobado, los hispa-
75 noamericanos comenzaron a culpar a los Estados
Unidos cada vez que ocurría un incidente semejante.
Los Estados Unidos siempre han negado su interés
en estas situaciones, pero ocurrieron otros casos,
como el de la Bahía de Cochinos en Cuba en 1961,
80 donde la misma táctica fue empleada, aunque sin
éxito.

Desde 1959 Cuba ha sido el caso más importante
en las relaciones interamericanas. Una de las razones
es la misma de hace un siglo—la proximidad geográ-
85 fica de la isla a los Estados Unidos. La otra razón es
que Fidel Castro ha sabido ganar la simpatía de Hispanoamérica explotando su papel de jefe de un país
pequeño y débil, que ha podido burlarse de los deseos del gobierno norteamericano.

90 El movimiento del «26 de julio» atrajo el interés
del gobierno norteamericano durante los años de lucha porque a éste le parecía que era un movimiento
nacional con aspiraciones de justicia y reforma social.
Poco después de ocupar el gobierno, sin embargo,
95 Castro declaró su adhesión al marxismo y, más im-

celo   *zeal*

encabezada   *headed*

llevado a cabo   *carried out*

negaron   *denied*
caso comprobado   *proven occurrence* / culpar   *to blame*

Bahía de Cochinos   *Bay of Pigs*

burlarse   *to mock*

adhesión   *loyalty*

Esta voluntaria del Cuerpo de Paz vive en Costa Rica. ¿Qué enseña a estos niños?

portante, al comunismo. Algunos vieron en esta declaración una simple afirmación filosófica sin mucho significado práctico, pero el gobierno norteamericano estableció una postura de oposición que carac-   postura *position*
100 terizó las relaciones posteriores entre los dos países durante muchos años.

El Presidente John F. Kennedy formuló una nueva política hacia Latinoamérica llamada «La Alianza para el Progreso». El nuevo programa con-   esfuerzo *effort*
105 sistía en un esfuerzo continental de cooperación, cuya base era la oferta de ayuda económica en casos donde el gobierno local demostrara algún esfuerzo propio, es decir, donde se pudiera formar una alianza entre la ayuda norteamericana y el capital na-
110 tivo para un programa de desarrollo. Este plan atrajo mucho interés entre los intelectuales americanos por su indiscutible idealismo. En la práctica, sin embargo, logró muy poco. Los que se oponían al plan

decían que los Estados Unidos querían ejercer con-
115 trol sobre el desarrollo de la región y evitar así que
se formaran más gobiernos izquierdistas. De todos
modos, no logró cambiar la opinión de los hispanoamericanos, quienes todavía ven en los Estados
Unidos al «coloso del norte».
120   En los últimos años ha crecido la atención al desarrollo de las grandes compañías multinacionales.
Algunos observadores han notado que éstas tienden
a crear su propia política; el caso de la ITT en Chile
es un ejemplo. Estas compañías, con sus presupues-   **presupuestos** *budgets*
125 tos de muchos miles de millones de dólares, son ma-
yores que algunos gobiernos y constituyen nuevas instituciones en las relaciones interamericanas.
      Después de la llegada al poder de los sandinistas
en Nicaragua en 1979, Centroamérica ha vuelto a ser **ha vuelto a ser** *is again*
130 la escena de nuevas preocupaciones del gobierno
norteamericano. La región sirve como ejemplo perfecto del dilema que caracteriza las relaciones interamericanas. Si los Estados Unidos apoyan a un go-
bierno moderado como en El Salvador, ese gobierno **se ve atacado** *finds itself*
135 se ve atacado tanto desde la izquierda como de la de- *under attack*
recha y al fin requiere el apoyo militar para defen-
derse. Si apoyan a un gobierno militar como en Gua-
temala ganan la enemistad continental. Rechazan a   **rechazan** *they reject*
los gobiernos de la izquierda como en Nicaragua. Pa-
140 rece una situación sin salida.   **sin salida** *without a way*
                                                         out
      El caso de la guerra en 1982 entre la Argentina y
Gran Bretaña sobre las Islas Malvinas[11] muestra otro
aspecto de la complejidad de las relaciones interamericanas. De un lado un antiguo aliado de Europa y
145 del otro una nación americana quieren el apoyo de
los Estados Unidos. La Doctrina Monroe y el Tra-
tado de Río no impidieron que el gobierno nortea- **no impidieron** *didn't stop*
mericano apoyara a los ingleses. El hecho de que el
gobierno militar argentino estaba casi totalmente de- **desacreditado** *discredited*
150 sacreditado en el continente añadió otro factor a la
decisión.

[11]Islas Malvinas *Called the Falkland Islands in English. Argentina has long claimed sovereignty over these islands but Great Britain has refused to give them up. In 1982 Argentina attempted to take them by force but was unsuccessful in the face of an all-out British defense.*

Resumiendo, las relaciones entre los Estados Unidos y los países hispánicos han tenido una historia de conflictos y problemas. Es una lástima que no hayan
155 podido establecer entre ellas un tono de confianza y respeto mutuos. Es interesante notar que un latinoamericano o español y un norteamericano pueden llegar fácilmente a ser buenos amigos a pesar de sus diferencias culturales, religiosas o económicas. Pero,
160 cuando estas diferencias se elevan al nivel nacional se vuelven verdaderos obstáculos para la paz y comprensión que todo el mundo, en el fondo, desea.

confianza *trust*

se elevan *are raised*

en el fondo *basically*

Comprensión

A. Responda según el texto.

1. ¿Por qué son importantes los países hispanoamericanos en la «Guerra Fría»?
2. ¿Cuál es la misión de la OEA?
3. ¿Qué es el Tratado de Río de Janeiro?
4. ¿Cuáles eran las bases de la «Alianza para el Progreso» y quién la propuso?
5. ¿Cuál es el dilema de los Estados Unidos en Centroamérica?
6. ¿Cómo se llaman las Islas Malvinas en inglés y quiénes participaron en una guerra allí?

B. Responda a las siguientes preguntas.

1. ¿Cree Ud. que puede haber mejores relaciones entre los Estados Unidos y los países hispánicos? ¿Cómo?
2. ¿Cuál es su opinión sobre las organizaciones internacionales como las Naciones Unidas y la OEA? ¿la OTAN y el Pacto de Varsovia?
3. ¿Cree Ud. que puede haber una prohibición total de armas nucleares? ¿Cómo?
4. ¿Cuáles son los países más agresivos hoy día?

Práctica

I. Ejercicios de vocabulario

A. Complete las oraciones.

1. El comunismo es una política _____ .

2. Cuba ha sido importante por su _____ geográfica.
3. La « _____ para el Progreso» fue muy popular entre los intelectuales norteamericanos.
4. Los Estados Unidos recibieron California por el _____ de Guadalupe Hidalgo.
5. La Doctrina Monroe fue una respuesta a las _____ europeas de volver a colonizar América.

B. Complete con una palabra relacionada a la palabra entre paréntesis.

1. (prohibir) El tratado contiene _____ contra la intervención.
2. (Estados Unidos) La política _____ se basaba en la «Guerra Fría».
3. (ideal) Ese programa es caracterizado por un tono _____ .
4. (ideología) El movimiento tiene semejanzas _____ con el comunismo.
5. (colonia) España fue un país _____ .

C. Complete según el ejemplo.

MODELO   colonia   *colonial   colonialista   colonizar   colonización*

1. nación   _____   _____   _____   _____
2. forma   _____   _____   _____   _____
3. género   _____   _____   _____   _____
4. idea   _____   _____   _____   _____

II. Puntos de contraste cultural

1. ¿Cuáles son las causas de la enemistad entre los gobiernos hispanoamericanos y los Estados Unidos?
2. ¿Qué diferencias hay entre los motivos básicos de la política internacional de los Estados Unidos y los de un país hispánico?
3. ¿Cree usted que es posible tener unidad en el hemisferio occidental? ¿Por qué?

III. Debate

La influencia de las grandes compañías multinacionales es mala en los países en vías de desarrollo.

IV. El arte de escribir: repaso

Escriba una composición en la que exponga su opinión sobre la idea de que todos los habitantes de este hemisferio deben hablar tanto el español como el inglés. Incluya ideas que apoyen su opinión.

V. Las noticias

Lea el siguiente artículo y coméntelo entre los miembros de la clase.

El Gobierno, preocupado por las presiones europeas en la negociación de las bases

El Gobierno está «altamente preocupado» debido al aumento de las presiones internacionales que, sobre todo de países europeos miembros de la OTAN, se registran estos días contra la decisión oficial de exigir que los 72 F–16 de Estados Unidos estacionados en la base aérea de Torrejón de Ardoz, en las proximidades de Madrid, abandonen España, según reconocen fuentes gubernamentales.

debido due

se registran are noted

fuentes sources

Fuentes de los ministerios de Defensa y Exteriores destacan las críticas realizadas por la Unión Europea Occidental (UEO). El secretario general de esta organización, Alfred Cahen, afirmó que sería «perjudicial» el ingreso de España en la UEO «porque [España] no comparte los mismos puntos de vista».

destacan point out

Al término de la reunión de la UEO, el ministro holandés de Defensa, Wim van Eekelen, que copresidió el encuentro, expresó su confianza en que los F–16 estadounidenses, que tienen capacidad para portar armas nucleares, no abandonen España.

portar carry

El País Internacional

VI. Situación

Usted acaba de ser elegido(a) presidente de los Estados Unidos. En la campaña electoral usted prometió mejorar las relaciones interamericanas. Ahora tiene que cumplir con su promesa. ¿Qué va a hacer en ese campo?

La presencia hispánica en los Estados Unidos

Uno de los lugares más famosos en Los Ángeles, California, es la calle Olvera. ¿En qué aspectos se ve la influencia hispana?

VOCABULARIO ÚTIL

Estudie estas palabras antes de leer el ensayo.

adaptarse to adapt to
anglosajón, -ona Anglo-Saxon
asimilar to assimilate
centenares *m* hundreds
disposición disposition, readiness
dispuesto, -a disposed to, ready
emigrar to emigrate, move out of a
  country
estallar to break out, erupt, explode
étnico, -a ethnic
ferrocarril *m* railroad
ganadero cattleman
ganado cattle;
  la cría de ganado cattle raising

incorporar to incorporate
inmigrar to immigrate, move into a
  country
labrar to carve (wood, stone, etc.)
mayoría majority
migración migration, movement from
  one area to another
minoría minority
obrero, -a worker
pacífico, -a peaceful
poblado, -a populated
suroeste *m* southwest

ENFOQUE

Por varias razones históricas, la población actual de los Estados Unidos contiene un ocho por ciento de personas de habla hispana. Se calcula que hay unos 12 millones de ascendencia mexicana, 2.3 millones de puertorriqueños, 1 millón de cubanos y unos 3.5 millones de otros países hispánicos. A diferencia de otros grupos étnicos, la mayor parte de éstos nunca inmigraron a los Estados Unidos, y no son descendientes de inmigrantes a este país. En el suroeste de los Estados Unidos, las personas fueron incorporadas a los Estados Unidos a través del Tratado de Guadalupe Hidalgo en 1848. Los puertorriqueños se convirtieron en ciudadanos por el Tratado de París de 1898. En otras palabras, la mayoría de las personas de habla hispana en los Estados Unidos son los habitantes de territorios ocupados en dos guerras.

Generalmente el inmigrante llega a una nueva tierra dispuesto a asimilar la cultura, a aprender una

de habla hispana *Spanish-speaking*

puertorriqueños *Puerto Ricans*

dispuesto a *ready to*

lengua, a adaptarse a las costumbres y a los valores del país, muchas veces con un entusiasmo extremado. Pero cuando se ve incorporado por la fuerza a otra cultura, no siente esta disposición. Más bien tiende a resistirse y a tratar de preservar su cultura original como un tipo de defensa. Un caso comparable es el de la provincia de Quebec, en Canadá, donde la situación de los habitantes de cultura francesa se asemeja a la de los de origen hispánico en los Estados Unidos. Es indispensable conocer este contexto para comprender las actitudes contemporáneas de esta minoría étnica.

por la fuerza   *by force*

Anticipación

Con un(a) compañero(a) de clase, haga una lista de los problemas con que se encuentran los hispanos en los Estados Unidos y algunas soluciones posibles. Prepárese para presentar su lista a la clase.

I. ORÍGENES DE «LA RAZA»

«La Raza»   *"The Race"*

Mientras que el porcentaje de personas de ascendencia hispánica en el país entero es de un ocho por ciento, en los estados del suroeste ese porcentaje se duplica y en Texas y California llega a más de cuarenta por ciento. La causa básica de esta concentración tiene su origen en algunos hechos de la primera mitad del siglo XIX.

ascendencia   *ancestry*

se duplica   *is doubled*

A principios del siglo XIX nació en los Estados Unidos el concepto que se llamó «destino manifiesto». Según éste, el destino de los anglosajones era ampliar su territorio, a expensas del pueblo hispánico, en el continente americano. Existía cierta confusión en cuanto a los límites de esta expansión: algunos pensaban que debía incluir todo el hemisferio; otros sólo veían la necesidad de abarcar la tierra entre Nueva Inglaterra y el Océano Pacífico. Antes de invadir abiertamente los territorios, los estado-

a principios   *in the early part*

ampliar   *to increase*

abarcar   *to take in*
Nueva Inglaterra   *new England*

unidenses preferían animar a los habitantes de las regiones fronterizas a que se separaran de México y
20 después pidieran incorporarse a la Unión Americana. Los Estados Unidos ya habían comprado el territorio de Luisiana en 1803 y la Florida en 1819, de manera que sólo quedaba por anexar el área entre Texas y California.

25 Hubo entonces una migración constante de estadounidenses hacia estas dos provincias mexicanas tan poco pobladas, con el propósito de fomentar una revolución en favor de la independencia. O sea que, aunque el gobierno de los Estados Unidos no estu-
30 viera cometiendo actos agresivos contra México, su política favorecía esta agresión, ya que aprobaba de antemano la incorporación de esos territorios como nuevos estados. Por razones económicas, la política mexicana también favorecía esta inmigración, ofre-
35 ciendo tierra a inmigrantes tales como Stephen F. Austin, quien estableció la primera colonia anglosajona en Texas.

El resultado de esta política fue un choque cultural. Como estaba cerca de los Estados Unidos,
40 Texas se llenó de anglos; en 1834 se calculaba que había allí 301.000 anglosajones y sólo 500 mexicanos. En 1836, los ciudadanos de Texas se declararon independientes de México. Después de la famosa derrota de la misión del Álamo, el ejército texano, bajo
45 el mando de Sam Houston, pudo vencer al ejército mexicano en San Jacinto. Se inició inmediatamente una petición de anexión a los Estados Unidos, pero por razones políticas internas ésta fue aprobada en 1845.

50 En las provincias de California y Nuevo México la política fue semejante, pero el número de anglos no alcanzó el nivel necesario para imitar el proceso texano. Los Estados Unidos tuvieron que declarar la guerra en 1846 para conseguir esos territorios. Con
55 la ocupación de la ciudad de México en 1847, el gobierno mexicano se vio forzado a aceptar la pérdida de la mitad de su país y el Tratado de Guadalupe Hidalgo fue firmado en 1848.

Por este motivo, a más de 100.000 habitantes me-

---

animar... separaran *to encourage . . . to separate themselves*

fomentar *to stimulate*

de antemano *beforehand*

choque *(m) clash*

mando *command /* vencer *to overcome*

anexión *annexation*

fue firmado *was signed*

60 xicanos de esa región se les dio a elegir entre irse a
México o quedarse como ciudadanos estadounidenses sin perder ni los bienes ni los derechos que tenían. Sin embargo, el gobierno norteamericano no se
mantuvo completamente fiel a esa promesa. Dos días

no... fiel *did not remain . . . faithful*

65 después de haberse firmado el tratado llegó la noticia
del descubrimiento de oro en California, lo que contribuyó a aumentar la población de anglosajones de
ese estado. En Texas los anglos se aprovecharon de
las leyes norteamericanas para confundir la cuestión

se aprovecharon *took advantage of* / **confundir** *to confuse* / **validez** *validity*

70 de la validez de los títulos de propiedad aun cuando
éstos tenían origen en la época colonial de México.

El territorio de Nuevo México, que era la región
menos poblada, no comenzó a recibir inmigración de
los Estados Unidos hasta después de 1848, y no fue
75 hasta fines del siglo que los anglos llegaron a constituir una mayoría. La región desde Santa Fe hasta
San Luis, Colorado, estaba poblada por españoles
que habían estado allí desde el siglo XVII y que en
realidad no se habían sentido mexicanos después de
80 la independencia. La región tenía un fuerte sentimiento español, y el hecho de que las misiones católicas habían sido su único lazo con el mundo exterior
dio carácter de conflicto religioso entre católicos y
protestantes a las luchas entre «anglos» e «hispanos»
85 que hubo durante el siglo XIX.

Sólo en el sur del estado de Arizona existió cierta paz
y amistad entre los dos grupos. Tal vez porque los
ganaderos mexicanos y anglos tenían que enfrentar
a otros enemigos, como el clima severo del desierto y

enfrentar *to face*

90 los indios apaches, no se dedicaron a la lucha cultural
o racial que caracterizó al resto del suroeste. Pero,
hacia fines de siglo, con la llegada del ferrocarril y el
descubrimiento de minerales valiosos, también estalló un conflicto en ese territorio.
95 Esta larga época de conflictos dio origen a una serie de anécdotas sobre héroes culturales. En California, un minero chileno o mexicano[1] se rebeló contra

---

[1]un minero chileno o mexicano *The nationality of Joaquín Murieta is obscure. Many Chileans who had mining experience in Chile were attracted to California during the Gold Rush of the mid-nineteenth century. They, of course, tended to join the Mexican population so that all were considered Mexicans by the Anglo authorities.*

las condiciones en que sus compañeros mexicanos vivían y emprendió una campaña de venganza; su
100 nombre, Joaquín Murieta, ha venido a simbolizar la
resistencia del pueblo mexicano. En Texas un bandido llamado Juan Nepomuceno Cortina dominó
una gran región del sur del estado entre 1860 y
1875; para asegurarse del apoyo del pueblo adoptó
105 una ideología antianglo. En Nuevo México, Elfego
Baca, que era miembro de la policía territorial en So-
corro, apresó a un texano — cosa inaudita—y tuvo
que resistir solo, durante dos días, el ataque de varios
amigos del prisionero. Se cree que ese acto puso fin
110 a la migración de texanos belicosos al territorio.

La reacción de los anglos fue la venganza organizada de los «vigilantes» (es interesante—e irónico—
el origen del nombre). Se calcula que hubo centenares de «linchamientos» de mexicanos en esta
115 época. Los mexicanos muertos a manos de los anglos
llegaron a números espantosos puesto que en la
opinión de muchos eso no era un acto criminal.

No sorprenderá que esta tradición violenta no
haya conducido a una asimilación pacífica. Si los
120 mexicanos hubieran sido inmigrantes, se podría esperar la adaptación tradicional. Si ellos mismos hubieran pedido la incorporación de su tierra a los
Estados Unidos, también se podría esperar que tu-
vieran una actitud favorable. Si se hubiera seguido el
125 artículo octavo del tratado, no habrían tenido reclamaciones contra el gobierno norteamericano. Si se
les hubiera dado la oportunidad de adaptarse, hoy
tal vez no habría problemas. Pero la historia es muy
clara: fueron incorporados a la fuerza, desposeídos
130 de sus tierras y relegados a los trabajos más bajos. El
resultado fue inevitable.

emprendió *undertook* /
campaña *campaign* /
venganza *revenge*

apresó *captured* /
inaudita *unheard of*

belicosos *hostile*

linchamientos *lynchings*

puesto que *since*

reclamaciones *claims*

desposeídos *dispossessed*
relegados *relegated*

Comprensión

A. Complete según el texto.

1. El porcentaje de hispanos en Texas y California llega al _____ .
2. Según el concepto del «destino manifiesto» los anglos debían
_____ .

3. Después de comprar Luisiana y la Florida sólo quedaba por anexar
   _____ .

4. Después de la derrota del Álamo, el ejército texano de Sam Houston
   _____ .

5. Con la ocupación de la ciudad de México el gobierno mexicano tuvo que
   aceptar _____ .

6. En el territorio de Nuevo México no fue hasta fines del siglo que los
   anglos _____ .

7. No sorprende que la tradición de violencia no haya _____ .

B. Responda a las siguientes preguntas.

1. ¿Cree Ud. que el concepto del «destino manifiesto» era una política
   justa? ¿Por qué?

2. ¿Recuerda Ud. algunos aspectos de la batalla del Álamo? ¿Cuáles?

3. Si otro país invadiera y ocupara la parte de los Estados Unidos donde
   Ud. vive, ¿qué haría? ¿Iría a una parte no ocupada o se quedaría?
   ¿Cuáles son algunas ventajas y desventajas de las dos posibilidades?

4. ¿Qué cosas, en su opinión, justificarían una invasión por parte de los
   Estados Unidos de algún otro país?

II. PRESENCIA DE LA CULTURA HISPÁNICA EN EL SUROESTE

Cualquier persona que haya viajado por los estados
de Texas, Nuevo México, Colorado, Arizona y California habrá visto que existe una fuerte influencia
hispánica en los toponímicos, los apellidos, la arqui-   toponímicos *place names*
5 tectura, la comida, y aún en la lengua oída en la calle
o en la radio y en la plaza central de los pueblos
pequeños. Si una ciudad lleva un nombre inglés, se
puede estar seguro de que su origen es reciente. Un
ejemplo es Phoenix, en el estado de Arizona. Fue
10 fundada a fines del siglo XIX como parada del fe-   parada *stop*
rrocarril, mucho después de Casa Grande, Mesa,
Ajo, Yuma, etc. Los nombres de montañas—Gua-
dalupes, Sangre de Cristo, Sierra Nevada—y de ríos
como el Río Grande (llamado el Río Bravo en Mé-
15 xico), el Brazos y el Pecos demuestran el origen de
sus descubridores. Varios nombres españoles de ac-
cidentes geográficos, como cañón, arroyo, o mesa,
han pasado al inglés por referirse a fenómenos de
esa región.

20   Tal vez es en el campo lingüístico donde ha existido más intercambio pacífico entre las dos culturas. Una serie de palabras españolas fueron incorporadas al inglés como resultado de ciertas condiciones comunes a todos los habitantes del suroeste. En la cría

25 de ganado los mexicanos habían establecido una terminología que fue adoptada por los anglos: *ranch* (rancho); *lasso* (lazo); *lariat* (la reata); *buckeroo* (vaquero); *burro* (burro); *corral* (corral); *hoosegow* (juzgado); *calaboose* (calabozo); *vamoose* (vamos). Muchas

30 palabras españolas son usadas comúnmente en inglés: patio, rodeo, plaza, fiesta, siesta, tornado. La lista incluye también los nombres de plantas indígenas (quinina, saguaro), de animales (puma, coyote), de platos típicos (tacos, chile con carne), de ma

35 teriales de construcción (adobe), etc.

Claro que el español del suroeste muestra igual

Se llama a los Estados Unidos un crisol *(melting pot)*. ¿Qué indicaciones del crisol hay en este barrio de Nueva York?

influencia del inglés. Muchas palabras inglesas son usadas en la lengua diaria y también hay docenas de anglicismos, o sea palabras tomadas del inglés y
40 modificadas. Las palabras asociadas con el automóvil—brecas, troca, parquear—frecuentemente derivan del inglés. Otro fenómeno es el uso de una traducción literal cuando algo no tiene equivalente adecuado en español: por ejemplo, «escuela alta»
45 *(high school)*, «chanza» *(chance)* o «yarda» *(yard)*.

brecas *brakes* / troca *truck* / parquear *to park*

La influencia hispánica también se ve en la arquitectura del suroeste. Es muy común allí el estilo «español» en los edificios que fueron construidos entre 1910 y 1930, cuando el estilo estaba de moda en Ca-
50 lifornia. Sin embargo, existen numerosos ejemplos de auténtica arquitectura española en las iglesias antiguas y en algunos edificios preservados. Los elementos básicos de esta arquitectura son el adobe, los techos de tejas y vigas de madera labrada, que no se
55 cubren. Paredes de adobe encierran el patio. El decorado suele ser sencillo porque el adobe no se presta a las elaboraciones típicas de los edificios del sur de México. Las ventanas tienden a ser pequeñas y las paredes exteriores gruesas, tanto en las regiones
60 cálidas como en las frías.

de moda *in style*

techos *roofs*
tejas *tiles* / vigas *beams* / encierran *enclose* / decorado *decor* / no se presta *does not lend itself*

gruesas *thick*
cálidas *warm*

La influencia española, en la lengua y en la arquitectura, es muy notable en todos los estados del suroeste y existe, aunque en menor grado, en los estados de más al norte. Se pueden encontrar marcadas
65 distinciones entre una región y otra. Hay por lo menos cinco regiones culturales hispánicas en el suroeste, debido a los antecedentes históricos coloniales y luego al movimiento de los pobladores norteamericanos del siglo XIX. Geográficamente, estas re-
70 giones pueden identificarse así: 1) el sur de Texas; 2) la región que se extiende desde el noroeste de Texas hacia el sur de Nuevo México, Arizona y California; 3) la costa de California; 4) los grandes centros urbanos, creaciones del siglo XX; 5) la región del
75 norte de Nuevo México y el sur de Colorado.

debido a *due to*
pobladores *settlers*

La primera de estas regiones fue poblada en la época colonial por los españoles. Como tenía tierra fértil, atrajo a los primeros anglosajones. Por su

proximidad al centro de México, fue la región más
80 disputada en la guerra de 1846.

La segunda región, concentrada en la cría de ga-
nado, tuvo un desarrollo más tardío, pero la llegada   tardío   *late*
del ferrocarril lo aceleró. Es el sitio de las grandes
haciendas, como el *King Ranch*. La región también se
85 caracterizaba por los conflictos entre los nuevos po-
bladores, anglos y mexicanos, contra los indios gue-   guerreros   *warlike*
rreros.

La costa de California era el lugar más poblado
por los españoles y por los mexicanos después de
90 1824. Su accesibilidad por mar contribuyó a la actividad, tanto comercial como misionera, de la colonia.
Este mismo hecho facilitó la inmigración anglosajona
a raíz del descubrimiento del oro en 1848, resultando
además en la destrucción de gran parte de la cultura
95 antigua.

Las grandes ciudades del suroeste, Los Ángeles,
Tucson, Albuquerque, Denver, El Paso, Laredo, San
Antonio, reflejan una cultura hispánica nueva, formada por elementos y acontecimientos del siglo XX.
100 La región entre Santa Fe, Nuevo México y San
Luis, Colorado, es la que ha preservado en su estado
más puro la antigua cultura española. Estimulado
por las historias de Cabeza de Vaca,[2] en 1539 el Virrey mandó a Fray Marcos de Niza acompañado por
105 el moro Estebanillo en busca de las ciudades fabulo-
sas de Cíbola y Quivira. Al año siguiente, la expedi-
ción de Coronado continuó la búsqueda, llegando   búsqueda   *search*
hasta Kansas, antes de decidir que las leyendas eran
mitos o mentiras de los indios. La región fue olvi-   mitos   *myths* / mentiras
110 dada hasta 1598 cuando un rico de Zacatecas, Juan   *lies*
de Oñate, emprendió la colonización.

Santa Fe existió como una colonia segura pero ais-   aislada   *isolated*
lada de México. A causa de esta separación se creó
una sociedad basada en las prácticas y costumbres del
115 siglo XVII que cambió muy poco en años siguientes

---

[2]Cabeza de Vaca   *Shipwrecked off the coast of Texas, Cabeza de Vaca wandered through much of the Southwest, living with the Indians and learning their legends, including that of the Seven Cities of Cíbola, all made
of gold. He finally made it back to Mexico where he reported his adventures and stimulated further official
expeditions.*

por falta de contactos culturales. El viaje de ida y vuelta desde Santa Fe hasta Chihuahua llevaba más de cinco meses, y a veces era usado como prueba para el joven que pidiera la mano de una señorita de 120 la colonia. La población creció más por la asimilación de indios que por la llegada de nuevos colonizadores. Después de 1848, cuando el territorio se incorporó a los Estados Unidos, entró en contacto con la cultura anglosajona, aunque los habitantes persistían, como 125 lo hacen hoy, en seguir su vida tradicional.

    Los estudios folklóricos en esta región revelan la existencia de poesías y canciones procedentes de la España medieval. También muestran todavía ejemplos de artes coloniales: los tejidos de Chimayó y los 130 santeros[3] que labran imágenes de madera. Estas imágenes ejemplifican la mezcla de las culturas española e indígena. Los que han estudiado la lengua de la región notan la presencia de formas antiguas que ya no existen en el español moderno.

falta de *lack of* / *de ida y vuelta* *round trip*

pidiera la mano *asked for the hand*

Comprensión

A. Responda según el texto.

1. ¿Cuáles son algunas palabras españolas usadas en inglés?
2. ¿Cuáles son algunas palabras inglesas usadas en el español de la frontera del suroeste?
3. ¿Cuántas regiones distintas de cultura hispánica hay en el suroeste? ¿Cuáles son?
4. ¿Por qué era más poblada la costa de California?
5. ¿Quién fue Cabeza de Vaca? ¿Por dónde viajó?
7. ¿Por qué cambió relativamente poco la vida de Santa Fe?
6. ¿Cuándo y por quién fue colonizada la región de Santa Fe?
8. ¿Quiénes son los santeros?

B. Responda a las siguientes preguntas.

1. ¿Cuántos nombres españoles de lugares norteamericanos puede Ud. mencionar?

[3]los santeros *carvers of saints. A traditional art form involving the creation of images of saints either from wood or as paintings, frequently on metal. The* santeros *of northern New Mexico show the isolation from the mainstream of Mexican culture and the strong indigenous influence of the region.*

2. ¿Ha viajado Ud. por el suroeste de los Estados Unidos? ¿Por dónde? ¿Le gustó? ¿Ha vivido allí? ¿Dónde?
3. ¿Cómo y cuándo vinieron sus antepasados al Nuevo Mundo?
4. ¿Ha mantenido su familia algunas costumbres étnicas? ¿Cuáles?
5. ¿Cree Ud. que es mejor que los grupos étnicos mantengan su propia cultura? Explique.

III. NUEVAS INFLUENCIAS DEL SIGLO XX

La época entre 1900 y 1930 se caracterizó por un intenso desarrollo económico en el suroeste y por una gran necesidad de trabajadores. La fuente natural era el norte de México, donde vivían miles de
5 mexicanos desempleados. La construcción del ferrocarril, las cosechas del algodón, de frutas y legumbres en las tierras regadas por el Río Grande y de betabeles en Colorado y California, fueron realizadas por obreros mexicanos, como ya lo había sido el es-
10 tablecimiento de las industrias minera y ganadera. No sólo fue el trabajo de los mexicanos, sino también sus conocimientos tecnológicos los que facilitaron este progreso. Los angloamericanos no conocían la técnica del riego que los españoles habían aprendido
15 de los árabes ni las técnicas mineras que se habían desarrollado en México en el siglo XVI. El ferrocarril[4] tuvo que seguir las rutas ya descubiertas por los mexicanos. Todo el progreso del suroeste habría sido imposible o mucho más lento sin la ayuda
20 de la población hispánica.

En las tres primeras décadas del siglo la población mexicana de Texas creció en un mil por ciento. El contrabando más importante de toda la frontera consistía en obreros mexicanos; hubo guerras de contra-
25 bandistas en las cuales se robaban a los obreros como si fueran ganado. Hasta 1930 los mexicanos tenían fama de trabajadores dóciles que hacían cualquier tarea sin quejarse. En la década del treinta, sin embargo, bajo la influencia de organizadores sindicales,

desempleados *unemployed* / cosechas *harvests* / algodón *(m) cotton* / legumbres *(f) vegetables* / regadas *irrigated* / betabeles *(Mex.) sugar beets* / como... sido *as had been*

dóciles *submissive*
quejarse *complaining*
sindicales *union*

[4]El ferrocarril *Unlike most railroads, the Southern Pacific was built not following other development but preceding it. The company stimulated the development of the region.*

30 estallaron varias huelgas de obreros agrícolas en California. El único resultado de las huelgas fue la supresión violenta.

Los sindicatos nacionales, dirigidos por los trabajadores del este del país, no ofrecieron mucho apoyo
35 a los mexicanos. Al contrario, ayudaron a mantener el nivel de vida como estaba, al establecer sueldos bajos para la gente de color y los mexicanos. En toda la región se practicaba esta clase de discriminación racial. Carteles en las tiendas y restaurantes prohibían
40 la entrada a los mexicanos. Su situación se parecía mucho a la de los negros en el sur.

Durante la Segunda Guerra Mundial muchas personas de la comunidad hispánica[5] sirvieron en las fuerzas armadas de los Estados Unidos con mucha
45 distinción. Los que no fueron a la guerra se quedaron a trabajar en las fábricas y agencias de defensa. Por primera vez tuvieron contactos con la sociedad anglosajona en un nivel de igualdad nacida de la necesidad del momento. Todo esto despertó en ellos
50 una nueva conciencia de sus derechos y posibilidades. Los veteranos volvieron menos dispuestos a tolerar la discriminación racial y con ganas de mejorar su suerte. Además, durante la guerra, el gobierno federal, que necesitaba mantener buenas re-
55 laciones con México, había tratado de evitar la discriminación en el suroeste. Se deseaba evitar la posibilidad de incidentes como el que ocurrió cuando un restaurante en Texas se negó a servir al cónsul mexicano en Houston. Estos incidentes sirvieron
60 para crear un clima más propicio para la protesta y para la organización de las minorías.

Sin embargo, hubo poca actividad organizada hasta 1965 cuando en California se oyó de nuevo el grito de «¡Huelga!» entre los obreros agrícolas. Bajo

sueldos *salaries*

carteles (m) *signs*

nacida *born*

ganas *desire*
suerte (f) *fortune*

se negó a *refused to*

propicio *favorable*

de nuevo *again*
grito *cry*

---

[5]personas de la comunidad hispánica   *There is no universally applicable name either in English or Spanish for the people of Spanish ancestry in the United States. Many have been used, Mexican-American being perhaps the most widely accepted. Mexican, Hispano, Spanish-American and Latin American all are ambiguous because of their confusion with foreign areas;* Chicano *and* "La Raza" *imply a somewhat political grouping unacceptable to some members. Government agencies tend to use "Spanish-surnamed" because of its factual basis. A recent survey showed* mexicano *to be most acceptable as a self-referent by people in Texas, Arizona and California. In Spanish, of course, that is confusing, as is* mexicanoamericano.

El descubrimiento de las Américas cambió la civilización occidental. Se celebra el Día de la Raza en toda Hispanoamérica. ¿Cómo lo conmemoran los hispanos en nuestro país?

65 la dirección tanto práctica como espiritual de César Estrada Chávez, el 16 de septiembre de 1965 (el día de la independencia mexicana)[6] fue proclamado el Plan de Delano. La huelga de los trabajadores campesinos despertó el interés de miles de personas, es-
70 pecialmente entre los jóvenes. El Plan era un documento sencillo que proclamaba la solidaridad de los campesinos mexicanos. Marcó el principio de una serie de acciones dedicadas a mejorar las condiciones del obrero. Chávez formó un sindicato de campesi-
75 nos unidos en una gran fuerza espiritual e idealista. «La Causa» rápidamente ganó el apoyo de muchos habitantes urbanos y creó el término «chicano», de origen desconocido, que fue utilizado para referirse a los adherentes al movimiento.

campesinos *of the farms*

[6]el día de la independencia mexicana *Mexico declared its independence from Spain on September 16, 1810. A priest in Dolores,* Padre Hidalgo, *gave what is called "El grito de Dolores" on that day. Many Mexican-American groups in the U.S. celebrate that day as a show of cultural independence.*

80   Al extenderse el movimiento a otras regiones del suroeste se adoptó otro término antiguo: «La Raza». Según algunos, el origen de la expresión se encuentra en la misión dada a los españoles en la época de la conquista de formar «La Santa Raza», es decir, de

85   llevar la fe católica a los pueblos de América. Como quiera que sea, el término «La Raza» se ha aplicado genéricamente a la tradición hispánica para distinguirla de la anglosajona. La expresión tiene un significado semejante en toda Hispanoamérica, donde se

90   celebra el día 12 de octubre (que en los Estados Unidos se llama *Columbus Day*) como «El Día de la Raza».

como quiera que sea
however, at any rate

Más o menos al mismo tiempo que el movimiento de Chávez los estudiantes universitarios también comenzaron a participar en la lucha por la justicia.

95   Un grupo de jóvenes formuló el «Plan Espiritual de Aztlán» en 1969. En la leyenda azteca Aztlán era el lugar de origen de la tribu y se ha teorizado que era más o menos el suroeste de los Estados Unidos. Este plan tuvo el fin de crear cierta unidad geográfica, ra-

100   cial y cultural en el movimiento. Al mismo tiempo proclamaba sentimientos separatistas que algunos encontraron inaceptables. De todos modos representó una actividad cultural de valor.

Después de estos hechos importantes ha venido el

105   trabajo, aburrido pero necesario, de miles de personas que se ocupan de llamar la atención del público y de las autoridades cuando ocurren actos discriminatorios. También comenzó el esfuerzo por ejercer la influencia política que tiene una minoría

110   numerosa dentro del sistema democrático. Implica educar a la gente para que voten a favor de candidatos que apoyen la causa.

aburrido *boring*

ejercer *exercise*
implica *it involves*

Comprensión

A. Decida si las siguientes frases son verdaderas o falsas. Corrija las falsas.

1. El norte de México sirvió como fuente natural de trabajadores entre 1900 y 1930.
2. El progreso del suroeste hubiera sido más fácil sin la población hispánica.

3. Hasta 1930 los mexicanos tenían mala fama como trabajadores.
4. El resultado de las huelgas iniciales en California fue la supresión.
5. Los sindicatos nacionales ayudaron a mejorar el nivel de vida de los mexicano-americanos.
6. La guerra hispanoamericana dio a los mexicanos el primer contacto con los anglos como iguales.
7. La huelga de César Chávez ocurrió en México.
8. «La raza» viene del nombre del descubridor de América.

B. Responda a las siguientes preguntas.

1. ¿Ha sentido Ud. alguna forma de discriminación o la ha visto alguna vez? Describa la situación.
2. ¿Qué concepto tiene Ud. de los trabajadores mexicanos en los Estados Unidos hoy? ¿Ha cambiado su opinión en los años recientes?
3. ¿Cuáles son algunas causas del prejuicio? ¿Cree que es posible eliminar totalmente el prejuicio? ¿Cómo?
4. ¿Cuáles son algunos de los efectos de los cambios en la ley sobre la inmigración en los Estados Unidos?

IV. OTROS ELEMENTOS DE LA MINORÍA HISPÁNICA

Por lo general, los otros grupos hispánicos de los Estados Unidos son más recientes. Los puertorriqueños, que principalmente se concentran en el este del país, se vieron incorporados como ciudadanos   se vieron *found themselves*
5 norteamericanos después de 1898 cuando su isla fue capturada en la guerra con España. Desde 1917 han podido viajar libremente entre su territorio y el continente. Su motivo en migrar a Nueva York y a las otras ciudades del este es básicamente económico y
10 el número que viene tiende a reflejar el estado económico tanto de la isla como de los Estados Unidos. Hay años en que más personas vuelven a la isla y otros en que más vienen al continente.
Su experiencia en el país no ha sido muy buena.
15 Probablemente constituyen uno de los grupos más pobres de la nación. Frecuentemente son personas del campo tropical de la isla y al encontrarse en el norte—urbano, industrializado y frío—se sienten bastante desorientadas. No poseen las capacidades   capacidades *skills*

20 necesarias para encontrar buenos puestos y se resig-
nan a las tareas más básicas.

Al fin, sin embargo, debe haber alguna atracción
fuerte porque de todos los grupos hispánicos en los
Estados Unidos, éste es el único que puede volver
25 fácilmente a su tierra si lo quieren. Es decir que, por
malas que sean sus condiciones en Nueva York, ha-
brán sido peores en la isla.

En los años 70 la inmigración cambió de dirección
y más puertorriqueños volvieron a la isla que vi-
30 nieron al continente. Esto ha creado ciertos problemas culturales. Las familias que han pasado algún
tiempo en Nueva York u otra gran ciudad estadounidense han cambiado parte de su propio «estilo de
vida» y algunas de sus costumbres. Además, han ad-
35 quirido ciertas capacidades nuevas que los ponen a la
cabeza de aquellos que buscan trabajo. Esto puede
causar reacciones negativas entre los que nunca han
dejado la isla.

Existen en la isla tres facciones políticas princi-
40 pales. Una quiere que Puerto Rico sea el estado número 51 de los Estados Unidos. Otra prefiere dejar
la relación como ha sido desde 1952—un Estado
Libre Asociado. Esta denominación significa que no
tienen representación con voto en el congreso ni en
45 las elecciones presidenciales. Tampoco pagan impuestos federales, pero sí sirven en las fuerzas armadas. El tercer grupo busca la independencia completa. Sólo los dos primeros han tenido influencia
notable.

50 De todos modos, la gran mayoría de los puertorriqueños opinan que la relación estrecha que han
tenido con los Estados Unidos ha favorecido su economía que es la más desarrollada de la región. Al
mismo tiempo hay cierta preocupación por el daño
55 cultural que puede resultar de la mezcla de culturas—tanto en la isla como en el continente.

El tercer grupo hispánico de importancia lo constituyen los cubanos que vinieron a los Estados Unidos cuando Fidel Castro formó un gobierno marxista
60 y comenzó a hacerles la vida difícil a las personas que
habían tenido una posición importante en el campo

económico, político o social antes de la revolución. Estas personas fueron aceptadas en los Estados Unidos como refugiados políticos durante la década del 60.

65

Vinieron principalmente a vivir en el sur de la Florida. En muchos casos ya habían visitado antes la región y algunos tenían en el área parientes que habían salido de Cuba en épocas anteriores.

70

Hay unas diferencias profundas en el caso de los cubanos—eran principalmente de la clase media o alta en Cuba. En el caso de los inmigrantes tradicionales la mayoría de los que inmigran son de los grupos más pobres y menos capacitados, pero los cubanos eran gente educada (y frecuentemente habían estudiado en los Estados Unidos)—profesionales, abogados, médicos, ingenieros, etcétera. Aunque en muchos casos no podían practicar inmediatamente su antigua profesión, eran personas acostumbradas a prepararse y podían aprender otra. Además, frecuentemente hablaban inglés al llegar. Todo esto explica por qué los cubanos han tenido mucho más éxito económico y social en su nueva patria y se encuentran hoy en todas partes del país en puestos altos de la banca, de los negocios y de la educación.

75

80

85

Los cubanos vivían en relativa paz hasta la llegada del último barco lleno de presos de las cárceles cubanas. Algunos eran presos políticos pero otros eran sencillamente criminales—a veces violentos. Este grupo ha comenzado a causar problemas tanto para la comunidad cubana como para el resto de la sociedad con acciones como los recientes tumultos en las cárceles.

90

barco *boat* / **presos** *prisoners*

Debido a los problemas políticos centroamericanos, el número de refugiados de esa región crece diariamente. También, a causa de la economía pésima de México, el número de inmigrantes mexicanos sin documentos sigue aumentando—especialmente en el suroeste.

95

refugiados *refugees*

pésima *very bad*

Con todo esto, es fácil entender que la minoría hispánica promete ser la minoría más numerosa para el año 2000 y tal vez antes. Es obvio que la cultura hispánica, cuya presencia se ha hecho sentir desde la

100

independencia, seguirá siendo un elemento impor-
105 tante en la población de los Estados Unidos en el futuro.

Comprensión

A. Responda según el texto.

1. ¿Quiénes son los dos otros grupos grandes de hispanos en los Estados Unidos?
2. ¿Cómo llegaron los puertorriqueños a ser ciudadanos estadounidenses?
3. ¿Por qué algunas veces emigran más al continente y otras veces a la isla?
4. ¿Cuáles pueden ser los problemas de las familias que vuelven a la isla?
5. ¿Cuáles son las tres facciones políticas en la isla?
6. ¿Cuándo y por qué vinieron la mayoría de los cubanos a los Estados Unidos?
7. ¿Quiénes eran principalmente?
8. ¿Cuál ha sido la diferencia mayor entre ellos y los inmigrantes tradicionales? Explique.
9. ¿De qué otras partes vienen inmigrantes hispánicos? ¿Por qué?

B. Responda a las siguientes preguntas.

1. Si Ud. fuera a vivir a otro país, ¿cómo cambiaría su vida?
2. ¿Cuántos nombres de hispanos notables en los Estados Unidos puede Ud. mencionar?
3. ¿Ha visitado Ud. el Caribe alguna vez? ¿Qué países ha visitado? ¿Cuándo? Si no lo ha visitado, ¿quisiera hacerlo?

Práctica

I. Ejercicios de vocabulario

A. Dé dos palabras relacionadas.

MODELO tierra *territorio terreno*

1. poblar   _____ _____
2. migración   _____ _____
3. incorporar _____ _____
4. adaptar   _____ _____
5. obrar   _____ _____

B. Indique los sinónimos.

1. sueldo   a. declarar
2. destino   b. afición
3. proclamar   c. letrero
4. adherentes   d. guerrero
5. cartel   e. exigir
6. bienes   f. salario
7. reclamar   g. aumentar
8. ampliar   h. miembros
9. belicoso   i. propiedad
10. inclinación   j. suerte

C. Complete con una palabra relacionada entre paréntesis.

1. (incluir) Es común la _____ de palabras españolas en el inglés.
2. (geografía) Hay cinco regiones _____ .
3. (espíritu) Formularon el Plan _____ de Aztlán.
4. (ganado) Estimularon la industria _____ .
5. (frontera) Poblaron las provincias _____ de la región.
6. (folklore) Han hecho estudios _____ .
7. (por ciento) Hay un gran _____ de personas desempleadas.
8. (oscuro) La palabra «mexicano» _____ la nacionalidad estadounidense de la persona.

II. Puntos de contraste cultural

1. ¿Cree usted que se debe exigir a la gente de habla hispana en los Estados Unidos la misma actitud que se exige a otros inmigrantes?
2. ¿Por qué existe tanto intercambio lingüístico en la frontera entre dos culturas?
3. El relativo aislamiento de la región de Santa Fe desde el siglo XVII ayudó a impedir el desarrollo de la lengua. ¿Sabe usted de alguna región de los Estados Unidos donde haya ocurrido algo semejante con el inglés?
4. ¿Cree usted que se debe observar hoy día el derecho a la tierra que tuvo su origen en las mercedes reales del siglo XVII?

III. Debate

Los Estados Unidos tenía el derecho de aumentar su territorio en el siglo XIX aunque tenían que quitarles la tierra a otras personas como los hispanos y los indios.

IV. El arte de escribir: repaso

Escriba una composición exponiendo sus opiniones sobre la existencia o no de la discriminación en los Estados Unidos hoy día. Trate de convencer al lector de su posición.

V. Las noticias

Lea este artículo y prepárese para comentarlo con los compañeros de clase.

Los hispanos

La visita de los Reyes de España, Juan Carlos I y doña Sofía a Washington fue significativa aunque poco espectacular. La importancia no consistió exclusivamente en lo tratado, que seguramente fue mucho más que lo reportado, sino en el simbolismo de la entrevista. Juan Carlos I y Ronald Reagan, por el hecho de conferenciar, tuvieron que, abierta o sutilmente, reconocer que tanto Washington como Madrid tienen un objetivo similar: entender, calibrar y cultivar el segmento de la población que responde al término hispano, el grupo étnico que pasó de ser minoría relegada históricamente a realidad política imperante tanto para España como para los Estados Unidos.

Pocos políticos de esta nación ignoran la importancia económica y electoral de los hispanos. Muy pocos al mismo tiempo, fuera de este grupo, entienden la dinámica que los mueve. Muchos aspirantes a posiciones públicas han fracasado al simplificar lo complejo creyendo que apresuradas clases de español les ganarían el respaldo de este segmento de la población. Otros, sin embargo, se han visto favorecidos con el voto hispano sin intentar pronunciar un breve «Buenos días». ¿En qué consiste la diferencia? Los triunfadores entendieron la dinámica y aspiraciones específicas de aquellos hispanos que cultivaban. Los derrotados intentaron aprender la lengua fuera de un contexto político, cultural e histórico.

El latino (Washington, D.C.)

VI. Situación

Imagine que usted es nativo del planeta Marte y acaba de inmigrar a la tierra por razones económicas. ¿Cuáles son las cosas que tendría que hacer al llegar aquí? ¿Cómo van a reaccionar los terrestres al hecho de que usted es de color verde claro y que mide tres metros y pico? ¿Qué les va a responder? ¿Cuáles van a ser sus mayores problemas?

Vocabulario

This vocabulary does not include Spanish words that are exact cognates of English ones. The gender of nouns is listed except masculine nouns ending in **-o** and feminine nouns ending in **-a, -dad, -tad, -tud,** or **-ión.** Adverbs ending in **-mente** are not listed if the adjectives from which they are derived are included.

Abbreviations

adj	adjective	*part*	participle
adv	adverb	*pl*	plural
Am	American	*pret*	preterite
f	feminine	*pron*	pronoun
fig	figurative	*refl*	reflexive
m	masculine	*subj*	subjunctive
n	noun		

A

abajo below
abandonar to abandon
abarcar to include, comprise
abertura opening
abierto open; opened
abogado,-a attorney, advocate
abrir to open
abrumador overwhelming, wearying
absoluto absolute
absorber to absorb
abstracto abstract
abuela grandmother
abuelo grandfather; **los abuelos** grandparents
abundancia abundance, plenty

abundante *m or f* abundant, plentiful
abundar to abound, be plentiful
aburrido bored; boring
abusar to abuse
abuso abuse
acabar to end up; **acabar de** to have just
académico academic
acariciar to caress
acceder to accede, give in
accesibilidad accessibility
acción action; act
acelerar to speed up, accelerate
aceptar to accept, admit
acerca de about, regarding
acercarse to approach

aclarar to clarify

acompañar to accompany; go along

acontecer to happen, occur

acontecimiento event, occurrence

acorazado battleship

acortar to shorten, cut short

acostar (ue) to put to bed

acostumbrado accustomed; customary

acostumbrarse (a) to be used to; to customarily (+ verb); to become accustomed to

actividad activity

activo active

acto act; action

actriz *f* actress

actual current, present, contemporary

actualidad current time, the present

actuar to act, act as

acueducto aqueduct

acuerdo accord; **de acuerdo a** according to; **de acuerdo con** in agreement with; **estar de acuerdo** to be in agreement; **ponerse de acuerdo** to reach an agreement

acumular to accumulate

acusar to accuse, blame

adaptarse to become adapted, adapt

adecuado adequate

adelante ahead; **más adelante** later on

además moreover, besides, in addition; **además de** in addition to

adherente *m or f* supporter, adherent

adhesión support, belief in

administrar to administer, run

administrativo administrative

admirable wonderful, awesome

admitir to admit; to allow; to accept

adobe *m* *adobe* (brick made of clay and straw)

adoptar to adopt, take up

adorar to worship

adorno decoration, adornment

adquirir to acquire

adquisición acquisition

aduana customhouse; customs

adueñarse to take over, acquire

adulto,-a *n and adj* adult

aéreo *adj* air

aeropuerto airport

afición inclination; fondness; taste

afiliarse to join

afinidad affinity, resemblance

afirmación assertion, affirmation

afirmar to affirm, assert

afuera *adv* outside

afueras *f pl* outskirts

agencia agency, bureau

agotar to exhaust, dry up, run out

agrario agrarian, agricultural

agravarse to become worse

agresión aggression

agresivo aggresive

agrícola *m or f* agricultural

aguardiente *m* brandy, liquor

águila eagle

ahogado,-a drowned person

ahorrar to save (as money)

aire *m* air; **al aire libre** outside, in the open air

aislado isolated

aislamiento isolation

ajedrez *m* chess

alcachofa artichoke

alcalde *m* mayor

alcanfor *m* camphor

alcanzar to reach; to achieve; to gain; to catch up with

alcázar *m* castle; fortress

alcoba bedroom, alcove

alegar to allege, claim, offer

alejarse to move away, leave

alemán,-ana *n and adj* German

alentar (ie) to encourage, inspire

alfabetismo literacy

alfabeto alphabet
alfombra carpet
alfombrar to carpet
algo something; *adv* somewhat
algodón *m* cotton
alguien *pron* someone
alguno,-a someone; **algunos,-as** some
aliado,-a *adj* allied; *n* ally
alianza alliance
aliarse to side with, ally with
aliento vigor, activity
alimentar to feed
alimento food, nourishment
aliviar to alleviate, lessen
alma soul, spirit
almacén *m* department store; warehouse
almohada pillow, cushion
almuerzo lunch
alpinismo mountain climbing, hiking
alquimia alchemy
alrededor (de) around
alternativa *n* alternative
alto high, tall
altura altitude, height
alumno,-a pupil, student
alza rise (in price)
allegado *m* having arrived
allí there, over there
amante *m or f* lover, mistress
amar to love
amarillo yellow
ambiente *m* environment; atmosphere
ambigüedad ambiguity
ambos,-as both
ambulante *adj m or f* walking, strolling
amenaza threat
amenazar to threaten
amistad friendship
amo,-a master, mistress
amontonamiento crowding

amor *m* love
amoroso amorous
ampliado widened, broadened, enlarged
ampliar to widen, broaden, enlarge
Anáhuac *m* Aztec name for valley around Mexico City
anciano old, elderly
ancho wide
andaluz,-a of or from **Andalucía;** Andalusian
andino,-a Andean
anécdota anecdote, story
anexar to annex
anexión annexation
anglicismo Anglicism, word borrowed from English
anglo,-a person of English descent
anglosajón,-ona Anglo Saxon
ángulo angle
anhelo desire, eagerness
animar to stimulate, encourage
anonimidad anonymity
anónimo,-a anonymous
antagónico,-a antagonistic, contrary
ante before, in the presence of
antemano: de antemano beforehand
antepasado,-a ancestor, predecessor
anterior *m or f* previous, preceding; former
antes (de) before, earlier; **antes que** rather than
anticipar to anticipate, expect
antiguo,-a old, ancient, antique; former, prior
antropología anthropology
antropólogo,-a anthropologist
anunciar to announce
anuncio announcement, advertisement
añadir to add
año year
aparato apparatus, machine
aparecer to appear

aparentemente apparently

apariencia appearance

apartado,-a distant; separated

apartamento apartment

aparte *adv* separate

apellido surname, family name

apenas barely, hardly, just, only

apertura opening

apetito appetite

aplicar to apply

apoderarse to take control

aportar to contribute, add

apoyar to support, uphold, aid

apoyo support, aid

aprender to learn

apresar to take prisoner

aprobación approval

aprobar (ue) to approve; to pass (a course, etc.)

apropiado,-a appropriate

aprovechar(se) (de) to take advantage of

aquel, aquella that; **aquellos,-as** those

aquí here

árabe *m or f* Arabic; *n* Arab

arabesco arabesque

arábigo,-a *adj* Arabic, Arabian

árbol *m* tree

área region, area

árido,-a arid, dry, barren

arma weapon; *pl* arms

armado,-a armed

arqueólogo,-a archaeologist

arquitecto,-a architect

arquitectura architecture

arrepentirse (ie) to repent

arriba above, up

arriesgar to risk

arrogancia arrogance

arroyo stream, brook

arte *m or f* art; skill

artículo article

artista *m or f* artist

artístico,-a artistic

asamblea assembly

ascendencia origin, ancestry

asegurar to assure; **asegurarse** to make sure; to satisfy oneself

asemejarse to be similar

asentar (ie) to place, seat

asesinar to murder

asesinato murder

asesino,-a murderer

así thus, in this manner, so, that way; **así que** therefore

asilo asylum

asimilar to assimilate, incorporate

asistencia attendance

asistente *m or f* one who attends

asistir (a) to attend

asociarse to associate, be related

asombro awe, wonder

aspecto aspect, look

astronomía astronomy

astronómico,-a astronomical

asumir to assume, take upon onself

asunto matter, subject, affair

asustar to scare, startle

atacar to attack

ataque *m* attack

ataúd *m* coffin

Atenas *m* Athens

atractivo,-a attractive; *n m* attraction

atraer to attract

atrajo *pret of* **atraer**

atribuir to attribute

atributo attribute, characteristic

atrocidad atrocity

aumentar to increase, augment, grow

aumento increase, growth

aun even

aún still, yet

aunque although, even though

ausencia absence

auspiciar to sponsor

austeridad austerity

autocrático,-a autocratical

autonomía autonomy, independence

autónomo,-a autonomous
autor,-a author
autoridad authority; *pl* officials
autorización authorization, permission
autorizar to authorize, permit
avance *m* advance
avanzado,-a advanced
avenida avenue
aventura adventure
ayuda help, aid
ayudante *m or f* assistant, helper; *adj m or f* helping
ayudar to help, aid, assist
azar whim; **al azar** at random
Aztlán *m* legendary place of origin of the Aztecs—sometimes thought to be the southwestern U.S.
azúcar *m* sugar
azucarero,-a relating to sugar
azucena lily
azul blue, azure
azulado,-a colored blue
azulejo glazed tile

B

bachiller *m or f* bachelor (holder of degree)
bachillerato bachelor's degree
bahía bay
baile *m* dance
baja fall (in price)
bajar to descend, go down, lower
bajo,-a low; **bajo** *adv* beneath, under
bancario,-a relating to banking; financial
banco bank, financial institution; bench
banda band (music)
bandido bandit
barato,-a inexpensive, cheap
barba beard
barbarie *f* barbarousness; ignorance

barril *m* barrel
barrio neighborhood, section or district of a city
basarse (en) to be based on
base *f* base, basis
básico,-a basic, fundamental
bastante *m or f* enough, sufficient; *adv* quite, rather
batalla battle
bautismo baptism
bautizado,-a baptized
beber to drink
bebida drink
belicoso,-a warlike, bellicose
belleza beauty
bello,-a beautiful, pretty
beneficiar to benefit
beneficio benefit
benévolo,-a benevolent, beneficial
betabel *m* beet
biblioteca library
bien well; **más bien** rather; **los bienes** wealth, goods
bienestar *m* well-being
bilingüe *m or f* bilingual
billón *m* billion
blanco,-a white; *n m* target
boca mouth
boda wedding
bomba bomb
bosque *m* forest, woods
botánica botany; **botánico,-a** *adj* botanical
bravo,-a wild, savage
brecas *n f pl dialect* brakes
brecha breach, gap
breve *m or f* brief
brillante *m or f* brilliant, shining
brillar to shine
brillo shine, brilliance
brote *m* outbreak, bud
buen, bueno,-a good; *interjection* well
burlarse (de) to mock, laugh at
burocracia bureaucracy
burro donkey

busca search; **en busca de** in search of
buscar to look for, seek, try to
búsqueda search

C

cabeza head
cabo end; **llevar a cabo** to carry out, complete
cada *m or f* each, every; **cada vez más** more and more
cadáver *m* corpse, dead body
caer to fall
café *m* coffee; café
caída fall; downfall
calabozo dungeon, jail
calavera skull
calcular to calculate, figure
calendario almanac, calendar
calidad quality
cálido,-a warm, tropical
califa *m* caliph, Moslem ruler
calificar to grade (exams, etc.)
calor *m* heat, warmth
calle *f* street
callejero,-a *adj* street
cambiar to change; to exchange
cambio change; **a cambio de** in exchange for; **en cambio** on the other hand
caminante *m or f* walker, traveller
caminar to walk, travel, go
camino road, street, way
campaña campaign; countryside
campesino,-a *n or adj* peasant, rural
campestre *adj m or f* rural, country
campo country, field; campus
canción song
candidato,-a candidate
canoa canoe
canonizado,-a canonized, admitted to sainthood
cantar *m* song

cantar to sing
cantidad quantity
caña sugar cane
cáñamo hemp
cañón *m* canyon
capacidad capacity; ability
capital *m* capital, money; *f* capital city
capitalista *m or f* capitalist
capítulo chapter
cara face; side
carácter *m* character, nature
característico,-a *adj* characteristic; *n f* trait
caracterizar to characterize
cárcel *f* jail
carga load, burden
cargar to carry; to load
caribe *m* the Caribbean
caridad charity
cariño affection
carisma *m* charisma, personal magnetism
carismático,-a charismatic
carnaval *m* carnival, esp. the week before Lent, Mardi Gras
carne *f* meat, flesh
carnicería meat market
caro,-a expensive, dear
carrera career; race; course
carta letter; decree
cartel *m* poster
casa house; home; firm
casarse to marry, get married
casi almost, nearly
caso case, occurrence
castellano,-a Castilian; *n m* Spanish language
castidad chastity
castigo punishment
castillo castle
cataclismo disaster, cataclysm
catalán,-ana Catalonian; *n m* the language of Catalonia
catedral *f* cathedral

categoría category; status, rank

catolicismo Catholicism

católico,-a Catholic

caudal *m* abundance; volume of water

caudaloso,-a abundant, voluminous

causa cause, movement; **a causa de** because of

causar to cause

cautivo,-a captive

cayera *past subj of* **caer**

ceder to cede, turn over; give in

celebrar to celebrate; to praise

celestial *m or f* heavenly, celestial

celo zeal

celtíbero,-a Celtiberian

cementerio cemetery, graveyard

cena dinner, supper

cenar to eat dinner

ceniza ash; *pl* ashes

censurar to censure; to criticize

centenar *m* hundred; *pl* hundreds

centro center; downtown; middle; headquarters

Centroamérica Central America— the region from Guatemala to Panama

cerámica ceramics

cerca (de) nearly, close to; **de cerca** closely, close

cercano,-a nearby

ceremonia ceremony

cero zero

cerrar (ie) to close, shut

certificado certificate

ciclo cycle

cielo sky, heaven

ciencia science

científico,-a scientific

ciento hundred; **por ciento** por cent

cierto,-a certain, sure, a certain; **es cierto** it is true; **lo cierto** the truth

cifra number; cipher

cine *m* movies, movie theater

cinismo cynicism

circo circus

círculo circle

circunstancia circumstance

cirugía surgery

cita date, appointment

ciudad city

ciudadano,-a citizen

cívico,-a civic, civil

claro,-a clear; light (color); **claro que** of course

clase *f* class, type, kind

clásico,-a classic, classical

clasificar to classify, characterize

clavar to plunge (a knife, sword, etc.)

clero clergy, clergyman

cliente *m or f* customer

clima *m* climate

cocina kitchen

códice *m* codex; an original manuscript

coexistencia coexistence

coincidir to coincide, happen simultaneously

colega *m or f* colleague, cohort

colegio secondary school

colibrí *m* hummingbird

colocar to place, locate

colombino,-a of or belonging to Columbus; **precolombino,-a** before the arrival of Columbus

Colón Columbus

colonia colony

colonización colonization, settlement

colonizar to colonize, take or settle colonies

colono colonist, settler

color *m* color; **gente de color** blacks

colorado,-a *adj* red

coloso colossus, giant

columna column

combatir to fight
combinar to combine, join
comenzar (ie) to begin, start
comer to eat
comercio commerce, business
comestible *m* foodstuff, edible substance
cometer to commit
comida food; meal
como as, like, about; **¿cómo?** how? what?
comodidad comfort
cómodo,-a comfortable
compañero,-a companion, comrade
compañía company
comparación comparison
comparar to compare
compartir to share; to divide
competencia competition
competir (i) to compete
complejidad complexity
complejo,-a complex, complicated
completar to complete
completo,-a complete, whole
componer to compose, make up; to fix
comportarse to behave oneself, act
compra purchase
comprar to buy, purchase
comprender to understand
comprensión comprehension, understanding
comprobar (ue) to prove, verify
comprometer to compromise; to commit
común *m or f* common, ordinary, customary
comunal *m or f* communal
comunidad community; commonness
comunismo communism
comunista *m or f* communist
concebir (i) to conceive
conceder to concede

concentración concentration
concentrar to concentrate
concepto concept
concesión concession, grant
conciencia conscience; consciousness
concierto concert; agreement
concluirse to conclude, come to an end
concha seashell, shell
condenar to condemn
condominio condominium
conducir to conduct, lead
conducta conduct, behavior
condujo *pret of* conducir
conectar to connect, join
confesar (ie) to confess, admit
confianza confidence, trust
conflicto conflict, struggle
confundir to confuse, confound
congestionado,-a congested, crowded
conjunto group, system, aggregate
conocer to know, be acquainted with
conocido,-a known, well-known
conocimiento knowledge, skill
conquista conquest, conquering
conquistador,-a conqueror; *adj* conquering
conquistar to conquer, subdue
consagrar to consecrate, hallow, dedicate
consciente *m or f* conscious, aware
consecuencia consequence
conseguir (i) to attain, get, obtain, succeed in
consejero,-a adviser, counselor
consejo advice
conservador,-a conservative
conservar to conserve, preserve
considerar to consider, think over
consistir to consist, be made up of
consolador,-a consoling

consolar (ue) to console

constante *n f* constant; *adj m or f* constant, continual

constituir to constitute, make up

construir to build, construct

consuelo consolation

consulta consultation

consultar to consult

consumir to consume

consumo consumption

contacto contact

contaminado,-a contaminated

contar (ue) to count; to relate; **contar con** to depend on, rely on

contemporáneo,-a contemporary, current

contener to contain

contenido *n* contents

contestar to answer, respond

contexto context

continente *m* continent

continuar to continue

continuo,-a continuous

contra against

contrabandista *m or f* smuggler

contrabando contraband, smuggled goods

contraer to contract; to acquire

contrario,-a contrary, opposed

Contrarreforma Counter-Reformation

contrastar to contrast, distinguish

contraste *m* contrast, difference

contratar to make a contract

contribución contribution

contribuir to contribute

control *m* control

controlar to control, dominate

convencer to convince

convenio agreement, compact

convenir to suit, fit

convertir (ie) to convert, change

convivencia act of living together

convivir to live together

cooperación cooperation

cooperar to cooperate, join in

coordinar to coordinate

copla couplet, verse

corazón *m* heart; nerve center

corolario corollary

corona crown; monarch

corral *m* corral, yard

corresponder to correspond, fit

correspondiente *m or f* corresponding

corrida bullfight

corriente *f* current; *adj m or f* common, current

corrupción corruption

cortar to cut

corte *f* royal court

cosa thing; matter, affair

cosecha crop, harvest

cosmopolita *n m or f* cosmopolite; *adj* cosmopolitan

costa coast

costar (ue) to cost

costo cost

costumbre *f* custom, habit, tradition

cotidiano,-a everyday, daily

cráneo skull

creación creation

creador,-a creator

crear to create

crecer to grow, increase

creciente *m or f* growing

crecimiento growth

creencia belief

creer to believe

cría raising, breeding, rearing

crimen *m* crime

criollo,-a Creole, person born in the colonies of Spanish parents

cristianización conversion to Christianity

cristianizar to convert to Christianity

criterio criterion

crítica criticism
criticar to criticize
crítico,-a critic
crónico,-a chronic
cronista *m or f* chronicler, historian
cruce *m* intersection
cruz *f* cross
cruzada crusade
cuadrado,-a square
cual which, as, like; **el (la) cual** the one who, who; **¿cuál?** which? which one? what?
cualquier,-a *pron* any, whichever, any one
cuando when, whenever
cuanto,-a as much as; *pl* as many as; **¿cuánto?** how much?, *pl* how many?
cuaresma Lent
cuarto room; **cuarto,-a** *adj* fourth
cubrir to cover
cuchillo knife
cuenta account; **darse cuenta de** to realize
cuentista *m or f* writer of short stories
cuento story, short story
cuerpo body
cuestión matter, subject, question
cuidado care, caution
cuidadoso,-a careful, cautious
cuidar to care for, take care of
culpa blame, fault
culpar to blame, place guilt
cultivar to grow, farm, develop
cultivo cultivation, farming
culto,-a cultured, sophisticated; *n m* cult
cultura culture; politeness
cumbre *f* summit, top, height
cumpleaños *m* birthday
cumplir to fulfill, perform, obey
cuna cradle
cuñao *dialect* **cuñado** brother-in-law
cura *m* priest

curado,-a cured
curiosidad curiosity
curioso,-a curious
cursar to follow a course
curso course; degree requirements
cuyo,-a whose

CH

Chaco area of jungle around border between Paraguay and Bolivia
chanza *dialect* chance
charlar to chat
che *Argentina* pal, buddy
chicano,-a word used to refer to person of Mexican heritage in the U.S.
chico,-a youngster, youth; *adj* small
chileno,-a Chilean
choque *m* shock, collision, clash

D

danza dance (style or type)
daño harm
dar to give, render
dársena harbor, dock
datar to date, set in time
debatir to debate, discuss
deber to owe; must, ought; *n m* debt, duty, obligation
debido (a) due (to)
débil *m or f* weak
debilidad weakness
década decade
decadencia decadence, decay
decaer to decay
decididamente decidedly
decidir to decide
decir to say; *n m* saying; **es decir** that is to say; **querer decir** to mean

decisión decision
decisivo,-a decisive
declaración declaration
declarar to declare
decorado decoration, adornment
decorativo,-a decorative
dedicar to dedicate
defecto defect
defender to defend
defensa defense
definición definition
definir to define, outline
defunción death, demise
dejar to leave, permit, let
delante ahead, in front; **por delante** in front of
demanda demand
demandar to demand
demás: lo demás the rest
demasiado *adv* too, too much; **demasiado,-a** *adj* too much
demócrata *m or f* democrat
democrático,-a democratic
demográfico,-a demographic
demostrar (ue) to demonstrate, show
denominar to call, give a name to
densidad density
dentro (de) in, into, inside (of)
dependencia dependence
depender (de) to depend (on)
deponer to depose
deporte *m* sport
depositar to deposit
depósito deposit
deprimido,-a depressed
derecho legal right, privilege, law
derivar to derive, trace (from the origin)
derribar to overthrow, tumble, tear down
derrocar to overthrow
derrota defeat
derrotar to defeat
desacostumbrar to break of a habit

desacreditado,-a discredited
desafiar to challenge
desafío challenge, duel; struggle
desagradable disagreeable
desalentar (ie) to discourage
desaparecer to disappear
desaprobar (ue) to fail, condemn
desarrollar to develop, improve
desarrollo development, evolution
desastre *m* disaster
desastroso,-a disastrous, wretched
descansar to rest
descanso rest
descender (ie) to descend, come from
descendiente *m or f* descendent; *adj* descending
desconfianza mistrust, suspicion
desconfiar to mistrust, lack confidence in
desconocido,-a unknown
descontento discontent, unhappiness
describir to describe
descripción description
descrito *past part of* **describir**
descubierto,-a discovered
descubridor,-a discoverer
descubrimiento discovery
descubrir to discover, find
descuidar to neglect, forget
descuido neglect, lack of care
desde since, from, after; **desde hace** for
deseable desirable
desear to want, desire
desempleado,-a unemployed
desempleo unemployment
desenfrenado,-a unchecked, wild
deseo desire, want, wish
desgracia misfortune; **por desgracia** unfortunately
desgraciadamente unfortunately
desierto desert
designado,-a designated, named

desigualdad   inequality

desilusionarse   to become disillusioned

desligar   to loosen, untie

desocupar   to vacate; to empty

desorganizar   to break up, disperse

desorientado,-a   disoriented

despertar (ie)   to awaken; *refl* to wake up

despojos   leavings, debris

desposeído,-a   dispossessed

despótico,-a   despotic

despreciar   to scorn, look down on

después (de)   after, afterward

destacado,-a   outstanding, prominent

destacarse   to stand out, be prominent

destinado,-a   destined (for)

destino   destiny, future, fortune

destrucción   destruction

destruir   to destroy

desventaja   disadvantage

detalle *m*   detail

detener   to detain, stop

determinar   to determine

deuda   debt

devenir   to become

devolución   return

devolver (ue)   to return

día *m*   day; **de día a día**   day by day; **hoy día**   nowadays

diablo   devil

diario,-a   daily

dibujar   to draw, sketch

dibujo   sketch, drawing

dictador,-a   dictator

dictadura   dictatorship

dictar   to teach, lecture

dicho   saying; *past part of* **decir; lo dicho**   what was said

difícil *m or f*   difficult, unlikely

dificultad   difficulty

dificultar   to make difficult

difunto,-a   dead person, deceased one

dignidad   dignity

digno,-a   worthy

dijo *pret of* **decir**

dilema *m*   dilemma, difficult choice

dinero   money

dios,-a   god, goddess

diplomacia   diplomacy

diplomático,-a   diplomatic; diplomat

dirección   direction; address

directo,-a   direct

dirigente *m or f*   director, leader

dirigir   to direct, lead, manage

discriminación   discrimination

disminución   decrease

disminuir   to diminish, decrease

disponibilidad   availability

disponible *m or f*   available

disposición   disposition, inclination

dispuesto,-a   disposed, ready

disputar   to dispute, fight for

distar   to be distant

distinción   difference; distinction

distinguir   to distinguish, differentiate

distinto,-a   distinct; different

distribuir   to distribute

diversidad   diversity, variety

diversión   entertainment, amusement

diverso,-a   diverse, various

divertir (ie)   to amuse; *refl* to have fun

dividir   to divide

divulgar   to divulge; to popularize

doble *m*   double; *adj*   twice as much

docena   dozen

dócil *m or f*   tame, docile

doctrina   doctrine

documento   document, paper

dólar *m*   dollar (esp. U.S.)

doméstico,-a   domestic; **animal doméstico**   pet

dominación   domination

dominador,-a   dominating
dominancia   dominance
dominante *m or f*   dominant, domineering
dominar   to dominate
dominio   dominion; control, rule
donde   where, in which; **¿dónde?** where?
dormido,-a   asleep, sleeping
dormirse (ue)   to fall asleep
duda   doubt
dueño,-a   owner, possessor
dulce *adj m or f*   sweet
dulcedumbre *f*   sweetness
duplicar   to duplicate, double
durante   during
durar   to last, go on, endure

E

eclesiástico,-a   of or relating to church
economía   economy
económico,-a   economic, economical
edad   age
edificio   building, edifice
educar   to educate, raise
educativo,-a   educational
efectivo,-a   effective
efecto   effect, result
efectuar   to effect, cause to happen
eficacia   efficiency
eficaz *m or f*   efficient
egipcio,-a   Egyptian
eje *m*   axis; axle
ejemplificar   to exemplify, serve as an example
ejemplo   example; **por ejemplo** for example
ejercer   to exercise, practice
ejército   army
elaboración   working out, elaboration
elaborar   to decorate; to work out

elección   election; choice
electoral *adj*   electoral, election
elegante *m or f*   elegant, luxurious
elegir (i)   to elect, choose
elemento   element; aspect
elevar   to elevate, raise, increase
eliminar   to eliminate
embargo: sin embargo   nevertheless, however
emperador   emperor
emperatriz   empress
empleado,-a   employee
emplear   to hire, employ
empleo   job
emprender   to undertake, engage in
empresa   enterprise, business
empresario,-a   businessperson
enajenación   alienation
enamorado,-a   person in love, lover
encabezar   to head, lead
encarcelado,-a   jailed, imprisoned
encender (ie)   to light (candle, fire, etc.)
encerrar (ie)   to enclose, close up, confine
encima (de)   above, on top of; **por encima** over
encomendero,-a   holder of an **encomienda**
encomienda   Spanish colonial land grant
encontrar (ue)   to find, discover; *refl* to find oneself in a state or condition
encuentro   encounter, meeting
endémico,-a   endemic
enemigo,-a   enemy, opponent
enemistad   enmity, hostility, hatred
energía   energy
énfasis *m*   emphasis, stress
enfermarse   to become sick
enfermedad   sickness, illness
enfermo,-a   ill
enfocar   to focus, concentrate
enfrentar   to confront, face

engrandecer   to glorify, make larger or greater

enorgullecer   to make proud; *refl* to be proud

enorme   *m or f*   enormous

enriquecer   to enrich; *refl*   to become rich

ensayista   *m or f*   essayist, writer

ensayo   essay; rehearsal

enseñanza   teaching

enseñar   to teach; to show, point out

entender (ie)   to understand

entendimiento   understanding

entero,-a   entire, whole, complete

enterrar (ie)   to bury

entierro   burial, funeral

entonces   then; **hasta entonces** up to that time

entrada   entrance; admission; access

entrar   to enter

entre   between, among; within

entregar   to deliver, hand over

entrenado,-a   trained

entrenamiento   training

entusiasmo   enthusiasm

épico,-a   epic, heroic

época   epoch, period, age, era

equilibrado,-a   balanced

equilibrio   balance

equivalente   *m or f*   equivalent, the same (as)

equivaler   to be equivalent

erótico,-a   erotic, sexual

escala   scale

escalar   to climb, scale

escapar(se)   to escape; to avoid

escarlata   scarlet

escasez   *f*   scarcity, shortage

escena   scene; view

esclavo,-a   slave

escoger   to choose, select

escolar   *m or f*   of or relating to school, scholastic

escombro   ruins, rubble

esconder   to hide

escribir   to write

escrito,-a   *past part of* **escribir**

escritor,-a   writer

escritura   writing

escuela   school

escultura   sculpture

ese, esa   that; **esos, esas**   those; **eso**   that

esfera   sphere; area

esforzarse (ue)   to make an effort

esfuerzo   effort; try

eslabón   *m*   link (of a chain)

espacio   space

espantar   to scare, frighten

espanto   scare, fright

espantoso,-a   scary, frightening

español,-a   *adj*   Spanish; *n* Spaniard

especial   *m or f*   special

especialización   specialization, major

especializarse (en)   to specialize, major (in)

especie   *f*   species, kind, sort

espectacular   *m or f*   spectacular, notable

espectáculo   spectacle, show

esperanza   hope

esperar   to hope; to wait; to expect

espíritu   *m*   spirit

espiritual   *m or f*   spiritual, of the spirit

espiritualidad   spirituality, fervor

esquela   note, notice

esqueleto   skeleton

esquina   corner

estabilidad   stability

establecer   to establish

establecimiento   establishment

estaca   stake, piling

estadística   statistics

estado   state, condition; political subdivision; *past part of* **estar; los Estados Unidos** the United States

estadounidense   *m or f*   of or relating to the United States

estallar   to explode

estanciero,-a owner of an **estancia** (large ranch)

estaño tin

este *m* east

este, esta this; **estos, estas** these; **esto** this

estela stele, inscribed stone slab

estética esthetics; **estético,-a** esthetic

estilo style, way; **al estilo** in the manner of

estimular to stimulate

estímulo stimulus

estratégicamente strategically

estrecho,-a narrow; *n m* strait

estrella star

estrictamente strictly

estructura structure

estudiante *m or f* student

estudiantil *m or f* of or relating to students

estudiantina student musical group

estudiar to study

estudio study, investigation; studio

etapa stage; station

eterno,-a eternal, unending

étnico,-a ethnic

evadir to evade, avoid

evitar to avoid; to shun

exacto,-a exact, precise

exagerar to exaggerate

examen *m* examination, test

examinar to examine, test

excavar to excavate

excepción exception

excesivo,-a excessive

excitar to rouse, stir up

exclamatorio,-a exclamatory

exclusivo,-a exclusive

exigencia demand, exigency

exigir to demand, require, need

exilado,-a exiled

existencia existence

existente *m or f* existing

existir to exist, be

éxito success; **tener éxito** to be successful

éxodo exodus, emigration

exótico,-a exotic, foreign, strange

expansión expansion

expedición expedition

expensas expenses; **a expensas de** at the expense of

experiencia experience; experiment

experimentar to experience; to try, experiment

explicación explanation

explicar to explain

explícitamente explicitly

explosivo,-a *adj* explosive; *n m* explosive

explotación exploitation

explotar to exploit; to work, develop

exportación export, exportation

exportador,-a exporting

exportar to export

expresar to express

expresión expression

expropiación expropriation

expropiar to expropriate, confiscate

expulsar to expel, throw out

extenderse (ie) to extend, stretch out

extenso,-a extensive, extended

exterior *n m, adj m or f* exterior, outside; **relaciones exteriores** foreign relations, affairs

extranjero,-a foreigner, stranger, alien; **el extranjero** abroad

extremado,-a extreme

extremaunción extreme unction, last rites

extremo,-a extreme

F

fábrica factory

fabricado,-a manufactured

fabricar to manufacture, make
fabuloso,-a fabled, legendary
fácil *m or f* easy, likely
facilitar to facilitate, make easy
factible *m or f* possible, feasible
factor *m* factor, element
facultad faculty, school or college of a university
fachada façade, front of a building
faja strip
falta lack
faltar to be lacking, be needed
fama fame, reputation
familiar *adj m or f* familiar; *n m or f* family member
famoso,-a famous, well-known
fantasma *m* ghost
farmacia pharmacy, drugstore
fascinar to fascinate, enchant
fatalismo fatalism, determinism
favor *m* favor; **por favor** please
favorable *m or f* favorable, in favor of
favorecer to favor, promote
favorito,-a favorite, preferred
femenino,-a feminine
femineidad femininity
feminista *m or f* feminist
fenómeno phenomenon
feria fair, carnival
ferretería hardware store
ferrocarril *m* railroad
fértil *m or f* fertile
fertilidad fertility, fecundity
festejar to celebrate
festivo,-a festive, gala
feudalismo feudalism, medieval economic system
fiel *m or f* faithful, loyal
fiera beast
fiesta party, celebration, holiday, festival, feast
figura figure; image
figurar to figure in, show up
figurativo,-a figurative, symbolical

filología philology, historical study of language
filólogo,-a philologist
filosofía philosophy
filosófico,-a philosophical
filósofo,-a philosopher
fin *m* end; **a fin de** in order to, with the motive of; **a fines de** at the end of; **al fin** finally, in the end
financiar to finance, fund
financiero,-a *adj* financial; *n* financier, supporter
firmar to sign
físico,-a physical
flojo,-a loose, lazy
flor *f* flower
florecer to flourish; to flower
florecimiento flowering, flourishing
florido,-a flowery; choice, select
flotar to float
fluir to flow
fluvial *adj m or f* of a river, river
fogón fire
fomentar to foment; to develop, further
fondo *n* bottom, base; *pl* funds
fonético,-a phonetic
forma form, shape
formación formation, shaping
formalizado,-a formalized
formar to form, shape, make up
formativo,-a formative
formular to formulate
fortuna fortune, luck
forzado,-a forced
fracasar to fail
fracaso failure
francés,-a *adj* French; *n* French person
Francia France
frase *f* phrase, sentence
fraternidad fraternity, brotherhood
fraudulento,-a fraudulent, phony

frecuencia frequency; **con frecuencia** frequently
frecuentar to frequent
frecuente *m or f* frequent
frente *m* front; **al frente de** in charge of; **frente a** in the face of
fresco,-a cool, fresh
frontera border, frontier
fronterizo,-a of or relating to frontier
frustración frustration
frustrar to frustrate
fruta fruit
frutería fruit store or stand
fuente *f* fountain, source; spring (of water)
fuera (de) outside of, besides
fuere: sea cual fuere whichever it may be
fuerte *m or f* strong
fuerza force, strength; **por la fuerza** by force
función function; performance
funcionamiento functioning
funcionar to function, work, perform
funcionario,-a functionary, official
fundación foundation, founding
fundador,-a founder
fundar to found, establish
fundirse to fuse, blend
funerario,-a funereal, of or relating to funerals
fútbol *m* soccer, football
futuro future; *adj* future, coming

G

galería gallery
gallego,-a *n or adj* Galician
gana desire; **con ganas** willingly
ganadero,-a of or relating to cattle raising; *n* cattleman
ganado cattle

ganancia profit
ganar to earn, win, gain
garantía guarantee
garantizar to guarantee, assure
gasolina gasoline
gastar to spend
gasto expense, expenditure
gaucho Argentine cowboy
generación generation, time period
generador,-a creator
general *m or f* general; **por lo general** generally
genérico,-a generic, general
género type, kind
generoso,-a generous
gente *f* people
geografía geography
geográfico,-a geographical
germánico,-a germanic
germen *m* seed
gitano,-a gypsy
gloria glory, fame
glorioso,-a glorious
gobernador,-a governor, one who governs
gobernar (ie) to govern
gobierno government
golpe *m* blow, coup
gorra cap, hat
gótico,-a Gothic
gozar to enjoy
gracia grace; **gracias** thanks
grado grade, title, degree
graduado,-a graduate
gramática grammar
gran, grande great, large, vast
grandeza greatness, vastness
gratis *adv* free
gratuito,-a free
grave *m or f* serious
gravedad seriousness, gravity
gregario,-a gregarious, out-going
griego,-a *n or adj* Greek
gris *m or f* gray
grito shout, yell

grueso,-a   thick
grupo   group
guardar   to guard, keep
guerra   war
guerrero,-a   warrior, fighter
guerrilla   skirmish; party of
   guerrilleros
guerrillero,-a   guerrilla fighter
gustar   to please, be pleasing to
gusto   taste; pleasure; **a gusto**   at
   ease

H

haber *auxil verb*   to have; **hay**   there
   is, there are
hábil *m or f*   able, capable, skillful
habitante *m or f*   inhabitant
habitar   to inhabit, dwell
hábito   habit
habla *f*   speech, language; **de habla
   española**   Spanish-speaking
hablar   to speak, talk
hacer   to do, make; **hace cinco
   años**   five years ago; **hace un mes
   que**   for a month
hacia   toward; around
hacienda   ranch
hallar   to find
hambre *f*   hunger
hasta   until, up until; even
hay   there is, there are
hectárea   hectare (10,000 sq. meters)
hecho   deed, fact; *past part of*
   hacer; de hecho   in fact
hemisferio   hemisphere
heredar   to inherit
heredero,-a   heir, heiress, inheritor
herencia   inheritance, legacy
hermano,-a   brother, sister
hermoso,-a   beautiful
hermosura   beauty
hervir (ie)   to boil

heterodoxo,-a   heterodox, varied,
   unorthodox
heterogéneo,-a   heterogeneous
hidráulico,-a   hydraulic, moved or
   operated by water pressure
higiene *f*   hygiene, sanitation
hijo,-a   son; daughter; child; *pl*
   children
hincapié *m*   stamping; **hacer
   hincapié en**   to emphasize
hipócrita *m or f*   hypocrite
historia   history; story
historiador,-a   historian
histórico,-a   historical
hogar *m*   home, hearth
holandés,-a *adj*   Dutch; *n*   Dutch
   person
hombre *m*   man; mankind
homogéneo,-a   homogeneous
hondo,-a   deep
honrar   to honor
hora   hour; time; **¿Qué hora es?
   ¿Qué horas son?**   What time is it?
hostil *m or f*   hostile
hoy   today
huelga   labor strike
hueso   bone
huir   to flee
humanidad   humanity, mankind
humanitario,-a   humanitarian,
   humane
humano,-a   human
humilde *m or f*   humble, simple
hundirse   to be submerged

I

ibérico,-a   Iberian
ida   going, outward trip; **de ida y
   vuelta**   round trip
identidad   identity
identificación   identification
identificar   identify
ideográfico,-a   ideographic

ideología ideology
ideológico,-a ideological
idioma *m* language
iglesia church
igual *m or f* equal; **igual que** like
igualado,-a similar, alike, even
igualdad equality
igualitario,-a egalitarian
ilustrado,-a illustrated
ilustre *m or f* illustrious, famous
imagen *f* image; appearance
imaginar to imagine
imán *m* magnet; attraction
imitar to imitate
impedir (i) to impede, stop
imperio empire
implicación implication, meaning
implicar to imply, implicate
implícito,-a implicit
imponer to impose
importación importation
importador,-a importer
importancia importance
importante *m or f* important
importar to import; to matter; **no importa** it doesn't matter
impresionante *m or f* impressive
impresionar to impress, make an impression
impuestos *pl* taxes
impulso impulse, urge
inaceptable *m or f* unacceptable
inapropiado,-a inappropriate
inaudito,-a unheard of, strange
inaugurar to inaugurate, dedicate
incaico,-a Incan, of or relating to Incas
incapacidad inability, lack of skill
incapaz *m or f* incapable, unable
inclinación inclination, tendency
incluir to include
incluso,-a included; *adv* including
incomodar to make uncomfortable, bother, upset
incómodo,-a uncomfortable, uneasy

incorporar to incorporate
increíble *m or f* incredible, unbelievable
indebido improper
independentista *m or f* person who is in favor of or fights for independence; of or relating to independence
Indias Indies, original name given to the New World
indicar to indicate, point out
índice *m* index
indicio indication, sign, mark
indígena *m or f* indigenous, native; (*Am.*) Indian
indio,-a Indian
indiscutible unquestionable
individuo *n* individual
indudablemente undoubtedly
industria industry
industrializado,-a industrialized
ineficaz *m or f* inefficient
inestabilidad instability
inevitable *m or f* inevitable, unavoidable
infancia infancy, childhood
inferior *m or f* inferior; lower
infierno inferno; hell
inflación inflation
influencia influence
influenciar to influence
influir to influence
informar to inform; to shape
infrecuente *m or f* infrequent, seldom
ingeniería engineering
ingeniero,-a engineer
Inglaterra *f* England
inglés,-a *adj* English; *n* English person
ingresar to enter
ingreso entrance; admission; income
iniciar to begin, initiate
injusto,-a unfair, unjust

inmediato,-a immediate; **de inmediato** immediately
inmenso,-a immense, large
inmigración immigration
inmigrante *m or f* immigrant
innecesario,-a unnecessary
innegable *m or f* undeniable
innovación innovation
inquisición inquisition, hearing
inseguridad insecurity, uncertainty
insistir to insist
inspirar to inspire
institución institution
instituto institute
instrucción instruction; schooling
insultar to insult
insulto insult
integración integration
intelecto intellect
intelectualidad intellectuality
inteligencia intelligence
inteligente *m or f* intelligent
intencionado,-a intentioned
intensificar to intensify
intensivo,-a intensive, intense
intenso,-a intense, concentrated
intercambio exchange, interchange
interés *m* interest; stake
interesante *m or f* interesting
interesar to interest, be interesting
interino,-a interim, temporary
interno,-a internal, inner
interpretar to interpret
interrupción interruption
intervención intervention
intervenir to intervene, to interfere
intimidar to intimidate
íntimo,-a intimate
intrigar to intrigue, arouse interest
introducir to introduce, insert
inundación flood
inútil *m or f* useless
invadir to invade
invasión invasion, attack

invencible *m or f* invincible, unbeatable
inventar to invent; to create
invento invention
inversión investment
invertir (ie) to invest
investigación investigation
investigar to investigate
invitar to invite
irónico,-a ironical, sarcastic
irrigación irrigation
isla island
islámico,-a Islamic, Moorish
istmo isthmus
izquierdista *m or f* leftist
izquierdo,-a left; *n f* the left (political or direction)

J

jactarse to brag, boast
jamás never
jardín *m* garden; yard
jarope *m* syrup
jefe *m* chief, boss, leader
jeroglíficos *pl* hieroglyphics
jesuita *m* Jesuit
jornada working day
joven *m or f* young; youthful person
juego game
jugar (ue) to play (a game or sport)
juguete *m* toy
juntar to join; *refl* to join with, ally with
junto,-a together; **junto con** along with, together with
jurisdicción jurisdiction; territory
jurisprudencia jurisprudence, law
justicia justice
justificar to justify, explain
justo,-a just, fair
juvenil *m or f* juvenile, of or relating to youth

juventud *f* youth; young people
juzgado court of justice; **juzgado,-a** person judged; *n m* court of justice
juzgar to judge, adjudicate

L

labio lip
laboratorio laboratory
labrar to carve (wood); to work (iron)
lado side; **por todos lados** on all sides, everywhere
ladrillo brick
lago lake
laguna lagoon, small lake
lamentar to lament, regret
lana wool
largo,-a long
lástima pity
laúd *m* lute
lavar to wash
lazo tie, bond; lariat
lealtad loyalty
lectura reading
lechería milk store, dairy
leer to read
legalidad legality
legalmente legally
legislativo,-a legislative
legumbre *f* vegetable
lejano,-a distant, far
lejos *adv* far away, far
lema *m* motto, slogan
lengua language; tongue
lento,-a slow
letra letter (of the alphabet); *pl* letters; literature
letrero sign, poster
levantar to raise; *refl* to get up, rise up
leve *m or f* gentle, light

ley *f* law; *pl* law studies
leyenda legend
liberar to free, liberate
libertad freedom, liberty
libre *m or f* free
libro book
licenciado,-a attorney; used also as equivalent of Master's Degree in other fields
liceo lyceum, high school
líder *m* leader
ligado,-a tied, attached
ligero,-a light (weight, food, clothing, etc.)
limitarse to be limited
límite *m* limit, boundary
limpiar to clean
linaje *m* lineage, ancestry
linchamiento lynching
línea line
lingüístico,-a linguistic; *n f* linguistics
lino linen
lirismo lyricism
lista list, roll
listo,-a ready
literal *m or f* literal, to the letter
literario,-a literary
literatura literature
liviano,-a of light weight
lobo wolf
lodo mud
lograr to achieve, get, manage to
logro achievement, accomplishment
Londres *m* London
loza pottery, clay
lucha struggle, fight, conflict
luchar to struggle, fight
luego then; later, afterward; presently
lugar *m* place; **en lugar de** instead of; **lugar común** *m* commonplace, cliché; **tener lugar** to take place
lujo luxury

luna moon
lustro lustrum, period of five years
luto mourning; **guardar** *or* **llevar luto** to be in mourning
luz *f* light

LL

llama llama
llamar to call; *refl* to be called, named
llegada arrival
llegar to arrive; **llegar a ser** to come to be
llenar to fill
lleno,-a filled, full
llevar to carry; to wear; to take, lead to
llorón,-a whiner; *f* legendary ghost, used to scare children as is "the bogeyman"
lluvia rain

M

machismo virility, manliness
madera wood
madre *f* mother; **madre patria** motherland, mother country
madrileño,-a person or thing from Madrid
maduro,-a mature
maestro,-a teacher, instructor
magnífico,-a magnificent
maíz *m* corn, maize
mal *adv* badly, poorly; *n m* evil
malcriado,-a ill-mannered
malo,-a bad, evil; sick
mandar to order, send
mandato command, mandate
mando rule, command
manera way, manner; **de manera que** so that, so as to

manifestación manifestation, demonstration
manifestar (ie) to show, manifest
manifiesto,-a manifest, evident
mano hand; *fig* control; **a manos de** at the hand of; **en manos de** in the hands of, controlled by; **mano de obra** workers
mantener to maintain, support, keep
manual *m* manual, handbook; *adj m or f* manual, by hand
maquinaria machinery
mar *m or f* sea, ocean
maravillarse to marvel at
maravilloso,-a marvelous, awesome
marca brandname
marcar to mark, stamp; to note
marcha march
margen *m* margin, edge
marido husband
marina *n* navy
marinero,-a sailor
masa mass
masculinidad masculinity
masculino,-a masculine, male
matanza killing, slaughter
matemáticas *usually pl* mathematics
materia subject, matter, topic; **materia prima** raw material
materno,-a maternal
matrícula registration (in school)
matricularse to register in school
matrimonio matrimony, marriage
mausoleo mausoleum, burial structure
mayor larger, greater; **el (la, los, las) mayor(es)** the largest, greatest; older, oldest
mayorazgo primogeniture, practice of leaving family goods to the oldest son
mayoría majority
mecánica mechanics

mecanismo   mechanism, device
mecanizado,-a   mechanized
mediados: a mediados de   about the middle of, midway
mediano,-a   medium
mediante   by means of, through
médico,-a   doctor of medicine
medida   measure; means
medio,-a   half, mid-; *n m*   middle; means, way; **en medio de**   in the midst of; **por medio de**   by means of
mediodía *m*   noon, midday
medir (i)   to measure
mejor   better; **el (la, los, las) mejor(es)**   the best
mejora   improvement, betterment
mejorar   to improve, better
melancólico,-a   melancholic, sad
mencionar   to mention, name
menor   smaller, younger, less; **el (la, los, las) menor(es)**   the smallest, youngest
menos *adv*   less, minus; **al menos**   at least; **por lo menos**   at the least; **más o menos**   more or less; **menos que** *or* **de**   less than
mentira   lie
mercado   market
mercancía   merchandise
merced *f*   grant, favor, gift
merecer   to deserve
mes *m*   month
mesa   table; mesa, land plateau
metal *m*   metal
meterse   to go into, get into
método   method
metro   meter (39.37 in.)
mezcla   mixture, mix
mezclado,-a   mixed
mezclarse   to mix into, take part
miedo   fear
miembro *m or f*   member
mientras (que)   while, as long as

migración   migration
migrar   to migrate
mil *m*   a thousand
militar *m or f*   military
milla   mile
millón *m*   million
mina   mine
mineral *adj, n m*   mineral
minero,-a *adj*   referring to mining; *n* miner
miniatura *n*   miniature
mínimo,-a   minimum
ministro   minister (of government)
minoría   minority
mirar   to look at
misa   mass
misión   mission
misionero,-a   missionary
mismo,-a   same, equal; **él mismo** he himself; **lo mismo**   the same thing
misterio   mystery
misterioso,-a   mysterious
místico,-a *n*   mystic; *adj* mystical
mitad *f*   half, middle
mito   myth
moda   fashion, mode; **de moda**   in style, fashionable
modelo   model, pattern; *m or f* fashion model
modernidad   modernity
moderno,-a   modern
modificación   modification, change
modificar   to modify, change, adjust
modo   way, manner; **de modo que** so that, in order that
mojado,-a   wet; wetback
molesto,-a   annoying, bothersome
momento   moment
monarca *m or f*   monarch, king, queen
monarquía   monarchy
monasterio   monastery
monetario,-a   monetary
monopolio   monopoly

monopolístico,-a monopolistic

montado,-a mounted; **montado a caballo** on horseback

montaña mountain

monumento monument

moralidad morality

mórbido,-a morbid

morir (ue) to die

moro,-a *n* Moor; *adj* Moorish

mortal mortal, fatal

mortalidad mortality, death rate

mosca fly; **mosca muerta** one who pretends meekness; hypocrite

mostrar (ue) to show; to prove

motivo motive, reason; impulse; motif

mover (ue) to move (something); *refl* to move

móvil *m or f* mobile, movable

movilidad mobility

movimiento movement

muchacho,-a boy, girl

mucho,-a much, a lot; *pl* many

mudarse to move, change lodging

muerte *f* death, demise

muerto,-a *adj* dead; *n* dead person

muestra sign, sample

mujer *f* woman, female

multinacional *m or f* multinational

mundial *m or f* of the world, world-wide

mundo world; **el Nuevo Mundo** the New World, the western hemisphere

muralista *m or f* muralist

museo museum

música music

musulmán,-a Mussulman, Moslem

mutuo,-a mutual

N

nacer to be born

nacido,-a born

nacimiento birth

nación nation

nacional *m or f* national

nacionalidad nationality

nacionalismo nationalism

nacionalista *m or f* nationalist

nada nothing, anything, nothingness

nadie no one, nobody

natalidad birth, birth rate

nativo,-a native

naturaleza nature

navaja razor; knife

Navidad Christmas

necesario,-a necessary

necesidad necessity

necesitar to need

necio,-a foolish

negar (ie) to deny

negativo,-a negative

negocio business deal; *pl* business

nepotismo nepotism

neutralidad neutrality

nevado,-a snow-covered

nicho niche, recess

ningún, ninguno,-a no, none, not any

niño,-a child, little boy, girl

nivel *m* level

noble *m* nobleman

nocturno,-a nocturnal, night

noche *f* night

nómada *m or f* nomadic

nombramiento nomination, naming (to a position)

nombrar to name; to nominate

nombre *m* name; noun; reputation

nopal *m* prickly-pear cactus

normal: escuela normal school for training teachers

noroeste *m* northwest

norte *m* north

norteamericano,-a North American (used for a person or thing from the United States)

notable *m or f* notable, noteworthy
notar to note, take note of
noticia notice; *pl* news
novela novel
novelista *m or f* novelist
noveno,-a ninth
nube *f* cloud
núcleo nucleus
nuestro,-a our
nuevo,-a new
número number
numeroso,-a numerous
nunca never, not ever

O

obedecer to obey
obispo bishop
objeto object
obligación obligation, duty
obligado,-a obliged
obligar to oblige; obligate
obligatorio,-a obligatory, required
obra work; labor
obrar to work, toil
obrero,-a worker
observador,-a observer
observar to observe, watch
observatorio observatory
obsesión obsession
obsesionar to obsess; *refl* to become obsessed
obstaculizado,-a impeded
obstáculo obstacle, barrier
obstante: no obstante nevertheless, notwithstanding
obtener to obtain, get
obvio,-a obvious
ocasión occasion
occidental *m or f* occidental, western
occidente *m* the West
océano ocean
octavo,-a eighth

ocupar to occupy, hold
ocurrir to occur, happen
ochenta eighty
oeste *m* west
ofender to offend
ofensa offense, crime
ofensivo,-a offensive
oferta offer
oficina office, workshop
oficio trade, task, business
ofrecer to offer
ofrenda offering, gift
ofrendar to offer up
oído,-a heard
olvidarse (de) to forget
operar to operate; to fund
opinión opinion
oponerse to oppose, be opposed to
oportunidad opportunity
oposición opposition
opresión oppression
opuesto,-a opposed; opposite
oración sentence
orden *m* order
ordinario,-a ordinary
organización organization
organizador,-a organizer
organizar to organize
órgano organ; medium
orgullo pride
orientación orientation, direction
oriental *m or f* oriental, eastern
oriente *m* the East
origen *m* origin
originalidad originality
originarse to originate
ornamentación ornamentation, decoration
oro gold
ortodoxo,-a orthodox
oscurecer to get dark, darken, obscure
oscuro,-a dark, obscure
ostentar to show

otorgar   to grant, give, donate
otro,-a   another, other, the other

P

paciencia   patience
pacífico,-a   peaceful, gentle
padre *m*   father; priest; *pl* parents
padrino,-a   godfather, godmother;
  pl godparents
pagar   to pay
pago   payment
país *m*   country, nation
palabra   word, term
palacio   palace
pampa *Arg*   plain
pan *m*   bread, loaf of bread
panadería   bread store, bakery
panteón *m*   pantheon
Papa *m*   Pope
papel *m*   paper; role
papelería   stationery shop
para   for, in order to, towards, by;
  para que so that
parada   stop (train, bus, etc.)
paraíso   paradise
parar   to stop; to stay
parcela   parcel, piece
parcial *m or f*   partial, part
parecer   to seem, look as if
parecido,-a   similar, alike
pared *f*   wall
pariente,-ta   relative, relation
parlamentario,-a   parliamentary
parque *m*   park
parquear   to park (a car)
párrafo   paragraph
parroquial *m or f*   parochial
parte *f*   part, portion; place; **de
  parte de** on behalf of; **por parte
  de** on the part of; **todas partes**
  everywhere
participación   participation
participar   to participate

particular *m or f*   private, personal,
  particular
partida   certificate (of birth, etc.)
partidario,-a   partisan, supporter
partido   political party; game,
  match; group
parto   childbirth
párvulo,-a   small child, pre-school
  child
pasado,-a   past; *n m*   past
pasante *m or f*   passing
pasar   to pass, go, pass through, go
  over to, come to; to spend (time)
pasear   to stroll, take a walk, drive
paseo   stroll, walk; drive, ride
pasivo,-a   passive, inactive
paso   step; mountain pass
paterno,-a   paternal, fatherly
patio   patio, yard, courtyard
patológico,-a   pathological
patria   native country, fatherland;
  madre patria motherland
patriarcal *m or f*   patriarchal
patrimonio   patrimony, inheritance
patriota *m*   patriot
patrón,-a   patron(ess), boss
paz *f*   peace
peatón *m*   pedestrian, walker
pecado   sin
pedagógico,-a   pedagogical
pedazo   piece, shred
pedir (i)   to ask for, request, solicit
pegarse un tiro   to shoot oneself
pelea   fight, quarrel
peligro   danger
peligroso,-a   dangerous
pena   pain, sorrow; **bajo pena**
  under threat; **en pena** in
  purgatory
peninsular *adj m or f*   (thing or
  person) of the peninsula
penoso,-a   sorrowful
pensamiento   thought
pensar (ie)   to think; to intend
pensión   boarding house

peor worse; **el (la, los, las)**
  peor(es) the worst
pequeño,-a small
perder (ie) to lose
pérdida loss
perfecto,-a perfect
periódico newspaper
período period (of time), age, era
perjudicar to prejudice, damage,
  impair
permanencia permanence, stay
permanente *m or f* permanent
permiso permission; permit
permitir to permit, allow
perpetuo,-a perpetual, eternal
perro,-a dog
perseguir (i) to persecute; to pursue
persistir to persist
persona person
personaje *m* personage, literary
  character
personalidad personality
perspectiva perspective; prospect
pertencer to belong, pertain
pesado,-a annoying, heavy
pesar to weigh; **a pesar de** in spite
  of
pescadería fish market
pesimista *m or f* pessimistic;
  pessimist
pésimo,-a very bad, worst
peso weight
petición petition, request; **a**
  petición de at the request of
petróleo oil (crude), petroleum
petrolífero,-a of or relating to oil
peyorativo,-a pejorative, derogatory
pico a bit
pie *m* foot; **a pie** on foot
piedra stone
pintor,-a painter
pintoresco,-a picturesque
pirámide *f* pyramid
piso floor, story; **piso bajo** ground
  floor

pistola pistol
placer *m* pleasure
plan *m* plan, scheme
plana page
planear to plan
planeta *m* planet
planta plant
plata silver
plato plate; dish; **plato típico**
  traditional dish
plaza plaza, square; marketplace
plazo term, period; **a largo plazo**
  long term
población population
poblador,-a settler, colonizer
poblar (ue) to populate, settle
pobre poor; *n m or f* poor person;
  pl the poor
pobreza poverty
poco,-a little, scanty; *pl* a few, some;
  n m a little bit; *adv* a little,
  somewhat, slightly
poder (ue) to be able to, can, may; *n*
  m power, authority
poderoso,-a powerful, strong
poema *m* poem
poesía poetry *(also pl)*
poeta *m or f* poet
polémica polemic, debate
policía *f* police; *n m* policeman
policíaco,-a of or by the police
político,-a political, *n f* politics; *n*
  m politician
polvareda cloud of dust
polvo dust
poner to put, place; *refl* to become,
  turn; **ponerse de acuerdo** to
  reach an agreement
popularidad popularity
popularizar to popularize, make
  popular
por by, through; for, for the sake
  of, because of; **por eso** for that
  reason; **por lo tanto** therefore;
  ¿por qué? why?; **por tanto** thus

porcentaje *m* percentage
porción portion, part
porque because, for, as
portarse to behave, act
porteño,-a person or thing from Buenos Aires
pos- *prefix meaning* after
posado,-a posed, perched
poseer possess, have
posesión possession
posibilidad possibility
posición position
posterior *m or f* later, behind, after
postura posture, position
practicar to practice, perform
práctico,-a practical; *n f* practice, act, habit
precio price
precioso,-a precious, dear
preciso,-a necessary
predecir to predict
predicción prediction
predominantemente predominantly
preferencia preference
preferible *m or f* preferable
preferir (ie) to prefer
premio prize, premium
preocupación preoccupation, worry
preocuparse to worry
preparación preparation
preparar to prepare
prescrito,-a prescribed
presencia presence
presentar to present; to take (exams)
presente *m* present, present time
preservar to preserve, maintain
presidencia presidency
presidencial *m or f* presidential
presidente,-a president
presión pressure
preso,-a *n* prisoner; *adj* captured
préstamo loan
prestar to lend
prestigio prestige
presunción presumption; conceit

presupuesto budget
pretendido,-a pretended; object of love
prevalecer to prevail, dominate
prima: materia prima raw material
primario,-a primary, elementary
primer, primero,-a first; **lo primero** the first thing
primitivo,-a primitive, early
primo,-a cousin
primogénito,-a first-born
principio principle; beginning; **al principio** at first
prisa haste; **darse prisa** to hurry
prisionero,-a prisoner
privado,-a private
privilegio privilege
probar (ue) to prove; to test
problema *m* problem
procedencia origin, source
procedente coming from
proceder to come from, originate
procedimiento procedure, process
procesión procession, pageant
proceso process
proclamación proclamation
proclamar to proclaim, pronounce
producción production
producir to produce
producto product, result
profesión profession
profesor,-a professor, teacher
profesorado professoriate, group of professors
profundo,-a deep, profound, radical
programa *m* program; plan of action
progreso progress, advancement
prohibición prohibition, forbidding
prohibir to prohibit, forbid
promedio *n* average, mean
promesa promise
prometer to promise
promover (ue) to promote
promulgar to promulgate, proclaim
pronosticar to predict

pronóstico prediction
pronto *adv* soon, promptly
pronunciar to pronounce, speak
propensión propensity, leaning
propicio,-a favorable, propitious
propiedad property
propietario,-a owner; proprietor;
  landowner
propio,-a one's own; appropriate
proponer to propose
proporción proportion
proporcionar to provide, make
  available
proposición proposal, proposition
propósito purpose, intention
protección protection
proteger to protect
protesta protest
protestante *m or f* protestant
protestar to protest
prototipo prototype, model
proveer to provide, furnish
provenir to arise, originate
provincia province, political division
provisión provision; *pl* supplies
provocar to provoke
proximidad proximity, nearness
próximo,-a next; near
prueba proof; test
publicar to publish; to publicize
público,-a public; *n m* (the) public
pueblo small town; the people,
  nation, citizenry
puente *m* bridge
puerto port
puertorriqueño,-a person or thing
  of Puerto Rico
pues then, since
puesto,-a put, placed; *n m* job,
  position; **puesto que** since
puma *m* puma, American panther
punto point, dot, period; **al punto
  de** on the point of; **punto de
  vista** point of view
puñado handful, a few
pureza purity

purgatorio purgatory
puro,-a pure

Q

que that, which, who, whom, than;
  el (la, los, las) que the one(s)
  who; **lo que** that which; **¿qué?**
  what?, which?; **¿para qué?** what
  for?; **¿por qué?** why?
quedar(se) to remain, end up;
  quedar to be located
quejarse to complain
quemar to burn
querer (ie) to want, love; to try;
  querer decir to mean
querido,-a beloved, lover
quien who, whom; **¿quién?** who?;
  ¿a quién? whom?
quinina quinine
quiosco kiosk, vending stand
quizás perhaps, maybe

R

racial *m or f* racial
racional *m or f* rational, reasonable
radical *m or f* radical, basic
raíz *f* root; basis; **a raíz de** soon
  after, hard upon
rancho mess hall; hut; *S.W. U.S.*
  cattle ranch
rápido,-a rapid, fast
raro,-a rare, strange
rascacielos *m* skyscraper
rasgo trait, characteristic
raso,-a flat, clear; **soldado raso**
  enlisted man, foot soldier, soldier
  of low rank
rastro trace, trail
rato (a) little while, short time
rayo ray; lightning bolt
raza race; cultural group or people

razón *f* reason; **con razón** with reason, rightly; **sin razón** without reason, wrongly

reacción reaction

reaccionar to react

real *m or f* royal

realidad reality

realizado,-a realized, brought to fruition, fulfilled

reata rope

rebelarse to rebel, rise up

rebelde *m or f* rebel

rebelión rebellion

recelo suspicion, misgiving

recibir to receive, get

reciente *adj* recent

reclamación claim, demand

reclamar to claim, demand, complain

recomendar (ie) to recommend

recompensar to compensate, repay

recóndito,-a obscure, concealed

reconocer to recognize

reconocimiento recognition

reconquista reconquest

reconquistar to reconquer, retake

reconstruir to reconstruct, rebuild

recordar (ue) to remember, remind

recreacional *m or f* recreational

recreativo,-a recreational

recto,-a straight; **ángulo recto** right angle

recuerdo memory, reminder, remembrance

recurrir to recur, happen again

recurso resource

rechazar to reject, turn down

rechazo rejection, rebuff

redistribución redistribution

reducir to reduce

reemplazar to replace, substitute

referirse (ie) to refer to, have relation to

refinado,-a subtle, polished, refined

refinar to refine, purify

reflejar to reflect

reflejo reflection

reforma reform; Reformation; **reforma agraria** redistribution of land (in Spanish America)

reformar to reform, remodel

reformista *m or f* reformer, person or thing favoring reform

reforzar (ue) to reinforce, strengthen

refrescarse to cool off

refugiarse to take refuge

regado,-a sprayed, irrigated

regar (ie) to irrigate, spray

régimen *m* regime, political system

región region, area

regir (i) to rule, govern

regla rule, principle

regresar to return

regreso return

rehusar to refuse, decline

reina queen

reinar to reign, rule, govern

reino kingdom; reign

relación relation, relationship

relacionar to relate; *refl* to be related, connected

relatividad relativity

relativo,-a *adj* relative

relegado,-a relegated; banished

religiosidad religiosity, religiousness

religioso,-a religious

remoto,-a remote

renacimiento rebirth

rendirse (i) to surrender, give in to

renovador,-a *n* renovator; *adj* renovating

renta income, profit

renunciar to renounce

repatriar to repatriate, return to one's country of origin

repente: de repente suddenly

repetir (i) to repeat, do again

representante *m or f* representative

representar to represent

represión repression

reproducir to reproduce, recreate
república republic
requerir (ie) to require, need
requisito requirement
rescate *m* ransom, ransom money
resentido,-a resentful, offended
reserva reserve
reservado,-a reserved, held back
residente *adj m or f* residing
residir to reside
resina resin
resistencia resistence
resistir to resist
resolver (ue) to resolve; to solve
respectivamente respectively
respeto respect
responder to respond, answer
responsabilidad responsibility
responsable *m or f* responsible
respuesta reply, answer, response
restaurante *m* restaurant
restaurar to restore
resto rest, remainder; *pl* remains
restringir to restrain, restrict
resultado result
resultante *m or f* resulting
resultar to result, turn out
resumir to summarize
retener to retain, hold
retornar to return, come back
reunión meeting, reunion, gathering
reunirse to meet, gather
revelar to reveal, show
revista magazine, review
revolución revolution; revolt
revolucionario,-a revolutionary
rico,-a rich; delicious
riego irrigation
riesgo risk
río river
riqueza riches, richness
ritmo rhythm
rito rite
ritual *m or f* ritual, ceremony
robar to rob, steal

robo robbery
rodear to surround; to round up
rodeo rodeo, round-up
romanizar to romanize, make like Rome
romano,-a Roman, esp. of ancient Rome
romántico,-a romantic; idealistic
ropa clothing, clothes
rosa rose
rueda wheel
ruido noise
ruidosamente noisily
ruina ruin
rumano,-a Romanian
ruso,-a Russian
ruta route, way

S

saber to know, know how (to); to find out
sabiduría knowledge, wisdom
sabio,-a wise; wise person
sabor *m* taste, flavor
sacar to take out, remove
sacerdocio priesthood
sacerdote *m* priest
sacrificar to sacrifice
sacrificio sacrifice
sagrado,-a sacred, holy
saguaro a type of cactus
sajón,-a Saxon
sala room, salon, hall
salario salary
salida exit, way out
salir to leave, go out, come out
salud *f* health
saludable *m or f* healthy
salvación salvation
salvar to save
San, Santo,-a Saint
sangre *f* blood
santero,-a maker of images of saints
satisfacer to satisfy
satisfactorio,-a satisfactory

sección section
secretariado secretariat
secretario,-a secretary
secreto *n* secret
secuestrar to kidnap, abduct
secuestro kidnapping, abduction
secundario,-a secondary
sede *f* seat, headquarters
sedentario,-a sedentary, settled
segregación segregation
seguir (i) to follow; to continue, keep on
según according to
segundo,-a second
segundón *m* second son
seguridad security; certainty; **con seguridad** with certainty, surely
seguro,-a sure, safe
selección selection, choice
semana week
semejante *m or f* similar
semejanza similarity
semilla seed
senado senate
sencillo,-a simple
sensual *m or f* sensual, relating to the senses
sentido sense, meaning
sentimiento sentiment, feeling, sense
sentir(se) (ie) to feel, feel like
señalar to signal; to mark, stamp
señor Mr.; sir
señora Mrs.; madam
señorío lordship, domain
señorita Miss, young lady
separación separation
separado,-a separate; **por separado** separately
separar to separate
separatismo separatism, secessionism
separatista *m or f* separatist, secessionist
sepulcro sepulchre, tomb
sepultura grave, burial place

ser to be; **a no ser** except; *n m* being, human being
serie *f* series
serio,-a serious; **tomar en serio** to take seriously
serpiente *f* serpent
servicio service
servir (i) to serve; **servir (de)** to serve as
severo,-a severe, harsh
sexo sex
sexto,-a sixth
sicología psychology
sicológico,-a psychological
sicólogo,-a psychologist
siempre always, ever
sierra mountain range
siesta nap, mid-day rest
siglo century, age
significado meaning
significar to mean, signify
siguiente *m or f* following, next
silencio silence
simbólico,-a symbolic
simbolismo symbolism
simbolizar to symbolize
símbolo symbol
simetría symmetry
simpatía support, fellowship
simpático,-a congenial, likeable
simple simple; mere; silly
sin without; **sin embargo** however, nevertheless
sinceramente sincerely
sindical *m or f* relating to a union
sindicato labor union
sino but, but rather, but also, except
sinónimo synonym
sintetizar synthesize, summarize
sistema *m* system
sitio site, place
situación situation
situar to situate, locate
soberanía sovereignty
sobre over, on, above; about; towards; **sobre todo** above all

sobrenatural *adj m or f* supernatural

sobresaliente *m or f* excellent, outstanding

sobresalir to excel

sobrevivir to survive

sobrino,-a nephew, niece

sociedad society

sociólogo,-a sociologist

sol *m* sun

solamente only

solar *m or f* solar, of or relating to the sun

soldado soldier

soleado,-a sun-drenched

soledad solitude, loneliness

solemne *m or f* solemn, holy

soler (ue) to be in the habit of, used to, accustomed to

solidaridad solidarity

solitario,-a solitary, lonely

solo,-a alone; only, sole; **sólo** only

solución solution

someterse to submit oneself

soneto sonnet

soñar (ue) to dream

sor *relig* sister

sorprender to surprise

sosiego tranquility, quietness

sospecha suspicion

sostener to sustain

soviético,-a Soviet

suavidades lullabies

subcultura sub-culture

súbdito,-a subject (as of a king)

subir to rise; to go up; to raise

subsuelo subsoil

subterráneo,-a subterranean, underground

suburbano,-a suburban

subyugación subjection

subyugado,-a subjugated

sueldo salary, wages

suelo soil, ground, earth

sueño dream

suerte *f* luck, fortune

suficiente *m or f* sufficient, enough

sufrir to suffer; to undergo

sugerir (ie) to suggest

suicidarse to commit suicide

suicidio suicide

suma sum, total; **de suma importancia** very important; **en suma** in short, summary

sumar to add, total

superar to surpass

superior *m or f* superior, higher

supermercado supermarket

superstición superstition

supervivencia survival

supresión suppression

suprimir to suppress

sur *m* south

sureño,-a southern

sureste *m* southeast

surgir to break out, come forth

suroeste *m* southwest

suspender to suspend; to discontinue

suspensión suspension, interruption

sustantivo substantive; noun

sustento sustenance

sustituir to substitute

sutil subtle

T

tabaco tobacco

tabaquería tobacco shop

tabú *m* taboo

taco *Mexico* type of sandwich made with a tortilla

táctica tactics, policy, way of operating

tal such, so, as; **tal vez** perhaps; **un (el) tal** a certain

talento talent

tamaño size

también also, in addition, too

tampoco either, neither

tan so, as

tango   dance which originated in Argentina, tango

tanto,-a   so much, as much; *pl* so many, as many

tardar   to delay; be late, take a long time

tarde *f*   afternoon; *adv* late; **más tarde**   later

tardío,-a   late

tarea   task, homework

tasa   rate

teatro   theater

técnica   technique

técnico,-a   technical

tecnología   technology

tecnológico,-a   technological

techo   roof; ceiling

teja   tile (of clay)

tejedor,-a   weaver

tejer   to weave

tejido   woven cloth, textile

tela   cloth

tema *m*   theme

temblor *m*   earthquake, tremor

temer   to fear, be afraid

temor *m*   fear

templo   temple

temprano,-a   early; **temprano** *adv* early, early on

tendencia   tendency

tender (ie)   to tend to, have a tendency toward

tener   to have, possess, hold; **tener que**   to have to

tensión   tension, strain

tenso,-a   tense

tentativa   attempt, try

tenue *m or f*   tenuous, delicate, subtle

teología   theology

teoría   theory

teórico,-a   theoretical

teorista *m or f*   theorist

teorizar   theorize

tercer, tercero,-a   third

tercio   one-third

terminar   to end, terminate, finish

término   term

terminología   terminology

terrenal *m or f*   earthly

terreno   parcel of land, terrain

terrestre *m or f*   of the earth; "earthling"

terrible *m or f*   terrible

territorio   territory, region

terrorista *m or f*   terrorist

tesoro   treasure

texano,-a   Texan

texto   text

tiempo   time; weather

tienda   store, shop

tierra   earth, land

tío,-a   uncle, aunt

típico,-a   typical, traditional

tipo   type, kind, sort

tiránico,-a   tyrannical

tiro   shot, bullet

título   title; degree

todavía   still, yet

todo,-a   all, everything; *pl* everyone; all of; **de todos modos** anyway; **del todo**   completely; **todo el mundo**   everyone, everybody; **todo un (el)**   a (the) complete, a (the) whole

tolerable *m or f*   tolerable, bearable

tolerancia   tolerance

tolerante *m or f*   tolerant, forgiving

tolerar   to tolerate, allow

tomar   to take; to drink

tono   tone

toponímico   place name, toponymic

torear   to fight a bull

torero,-a   bullfighter

tormento   torment, anguish

toro   bull

torre *f*   tower

tortura   torture

totalitario,-a   totalitarian

trabajador,-a   worker

trabajar   to work

trabajo   work, job

tradición tradition
traducción translation
traducir to translate
traer to bring, carry
tragedia tragedy
trágico,-a tragic
tramar to design, devise (a plot)
transformar to transform, change
tránsito traffic
transitorio,-a transitory, temporary
transmitir to transmit, relay
transporte *m* transport, transportation
trasladar to transfer
traslado transfer, removal
tratado treaty, treatise, tract
tratamiento treatment
tratar to treat; to try
través: a través across, through
trazar to trace, draw
tremendo,-a tremendous, huge
tren *m* train
tribu *f* tribe
tribunal *m* jury; panel
triste *m or f* sad
tristeza sadness
triunfante *m or f* triumphant
triunfar to triumph, win
triunfo triumph
trono throne
tropas troops
tropical *m or f* tropical
tumba tomb, grave
tumulto tumult, riot
tuna student musical group
Tupamaros *pl* Uruguayan guerrilla band
turístico,-a of or relating to tourism

U

ubicado,-a located, placed
ubicuo,-a ubiquitous
último,-a last, ultimate; **por último** finally

ultratumba from beyond the grave, the afterlife
único,-a only, unique
unidad unity; unit
unido,-a united; **Estados Unidos** United States
unión union; combination
unir to unite; **unirse** to join
unitario,-a unitarian; *Amer* one who favors a strong central government
universalidad universality
universidad university
universitario,-a of or relating to the university
universo universe
urbanización urbanization
urbanizar to urbanize, group in cities
urbano,-a urban, living in cities
urgente *m or f* urgent
usar to use
uso use; **hacer uso de** to make use of
utensilio utensil, tool
útil *m or f* useful
utilidad utility, usefulness
utilitarismo utilitarianism
utilizar to utilize, use

V

vaca cow
vacuno: ganado vacuno beef cattle
vagar to wander
valerse (de) to make use of
validez *f* validity
válido,-a valid
valiente *m or f* valiant, brave
valioso,-a valuable
valor *m* value; bravery, valor
valorar to value, place a value on, appraise
valle *m* valley
vanguardia vanguard, advance guard, leaders of a movement

vaquero,-a cowboy, cowgirl
vara rod, line (in writing)
variar to vary, mix
variedad variety
varios,-as various, several, some, a few
vasco,-a Basque; **País vasco** Basque country
vascuence *m* Basque language
vaso glass, cup
vasto,-a vast, extensive
vecino,-a neighbor
vela candle
velorio wake, vigil
vencer to defeat, win
vendedor,-a seller, salesperson
vender to sell
veneración honor, veneration
venganza revenge
vengarse to take revenge
venir to come
venta sale
ventaja advantage
ventana window
ver to see; *refl* to find oneself, to be
verbalmente verbally
verbo verb
verdad truth
verdadero,-a true, real
verificar to verify, confirm
verso line of verse, verse
verter (ie) to pour into, vest
vestido,-a dressed, clad
vez *f* time; turn; **a su vez** in its turn; **en vez de** instead of; **tal vez** perhaps
vía way; **por vía** by means, in a manner
viajar to travel
viaje *m* trip
viajero,-a traveller
vicepresidente,-a vice president
victoria victory
victorioso,-a victorious
vida life; **en vida** while living

viejo,-a old, elderly
viento wind
viga wooden beam
vigesimal *m or f* based on the number twenty
vigésimo,-a twentieth
vigilante vigilante, citizen police
vigilia vigil
violación violation
violencia violence
violento,-a violent
virreinato viceroyalty
virrey *m* viceroy
visigodo,-a Visigoth
visitante *m or f* visitor
visitar to visit
vista view; **punto de vista** point of view
vital vital; **promedio vital** life expectancy
vitalidad vitality
viudo,-a widower, widow
vivienda dwelling, housing
viviente *m or f* living, alive
vivir to live, dwell
vivo,-a alive
voluntario,-a voluntary; volunteer
voluntarioso,-a willful, arbitrary
volver (ue) to return
votivo,-a votive; offered by a vow
vuelta return; **ida y vuelta** round trip
vulgar *m or f* common, low, vulgar

Y

yarda *meas* yard; *dialect* lawn
yendo *pres part of* **ir**

Z

zanahoria carrot
zona zone, area of a city

PHOTO CREDITS